共产党员
在抗“疫”一线

GONGCHANDANGYUAN ZAI KANGYIYIXIAN

《共产党员在抗“疫”一线》编写组 编

新华出版社

图书在版编目（CIP）数据

共产党员在抗“疫”一线 / 《共产党员在抗“疫”一线》编写组编.
-- 北京 : 新华出版社, 2020.6
ISBN 978-7-5166-5171-1

Ⅰ. ①共… Ⅱ. ①共… Ⅲ. ①中国共产党－模范共产党员－先进事迹
②日冕形病毒－病毒病－肺炎－疫情管理－中国 Ⅳ. ①D263 ②R563.1

中国版本图书馆CIP数据核字(2020)第094197号

共产党员在抗“疫”一线

编　　写：《共产党员在抗“疫”一线》编写组

选题策划：梁相斌　许　新　　**责任编辑：**赵怀志　祝玉婷
责任校对：刘保利　　**封面设计：**刘宝龙

出版发行：新华出版社
地　　址：北京石景山区京原路8号　　**邮　　编：**100040
网　　址：http://www.xinhuanet.com/publish
经　　销：新华书店、新华出版社天猫旗舰店、京东旗舰店及各大网店
购书热线：010－63077122　　**中国新闻书店购书热线：**010－63072012

照　　排：六合方圆
印　　刷：三河市君旺印务有限公司

成品尺寸：170mm × 240mm
印　　张：26.25　　**字　　数：**330千字
版　　次：2020年6月第一版　　**印　　次：**2020年6月第一次印刷

书　　号：ISBN 978-7-5166-5171-1
定　　价：78.00元

沧海横流显本色　战“疫”一线党旗红

——全国各领域基层党组织和广大党员奋力打好疫情防控阻击战

一次突如其来的疫情，阻断了多少归家的脚步，打乱了多少日常的生活。

疫情面前，一声令下，无数基层党组织迅速进入“战时”状态，无数共产党员紧急奔赴防控战场，在一线冲锋陷阵、攻坚克难，筑起一道道牢不可破的铜墙铁壁。

基层党组织这个坚强堡垒，共产党员这个特殊群像，曾经一次次在关键时刻经受考验、展现担当，曾经一次次团结带领广大人民群众力挽狂澜、披荆斩棘。

今天，在这场没有硝烟的斗争中，一个个战斗堡垒巍然屹立，一名名共产党员挺身而出，鲜红的党旗在疫情防控第一线高高飘扬。

积极主动履职有效发挥作用
把聚力打赢疫情防控阻击战作为当前组织工作突出任务

新冠肺炎疫情发生以来，习近平总书记高度重视，亲自指挥、亲自部署，作出一系列重要指示，多次主持召开会议，对疫情防控工作进行研究部署，提出明确要求。总书记强调，各级党组织和广大党员干部必须牢记人民利益高于一切，不忘初心、牢记使命，团结带领广大人民群众坚决贯彻落实党中央决策部署；基层党组织和广大党员要发挥战斗堡垒作用和先锋模范作用，广泛动员群众、组织群众、凝聚群众，全面落实联防联控措施；要同时间赛跑、与病魔较量，坚决遏制疫情蔓延势头；要充分发挥社区在疫情防控中的阻击作用，把防控力量向社区下沉，加强社区各项防控措施的落实，使所有社区成为疫情防控的坚强堡垒；广大医务工作者要发扬特别能吃苦、特别能战斗的精神，发挥火线上的中流砥柱作用；要以更坚定的信心、更顽强的意志、更果断的措施，坚决打赢疫情防控的人民战争、总体战、阻击战。

习近平总书记的重要指示，科学回答了打赢疫情防控阻击战的根本性、全局性、关键性重大问题，为做好当前疫情防控工作指明了正确方向、提供了根本遵循。

疫情就是命令，防控就是责任。组织部门坚决贯彻落实习近平总书记重要指示精神和党中央决策部署，紧急安排、迅速行动，推动各级党组织领导班子、领导干部以务实作风把防控疫情斗争各项部署落细落实落到位，推动基层党组织和党员、干部全面投身疫情防控阻击战。

1月29日，中组部发出通知，要求切实把围绕打赢疫情防控阻击战做好当前组织工作作为突出任务，通过扎实有效的工作，推动各级党组织和广大党员、干部全面贯彻坚定信心、同舟共济、科学防治、精准施策的要求，守土有责、守土担责、守土尽责，确保党中央重大决策部署贯彻落实。2月3日，中组部在京召开电视电话会议，对组织部门积极主动履职、有效发挥作用作出具体安排，进一步推动乡镇街道、村社区党组织落实属地责任，推动机关企事业单位党组织守土尽责，推动医疗卫生战线党组织更加坚定勇敢地站在抗击疫情最前线，教育引导广大党员当先锋作表率。

各级组织部门按照中组部要求，力戒形式主义、官僚主义，以战斗的姿态迅速投入防控疫情斗争。

——湖北、江苏、河北、重庆、新疆等地以党委或组织部门名义印发在疫情防控工作中发挥基层党组织和党员作用的通知；

——辽宁、山西、江西、云南等地专门对机关党组织和党员、干部在应对疫情防控工作中走在前作表率提出要求；

——天津要求所有公务员1月27日返回工作岗位，北京、黑龙江、湖南、安徽等地发动医疗卫生系统党员、干部职工取消春节休假，全部投入疫情防控阻击战；

——上海、山东、福建、陕西等地通过发公开信、倡议书等形式，呼吁在防控疫情斗争中，组织引领、党员先行；

——浙江、广东、四川、甘肃等地对在一线直接参与防控工作的党员、干部和专家、医务工作者研究落实关心关爱支持的具体措施，解除后顾之忧；

……

目前看，各级党组织和广大党员、干部冲锋在前、实干担当，显现出强大政治功能和组织力，构筑起联防联控、群防群治的严密防线，打响了一场疫情防控的人民战争。

把堡垒筑在最前沿
让党旗在疫情防控一线高高飘扬

基层党组织是党全部工作和战斗力的基础。大事难事看担当，危难时刻显本色。在疫情防控阻击战中，各地强化党建引领，推动基层党组织和广大党员、干部冲锋在第一线、战斗在最前沿。

设立党组织、组建突击队，凝心聚力、攻坚克难——

“我志愿加入中国共产党，拥护党的纲领……”中建三局在火神山、雷神山医院项目建设指挥部成立临时党委，集中党员骨干组成突击队，400余名党员在党旗下郑重宣誓，重温入党誓词，吹响决战决胜项目建设冲锋号。

中国五矿火速集结以党员为主体的46名突击队员，24小时内完成医院建设所需4800件钢结构加工件的放样、下料、制作、打磨、涂装和发运。中移动湖北分公司党委成立党员突击队，全力做好武汉全市医院、医疗机构及政府单位等重要场所通信保障工作。

陕西西安组建3200余个党员协查、服务和宣传小分队，山东胶州组建95支“胶州先锋”疫情防控突击队，河北承德深入开展“抗击疫情党旗红”活动，青海果洛藏族自治州成立“摩托先锋队”，甘肃肃北蒙古族自治县成立“马背防疫先锋队”……通过搭建这些平台载体，组织党员主动投身宣传教育、困难帮扶、排查监测、项目建设、安全稳定、服务保障等疫情防控各项工作中。

各地各有关部门针对疫情需要，在防控第一线和关键部位及时建立党组织，选好配强党组织负责人，发挥党组织在疫情防控阻击战中的核心引领作用，把广大党员和职工群众迅速聚拢在党的旗帜下。

加强网格化管理，全面摸排走访、精准掌握疫情——

"家里人的体温怎么样，有没有异常？有没有外来人口？"这几句话成了黑龙江桦南城子岭村网格员马克明的"口头禅"，每天他都会向村民询问情况。网格员变成疫情防控员，对村屯人员进行网格化管理、地毯式排查，严防死守、不留死角，疫情防控措施覆盖到户、落实到人。

四川成都、福建厦门、宁夏银川、云南玉溪等地依托网格化管理，发动社区党员、社区民警、物业企业职工、楼栋长、志愿者等力量，全面做好重点人员排查，实施疑似人员密切接触者隔离观察，及时将有关人员送至发热门诊接受治疗。

湖北恩施、吉林辽源、湖南岳阳、海南琼海等地将第一书记、驻村工作队等脱贫攻坚、乡村振兴工作力量，就地转为疫情防控工作队，加强一线防控力量。重庆组织乡镇街道和村社区干部40余万人展开两轮拉网排查织密群防群治网，河南郑州、江苏淮安、山东泰安等地发挥党组织网络与社会治理网格"两网"融合优势做好摸排走访……

各地普遍把乡镇街道、村社区作为防控疫情斗争的主战场，加强网格党建，全面建立党员、干部带头分片包干、全覆盖登记排查制度，依托网格做好病例监测追踪、科普宣教、健康提示、解疑释惑、爱国卫生运动宣传等综合防控工作，不落一户、不漏一人。

依托区域党建平台，发动依靠群众、形成防控合力——

春节期间，各地城乡人员流动频繁，基层社区的防疫力量和防疫资源不足，给疫情防控带来极大挑战。广东佛山怡景社区下辖3000多户居民，社区工作人员仅有5人。为此，社区党委建立疫情防控党群微信工作群，发动党员和热心群众参与，既缓解了人员不足压力，又有效织密了防控网，形成群防群治的强大合力。

上海静安区委依托高铁站，会同上海铁路局党委、市交通委党组、铁路上海站地区管委会办公室党组等，以党建为纽带成立联合指挥中心，组建以党员为主体的高铁防控志愿者队伍，共同做好进沪人员的体温检测、宣传告知、信息登记，加强大客流疏导中的疫情防控工作。

北京用好“街乡吹哨、部门报到”常态化机制，组织5万余名机关企事业单位党员、干部编入社区工作团队，全天候参与社区防控。湖北武汉选派市直机关干部6000余名、国企干部职工1万余名、市属高校教职员工400余名，下沉中心城区的社区，同时15个区选派区直部门和街道干部近1.8万人，与社区村干部一起，轮班值守、并肩战斗。浙江宁波抽调5000名机关干部到高铁站、有疫情社区等重点区域、重要卡口，协助街道社区党组织做好工作。

各地街道社区加强与驻区单位党组织的协同配合，强化对辖区企业、学校、医院等单位和商场、公园、市场等公共场所防控工作的统筹调度，广泛动员群众、组织群众、凝聚群众，织密防护网，坚决消除空白点、薄弱点。

发挥医疗卫生战线党组织和党员、干部、医护工作者抗击疫情主力军作用——

疫情防控、治病救人，医院就是前线，病房就是战场。危急时刻、危难关头，医疗卫生战线党组织带领全体党员和医务工作者冲在前面、抗击疫情。

“我承诺：严阵以待，备战有我！担当作为，冲锋有我！休戚与共，胜利有我！”1月23日，在临时设置的医学观察病房，湖南中医药大学第一附属医院抗击疫情党支部发出动员，党员们举起右手庄严承诺，铿锵有力的誓词，诠释着党组织和党员的使命担当。

福建全省91家定点救治医院党组织一声令下，近8000名党员医护人员迅速集结，参与集中救治等工作。中铁五局二公司医院党支部发出倡议后，27名党员集体请战，奔赴抗“疫”一线。江西吉水坪洲村党支部书记、乡村医生彭晓明，从1月23日至今，每天工作十几个小时，入户宣传防疫知识和有关政策，时刻跟踪重点人员身体状况，他说，“个人的辛苦算不了什么，只要村民们安全”。

……

各领域基层党组织立足各自职能优势和特点，努力成为疫情防控一线的坚强战斗堡垒，做到哪里任务险重、哪里困难较大，哪里就有党组织坚强有力的领导、扎实有效的工作，切实把党的政治优势、组织优势和密切联系群众优势转化成疫情防控工作优势，构筑起疫情防控的坚固防线。

挺身而出英勇奋斗经受考验
彰显共产党员政治本色和过硬作风

2月1日晚7点多，北京西城区大栅栏街道办公楼灯火通明，街道党工委书记李婕在食堂扒拉几口面条后，又回到会议室安排疫情防控工作。从除夕开始，李婕和街道、社区100多名党员、干部，吃住在单位，他们一起走家串户，完成近万户家庭排查全覆盖。

李婕的工作状态，是迎战疫情以来全国无数基层党员、干部的缩影。

党的力量是通过每一名党员、干部的模范作用来体现的。广大党员、干部冲锋在前、报名在前、引领在前，就能有说服力、感召力，就能凝聚起强大的正能量。

挺身而出、勇敢逆行，他们是疫情防控的排头兵——

上海盛辉塑料包装有限公司原日产口罩5万只，为了支援武汉抗击疫情，需求一下增至70万只，但春节期间劳动力紧缺，无法满足开工需求。针对这种情况，公司所在地上海杭州湾开发区党组织第一时间在微信工作群发出招募志愿者通知。一声令下，党员们积极响应、踊跃报名。大年初四清晨，公司门口迎来了120多名支援生产的党员志愿者。他们分四组进入口罩包装车间，投入到防护物资生产供应的紧张战斗中。

2月2日一大早，寒气袭人。在商登高速尉氏北站出口，河南尉氏县交警大队副大队长任为指挥下站车辆靠边停车，乡政府工作人员上前登记车牌号和司乘人员联系方式，医护人员逐个测量体温……从大年初一开始，他们就连轴转、持续工作，无人抱怨，更无人退缩。“最愧对的是自己年幼的儿子，每天都给我打几遍电话问啥时候能回家。没办法，咱是共产党员，疫情防控形势这么严峻，一刻也不敢疏忽。”任为说。

疫情面前勇担当，越是艰险越向前。疫情防控是一场硬仗、一场大考，广大党员身先士卒、冲在一线，就能带领广大人民群众团结一心打好疫情防控阻击战。

守土担责、稳定人心，他们是人民群众的主心骨——

1月底，山东青岛西海岸新区确诊首例患者，引发峨眉山路社区居民心理恐慌，社区党委紧急动员所有党员，一方面在小区建岗设卡，24小时值班严防死守；另一方面挨家挨户做好宣传，引导居民端正心态。他们还通过录制视频、编唱战“疫”歌曲，为居民加油鼓劲，迅速把群众的情绪安定下来。

1月24日晚10时许，载有116名武汉客人的TR188次航班从新加坡到达浙江杭州萧山机场。飞机着陆后，除2名发烧人员送至医院、其余武汉乘客在机场宾馆就地隔离外，219名其他乘客被送至杭州市委党校进行集中医学观察。猝不及防的挑战面前，杭州市委党校和驻地党委政府的党员、干部们站了出来，面对被隔离人员的焦虑、烦躁情绪，及时组建观察点临时指挥部，对被隔离人员耐心疏导、服务。几天下来，被隔离人员感慨道：“人隔离了，爱没隔离。”

在群众遇到危难的时候，在群众最需要的时候，广大党员、干部率先垂范、冲锋在前。正如有的群众所说，“无论何时何地，老百姓只要看到党员在行动、党旗在飘扬，心里就不慌、就有底。”

坚守岗位、无私奉献，他们是基层百姓的贴心人——

“瓜子、花生、果汁、汤圆、白糖、陈醋、酱油……”这是安徽天长天宝社区干部、蒲公英党员志愿服务队队长杨梅手中的一张购物小票，时间是除夕当天下午3点48分。那天，杨梅采购了两大包沉甸甸的年货，给一户武汉返乡人员家中送去，还隔着大门与他们互致新春问候。

在天宝社区，武汉返乡人员共有54户，对他们的情况，杨梅和她的红色志愿者们几天之内做到全面精准掌握。有的家庭需要修理水电、有的家庭需要代办琐事、有的家庭需要代买年货，这些琐碎的事情都被党员和社区志愿者们承包下来了。在家隔离的返乡人员都说，“有党员志愿者的贴心照顾，生活很安心、很放心。”

小区农贸市场关闭，购物买菜不便怎么办？面对社区居民的担心，贵州贵阳枫渔社区及时成立“跑腿代购”党员志愿服务小分队，通过居民点单、社区接单、党员送单，开展送货上门服务。“这个做法好，我腿脚有残疾，老太太也行动不便，社区安排人买了米面油送过来，还经常到家里来看我，贴心得很。”社区张大爷对来访的党员竖起大拇指。

疾风知劲草，烈火见真金。疫情防控工作正成为基层党组织和广大党员、干部践行初心使命、体现责任担当的试金石和磨刀石，他们无私无畏、甘于奉献，以实际行动为党旗增辉添彩，为人民群众生命安全和身体健康保驾护航。

我们坚信，有以习近平同志为核心的党中央坚强领导，有各级党组织的强大优势，有广大党员、干部的无私奉献，有人民群众的坚实依靠，有社会各界的大力支持，就一定能打赢这场疫情防控阻击战！

（新华社北京2020年2月16日电　新华社记者林晖，人民日报记者孟祥夫）

目 录

CONTENTS

三、他们，用担当书写初心答卷

四、他们，用行动为群众守好“大门”

五、他们，彰显青春的蓬勃力量

六、他们，退休不褪色初心永不变

七、那些离去的人　那些不灭的光

2020 年 1 月 31 日，武汉市江汉区西北湖附近高层建筑外墙打出“武汉加油”等字样（无人机照片）。（新华社记者　肖艺九　摄）

一 他们，冲锋在人民战“疫”主战场

党旗，高高飘扬在防控疫情斗争第一线

——各级党组织和广大党员干部投身疫情防控阻击战纪实

一场突如其来的疫情防控阻击战，在中华大地骤然打响。

新型冠状病毒感染的肺炎疫情发生以来，习近平总书记高度重视，作出一系列重要指示，多次主持召开会议，对疫情防控工作进行研究部署，提出明确要求。

疫情就是命令，防控就是责任。在以习近平同志为核心的党中央坚强领导下，各级党组织和广大党员干部坚定信心、冲锋在前，把思想和行动统一到党中央决策部署上来，奋力投身疫情防控阻击战。

人们看到，在没有硝烟的战场上，一名名共产党员挺身而出，一个个战斗堡垒巍然矗立，鲜红的党旗在疫情防控一线高高飘扬。

不忘初心　挺身请战——各级党组织和广大党员干部牢记人民利益高于一切，挺身而出、冲锋在前

“我宣誓，牢记使命，冲锋在前，坚决贯彻医院部署，全力以赴支援红十字会发热定点医院工作，圆满完成院党委交给的任务……”

1月22日，距离万家团圆的除夕仅有两天，华中科技大学同济医学院附属协和医院内科30余人组成党员突击队，迅速投入到协和医院对口支持的发热定点医院——武汉红十字会医院的工作中去。

“这是一场没有硝烟的持久战，关系到每个人的生命健康。”协和医院内科党委书记陈吉相说，“这是党考验我们的时候，是人民需要我们的时候，

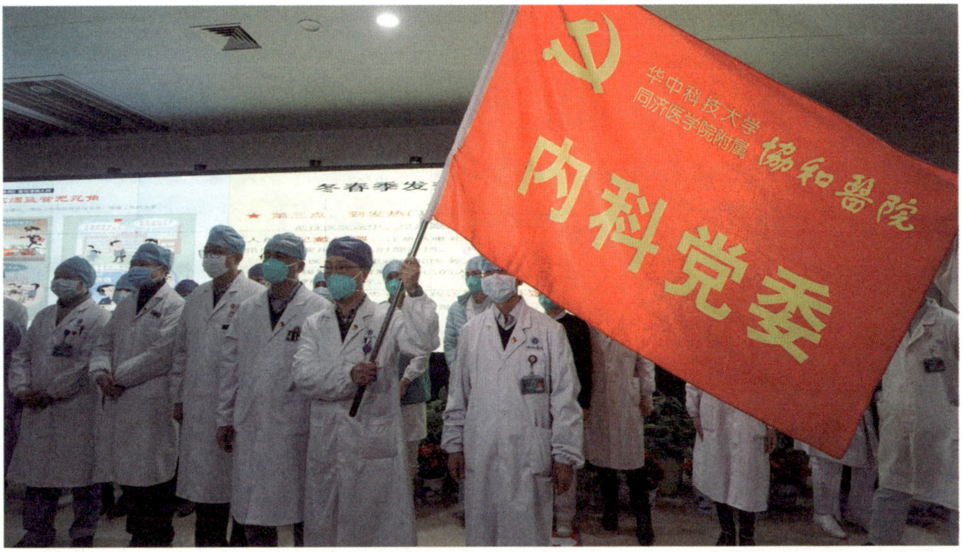

★ 2020 年 1 月 22 日，医护人员宣誓成立突击队。当日，华中科技大学同济医学院附属协和医院内科 30 余名医护人员组成抗击新型冠状病毒感染的肺炎突击队，投入到协和医院对口支持的发热定点医院——武汉红十字会医院的工作中去。（新华社记者　程敏　摄）

★ 2020 年 1 月 24 日，农历大年三十，为应对新型冠状病毒感染的肺炎疫情，甘肃中医药大学附属医院医护人员在党旗前宣誓。（新华社发　李百龙　摄）

党员干部要勇敢站出来，做到入党誓言中承诺的那样，随时准备为党和人民牺牲一切。”

出征号角吹响，冲锋战鼓擂起。

1 月 27 日，习近平总书记作出重要指示，强调各级党委（党组）、各级领导班子和领导干部、基层党组织和广大党员要不忘初心、牢记使命，挺身而出、英勇奋斗、扎实工作，团结带领广大人民群众坚定不移把党中央决策部署落到实处，坚决打赢疫情防控阻击战。28 日，中共中央印发《关于加强党的领导、为打赢疫情防控阻击战提供坚强政治保证的通知》，进一步发出强大动员令。

各级党委（党组）坚决贯彻落实习近平总书记重要指示精神，组织动员各级党组织和广大党员干部把打赢疫情防控阻击战作为当前的重大政治任务。党的政治优势、组织优势、密切联系群众优势正不断转化为疫情防控的强大政治优势。

面对武汉建设集中收治患者专门医院的求助，设计过小汤山医院、已经 79 岁高龄的全国勘察设计大师黄锡璆第一时间向党组织递交了请战书：“本人是共产党员，与其他年轻同事相比家中牵挂少，具有‘非典’小汤山实战经验。本人向组织表示，随时听从组织召唤，随时准备突击参加抗击工作。”

面对疫情防控排查所需大量人力，重庆组织党员干部紧紧依靠人民群众全力开展社区排查，24 日至 27 日已累计完成入户走访排查 1088 万余户、2795 万余人，占全市常住人口的 80%。

面对防疫中的市场秩序，辽宁省沈阳市浑南区市场监管局 80 余名干部职工奋战一线，遏制活禽和野生动物交易，依法查处涉嫌涨价的不良商家，对全区农贸市场、药房、健身房、餐饮单位进行暗访排查，确保市场秩序稳定。

……

各条战线上的共产党员纷纷请战前线，在关键时刻挺身而出。

“爸、妈，现在正值防控新型冠状病毒感染的肺炎疫情关键时期，我一个党员、警察不能眼睁睁地在家坐着，什么也不干……”27 日，湖北咸宁市公安局网安支队副支队长潘桥和 7 名民警一起，主动申请参战。

“我辈固非猛士，亦不是懦夫，绝不会退缩”“我愿投身最前线，并肩战斗，逆风而行”……接到组派医疗队援助湖北的紧急通知后，四川广元市第一人民医院、广元市中心医院医生护士纷纷请战，短短一个多小时收到请战书上百个。

浙江大学医学院附属第一医院作为浙江省定点诊治医院中唯一的一家省级医院，400余名党员主动报名，要求进入医院负压病房、隔离病房、发热门诊，千余人时刻待命。

哪里任务险重，哪里就有党组织坚强有力的工作，哪里就有党员当先锋作表率。疫情就是命令，越来越多的共产党员前赴后继地投入到这场抗击疫情的阻击战中来。

视频再现

“深夜零点到武汉后，黑龙江医疗队一行抵达酒店已凌晨3点多了，早上不到8点开始培训，明天就要进病房了。为武汉加油，为我们加油！”28日，40岁的哈医大四院心内科护士长翁玲在手机里写下这样一句话。

疫情面前，铁骨铮铮的共产党员挺起脊梁、无畏前行！

全力以赴　尽锐出战——广大党员干部立足本职、带头奉献，积极投身防控疫情第一线

不期而至的防控疫情斗争，既是对党员干部的一次严峻考验，也是一场深刻的党性洗礼。

人民利益高于一切！各级党组织和广大党员不忘初心、牢记使命，挺身而出、英勇奋斗、扎实工作，全力以赴打好疫情防控阻击战。

1月23日，武汉火神山医院深夜紧急开工。武汉市城乡建设局的多支党

★ 2020 年 1 月 24 日拍摄的武汉火神山医院建设工地现场。除夕夜，武汉火神山医院建设工地灯火通明，建设团队放弃与家人团聚，加紧建设这座专门医院。武汉市参照 2003 年抗击“非典”期间北京小汤山医院模式，正在蔡甸区建设的专门医院正式命名为火神山医院。新医院计划于2月3日建成，集中收治新型冠状病毒感染的肺炎患者。（新华社记者　肖艺九　摄）

员突击队、党员先锋队开进施工现场。“我们将不忘初心、牢记使命，发挥党员模范带头作用，勇担重任，确保按时保质保量完成任务。”项目经理张正林带着 128 名建设工人党员在党旗下庄严宣誓。

1 月 26 日，农历大年初二。来自首都北京 121 位重症医学科、呼吸科、感染科医护专家飞抵武汉。抵汉首日，北京大学第三医院医疗救援队临时党支部就收到 8 份入党申请书，其中一份这样写道：“党员同志在这次战役中冲在最前线。作为群众的我，真心敬佩他们，也要向他们学习奋战在抗击新型冠状病毒感染的肺炎一线，我现在庄严地向党组织提出入党申请……”

1 月 27 日上午，复旦大学附属闵行医院 19 楼病房值班室变成“临时理发室”，“90 后”党员刘文进毅然剪去留了七八年的长发。作为上海援鄂医疗队（增补批）队员之一，她接受了相关培训，为了便于消毒，这个爱美的姑娘让护士长朱晓英“操刀”为她剪去秀发，时刻准备奔赴前线。

……

面对肆虐的病毒，连续奋战在一线的医护人员经受着巨大考验。浸出水的隔离服、口罩长时间绷住鼻梁产生的压疮、脸上勒出的血痕，对医护人员来说，已司空见惯。

迎难而上、勇挑重担，给群众吃下定心丸。湖北省作为疫情防控的重中之重，各级党员干部冲在前面，奋战在防控新型冠状病毒感染的肺炎疫情一线。

湖北省公安县公安局斗湖堤派出所58岁的民警马毅，托付家人照顾病重的母亲，主动请缨，全力投入疫情防控工作。“我是有着38年党龄的老党员，在抗击疫情的战斗中，我们党员干部不向前冲谁向前冲，这个重担我们党员不扛谁来扛！”

党的十九大代表、湖北省宜昌市出租车司机王华君，面对参与疫情防控工作的医护人员上下班交通不便的情况，每天坚持义务接送医护人员，并带动其他出租车司机加入“爱心的士”行列。

“我的力量虽然很微小，但一定要做点什么，武汉一定能挺过去。”武汉市江夏区税务局一名普通党员黄晓光，得知抗“疫”前线缺少口罩等物资，和朋友一起采购了16000只医用外科口罩，在除夕之夜穿着防护服将口罩送到一线医护人员手中。

疾风知劲草，烈火见真金。广大党员干部奔赴一线，按照坚定信心、同舟共济、科学防治、精准施策的要求切实做好工作，更加紧密地和人民群众站在一起。

“你要戴好口罩、多洗手、一定要保护好自己，做好防护措施。”1月27日晚上11点半，正在办公室加班的四川省仁寿县曹家镇党员干部伍逊收到了爱人周双荣发来的微信。

伍逊的妻子周双荣是一位医护工作者，也是一名共产党员，自从疫情防控进入关键时期以来，她和丈夫一样，每天工作到深夜。夫妻俩早出晚归，在本该团聚的时刻，各自坚守岗位，共同奋战在防疫一线，只有在夜深人静时利用手机互报平安。

平凡中见真情，大事前看担当。

在江西美宝利医用敷料有限公司生产车间内，200 多名工人正紧张有序地忙碌着，一个个防护口罩被生产出来。

“我们本来是一家做出口的企业，农历小年后就放假了，接到供货需求后，春节期间一直在加班加点生产，日产口罩约 15 万个。”公司董事长陈剑璋说，“我也是一名党员，在疫情防控中，有责任贡献一份力量。”

众志成城　不懈奋战——面对疫情蔓延的严峻形势，广大党员干部不畏艰险、坚守岗位，坚定不移把党中央决策部署落到实处

一个个病例数字的增长跳动，时刻牵动着全国人民的心。27 日，全国新增确诊病例 1771 例，预示着防控疫情斗争依然严峻复杂。

越是关键时刻，越要认清共产党员责任使命——

28 日下午 4 点，首批内蒙古自治区援鄂抗“疫”医疗队从呼和浩特市白塔机场出发。“加油”“必胜”的口号在医疗队员和送行的人群中此起彼伏地响起。

★ 2020 年 1 月 28 日，由全自治区抽调的 139 名医务人员及 2 名带队工作人员组成的内蒙古自治区赴湖北首批医疗队正式启程。这是医疗队一些队员在呼和浩特白塔国际机场大厅合影。（新华社发　贝赫　摄）

内蒙古自治区人民医院呼吸与危重症医学科医生王彦，使劲抱了抱 5 岁的小女儿，将满脸是泪的小姑娘塞到母亲怀里，走向了安检口。她即将和同事一起，赴武汉参与新型冠状病毒感染的肺炎疫情防控和救治工作。

“我是一名医生，也是党员。我的父母曾是 17 年前奋战在‘非典’一线的医务工作者，他们一直教育我在疫情来临时，医生绝不能退缩。现在他们退休了，他们的使命由我来继承。”王彦坚定地说。

当天，像这样动人的情景还发生在上海、甘肃、新疆……新一批援鄂抗“疫”医疗队带着责任与使命奔向荆楚大地，其中大量都是共产党员。他们用自己的实际行动，挺起共产党员的使命担当。

视频再现

越是关键时刻，越要彰显共产党员先锋本色——

有着 30 年党龄的海军军医大学医疗队队长刘斌这几天已经嗓音沙哑。抵达武汉当天深夜，刘斌就带领专家组连夜展开工作，进入汉口医院实地勘察，每天只能休息三四个小时。

当上级要求海军军医大学医疗队增加床位时，医疗队在一线召开了一次 20 分钟的临时党委会，形成决议：所有医护人员投入一线工作，所有指挥组人员进入值班和保障岗位，共克时艰、同甘共苦！

在解放军三支援鄂医疗队的 450 名队员中，共产党员比例达到 60% 以上。让党旗飘起来，把党徽戴起来，让党员站出来，成为三支解放军医疗队的共同行动。

越是关键时刻，越要展现共产党员担当作为——

28 日一大早，湖北省崇阳县沙坪镇委组织 197 名镇村干部走村入户，开始了新一轮的排查。

“我们的要求是一户不漏，重点了解武汉等外地返乡人员有没有身体不适、发热等情况，还强化了源头防控、疫情监测、预警工作、物资保障、宣传告知、自我保护、包保责任以及信息畅通工作的相关要求。镇干部包村、村干部包组、组干部包户，一层层夯实相关责任。”镇委书记吴勋说。

哪里任务险重，哪里就要有党组织的工作；哪里有困难，哪里就要有党员站在第一线。

“好的。几点？到哪里？”这是浙江省湖州市滨湖街道党委委员邓运华在接到派往南太湖新区疫情防控隔离点值守的电话后，说的第一句话。

原本打算带着妻儿返乡过年的邓运华，大年初一接到了要去隔离点值守的通知，立即取消了返乡计划。面对最危险的地方、最危险的工作，邓运华没有丝毫犹豫，简单作别家人后，就立刻赶赴隔离点参与24小时不间断值守。“我经历过2003年抗击‘非典’，知道一旦到隔离点值守，一时半会儿回不来。但是作为一名共产党员，这是我应该做的。”

一个党组织就是一座堡垒，一名党员就是一面旗帜。堡垒无言，却能凝聚强大力量；旗帜无声，却能鼓舞磅礴斗志。

当前，疫情防控正处于关键期。打赢这场疫情防控阻击战，更需要各级党组织和党员干部扛起政治责任，以实际行动践行初心使命，以担当作为给党旗增辉添彩。

正如习近平总书记所指出，“在中国共产党的坚强领导下，充分发挥中国特色社会主义制度优势，紧紧依靠人民群众，坚定信心、同舟共济、科学防治、精准施策，我们完全有信心、有能力打赢这场疫情防控阻击战。”

（新华社北京2020年1月28日电　新华社记者唐卫彬、林晖、史竞男、许晟、胡喆、梁建强、岳德亮、郭强、董小红、仇逸）

英雄的城市，英雄的人民

——写在武汉疫情防控胶着对垒的关键时刻

黄鹤楼前，江水汹涌；病毒肆虐，疫情如火！

“武汉胜则湖北胜，湖北胜则全国胜。”湖北和武汉是疫情防控的重中之重，是打赢疫情防控阻击战的决胜之地。

痛苦与坚韧，顽强阻击与八方驰援，这座经历过辛亥炮火、抗日烽烟、特大洪水等无数历史考验的城市，此时此刻正处在新冠肺炎疫情防控胶着对垒的关键时刻，展开着一场命运攸关的卓绝斗争。

“武汉是英雄的城市，湖北人民、武汉人民是英雄的人民，历史上从来没有被艰难险阻压垮过，只要同志们同心协力、英勇奋斗、共克时艰，我们一定能取得疫情防控斗争的全面胜利。”

习近平总书记铿锵有力的号召，鼓舞着冲锋在武汉抗“疫”一线的万千英雄向前，向前，再向前！

英雄无私：“特殊时期，我不上谁上？”

隐瞒身患渐冻症的病情，顾不上照料被感染的妻子，始终坚守在疫情防控最前线，武汉市金银潭医院党委副书记、院长张定宇在与时间赛跑。

金银潭医院，最早集中收治新冠肺炎患者的医院，是这场抗“疫”之战最早打响的地方。

同事们说，平时上下楼必须抓紧扶手、慢慢挪步的张定宇，这些天里，“他拼的时候，我们跟不上他”。

陆军军医大学医疗队
医疗值班参谋电话
18186442733

2020 年 2 月 1 日，在武汉金银潭医院，陆军军医大学医疗队队员在党旗前宣誓。（新华社记者　程敏　摄）

"我必须跑得更快，才能从病毒手里抢回更多病人。"张定宇脚步匆匆。

向险而行，还有更多"张定宇"让人们泪目。

这个没有硝烟的战场，是砥砺初心使命的检阅场。党徽闪耀，处处是冲在疫情阻击战第一线的共产党员。

正如习近平总书记所说，要以疫情防控工作成效来检验和拓展"不忘初心、牢记使命"主题教育成果，发挥基层党组织政治引领作用和党员先锋模范作用，把社区居民发动起来，构筑起疫情防控的人民防线。

以生命赴使命，秉初心显担当。

从1层爬到7层，迈上111个台阶，对普通人来说或许不难，对患过鼻咽癌、身体瘦弱的杨端华来说，并不容易。

背起20斤重的消毒喷壶，负责每天对小区5个单元进行楼道消杀，洪山区司法局干部杨端华从机关办公室来到社区，穿上防护服上厕所非常不方便，更不敢多喝水。

"我是党员，我要在社区给群众做事。"杨端华说。

"我是党员，特殊时期，我不上谁上？"同样质朴的表达，也是武汉江岸区和美社区书记夏志刚的心声。

江岸区一名居民带着肺部感染且高烧39.5度的妻子到社区求助，而120救护车因繁忙无法及时到达。危急时刻，夏志刚冒着被感染的风险，穿上简易防护服，骑上电动车载着病人奔向最近的医院。

突如其来的防控疫情斗争，既是对党员干部的一次严峻考验，也是一场深刻的党性洗礼。各级党组织和广大党员不忘初心、牢记使命，挺身而出、英勇奋斗、扎实工作，全力以赴打好这场疫情防控阻击战。

1月23日，武汉火神山医院深夜紧急开工。武汉市城乡建设局的多支党员突击队、党员先锋队开进施工现场。"我们将不忘初心、牢记使命，发挥党员模范带头作用，勇担重任，确保按时保质保量完成任务。"项目经理张正林带着128名建设工人党员在党旗下庄严宣誓。

一人一站，一人"疫"战——这是500千伏江夏变电站站长李哲的真实写照。

"作为站长，作为一个党员，我申请值连班。"1月23日，武汉"封城"

之际，李哲拨通了领导的电话，语气恳切而坚定。

“妈妈，我准备过年这几天就在站里了，因为其他同事出行过来交接班，会增加风险。”跟母亲打完电话，李哲流下泪来。但很快，她又投入工作，清查监控信号、进行常规巡视、详细记录数据……

一名党员，一面旗帜；一个支部，一座堡垒。

2 月 11 日，位于洪山体育馆的武汉大学人民医院武昌方舱医院备受瞩目——首批经过治疗康复的 28 名新冠肺炎轻症患者从这里顺利出院。

回顾治疗过程，武昌方舱医院院长万军说，除了按照治疗方案科学施治之外，还有一个“秘诀”，那就是发挥党组织、党员的先锋模范作用。

2 月 5 日，武昌方舱医院医疗队成立临时党支部；2 月 10 日，病友临时党支部成立；来自各地的援鄂医疗队也纷纷成立临时党支部……在临时党支部带动之下，队员们争分夺秒，与疫情竞速、抢救生命。

共产党员活跃在一线，不仅有效增进了医患之间的配合，更增强了患者

★ 2020 年 2 月 11 日，一名出院患者展示出院证明。当日，武汉市武昌方舱医院首批新冠肺炎轻症患者经过治疗出院。（新华社记者　程敏　摄）

们战胜疾病的信心。

“没有共产党，就没有新中国……”

这充满信心的歌声，伴着人们激动的泪水，回荡在医院内、病房里、人心中，响彻荆楚大地，点亮一座城市的希望。

英雄无畏：“疫情不退，我们不退！”

疫情防控异常胶着——截至 2 月 10 日 24 时，湖北省累计报告新冠肺炎病例 31728 例，其中武汉市 18454 例。

湖北之外，全国各省份新增确诊病例呈现下降趋势，而湖北，尤其是武汉的数字仍处高位。自 2 日起，武汉已连续 9 天新增确诊病例超过 1000 例。

疾风知劲草，板荡识英雄。

江城武汉，成为英雄汇聚之地——

抗击“非典”、抗击禽流感、援非抗击埃博拉疫情……数次非战争军事行动，解放军传染病防控专家毛青仍然站在“逆行者”的第一排。已近退休年龄的他，大年三十穿好军装、扎上武装带随陆军军医大学医疗队星夜驰援武汉。

“这身军装，是用来战斗的！”毛青嗓门大得仿佛要穿透火神山医院好几层板房。“秉持科学态度和乐观精神，依靠完整的防护体系和专业力量，胜利必将属于我们！”

不计代价，无论生死。

在与病魔的反复较量中，英雄们的样子深深铭刻在人们脑海里，书写着这座城市记忆中荡气回肠的篇章。

人们记住了剪去一头长发的南方医科大学南方医院重症医学科主治医师吴凤——一次性防护帽子难以完全盖住头发，多一分暴露，则多一分感染的风险。她风趣地说，这是人生中最美的发型。

人们记住了在自己防护服上写下“东方徐筠”“武汉加油”八个大字的同济大学附属东方医院护士徐筠——她说：“在隔离病房，这些病人能看见的只有我们这些医护人员，他们看不清我们的脸，但是防护服上的大字能让他们感到满满的加油和鼓励！”

人们记住了一个个原本爱美的护士姐姐——长时间在隔离病房工作，光洁的脸庞被口罩和防护面罩勒得满是红肿的痕迹；纤细的手指，也因为多次消毒而变得红肿粗糙。

……

英雄亦是血肉之躯的凡人。吴凤、徐�……正是万千名奋战在抗“疫”一线医务工作者代表，当战斗的指令发出、冲锋的号角吹响，便义无反顾、永不言退。

目前全国各地的 178 余支医疗驰援队、总计 2 万多人驰援湖北。其中，4 支解放军部队 1400 人入驻火神山医院，38 支医疗护理队 2332 人入驻方舱医院，其他驰援医务人员分别入驻各定点医院。

“想不想爸爸？”

“想，心里想。”

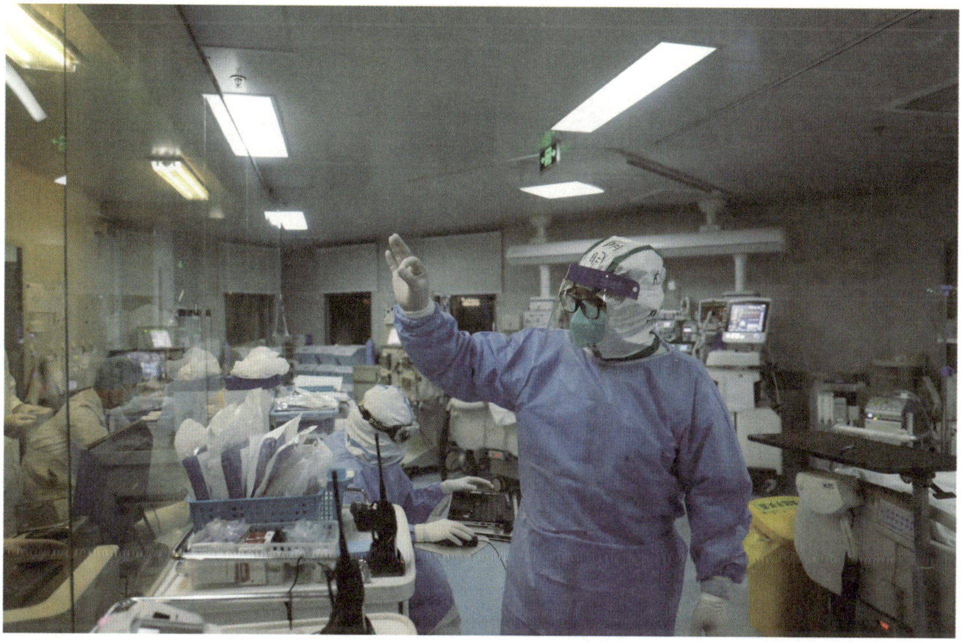

★ 2020 年 3 月 21 日晚，刚刚走下手术台的武汉市肺科医院重症监护室主任胡明竖起“OK”的手势，表示手术成功。当日，在武汉市肺科医院，来自北京、江苏、浙江、安徽、湖北、内蒙古的医生联手抢救一名已经休克的七旬男性危重新冠肺炎患者。不同学科的医生们轮流上阵，经过 3 个多小时的共同努力，成功完成手术。（新华社发　柯皓　摄）

这是武汉市肺科医院ICU主任胡明忙碌中抽空和儿子视频通话的一幕。元旦以来，他带领ICU团队奋战在疫情防控一线，忙得脚不沾地。9岁的儿子，已经一个多月没有见过爸爸。

这场疫情蔓延速度之快超出胡明和同事们预料，很多情况都是第一次遇到。在为重症患者进行气管插管时，常常遇到一些患者体液、血液喷溅的情况。为减少传染可能，胡明会让年轻的医护人员暂时出去，而自己选择留下。

"我没有路可以退。整个疫情没有结束，我们重症监护室就不能退。"胡明视自己的团队为战役的"最后一道关"："如果我们都退了，那还能指望谁呢？重症监护室永远是疾病的最后一道关，我们最后一道关守门的都退了，那不跟球队没有守门员一样？"

武汉，是湖北的一道关；湖北，是全国的一道关。

滔滔长江水，滋养出英雄的城市，哺育出英雄的人民。当千万双手紧握在一起，当亿万颗心紧靠在一起，这片土地上的人民，心中升腾起昂扬的斗志——打赢武汉保卫战，打赢湖北保卫战，打赢中国保卫战！

英雄必胜："没有一个春天不会到来"

隔一座城，护一国人。

为了全国疫情防控大局，武汉这座"九省通衢"的城市"封"了起来，承受着巨大压力，迸发出坚忍不拔、攻坚克难的大无畏气概。

近千万的武汉人民顾大局、为大家，一个个平凡的武汉人，把自己活出了英雄的模样。

历史一再证明，没有什么困难，能压垮这座英雄的城市；历史仍将证明，再肆虐的病毒也压不垮英雄的人民。

这是一座英雄的城市，英雄的人民守望相助——

2月5日晚，在刚刚启用的武汉国际会展中心"方舱医院"，众声嘈杂中，一位男患者专注地读着一本厚厚的著作。淡定达观的心态背后，是对战胜疫情的坚定信心。

连日来，在方舱医院，在隔离点，甚至在新冠肺炎定点医院的隔离病房，

★ 2020 年 2 月 10 日，在武汉客厅方舱医院，医护人员带领患者们跳舞。（新华社记者　熊琦　摄）

人们看书、玩魔方、打太极拳，甚至跳起了欢快的广场舞。

“坚持下去，才有希望。我一定要好好配合，放松心态、合理锻炼，才有更好的治疗效果。”在一家方舱医院和病友们一起跳广场舞的何女士说。

在武汉“封城”的这 20 多天，留在城里的人们坚守岗位、守望相助，用自己的实际行动为疫情防控贡献力量。

社区旁，志愿者心心相连。在江岸区汉口花园小区，社区志愿者龚青每天帮助居民团购蔬菜，登记、对接商家、分批发放。一些上了年纪的居民行动不便，龚青还联系物业工作人员将菜送到家门口；

医院里，医护人员倾尽全力。距辛亥革命武昌起义纪念馆不远的武昌区首义路街社区卫生服务中心，中心主任郑艳玲春节前两周就已经进入战时状态，所有医护人员 24 小时连轴转，预检分诊、排查发热病人、上门随访密切接触者；

街角处，亲人们默默守望。深夜时分，中铁第四勘察设计院集团有限公司教授级高级工程师汪莹鹤总是开车跟在妻子后面，用温暖的车灯为她默默

★ 2020 年 2 月 7 日，武汉市西城壕社区网格员黄丽芳（左二）与志愿者柳莹（右二）、张琦（右一）为空巢老人送菜。（新华社记者　肖艺九　摄）

护航。他的妻子在武昌医院防疫一线，担心传染家人，坚持住在宾馆，每天步行上下班；

……

每个人都在坚守，每个人都在拼搏。这些天，武汉人互相说着的、听着最多的就是四个字：武汉加油！

这是一座英雄的城市，英雄的人民同舟共济——

后方 80 米是集中收治重症患者的金银潭医院、右方 100 米是武汉容纳量最大的方舱医院武汉客厅，这段时间里，武汉宏图大道加油站经理马婷听到了太多刺耳又揪心的救护车鸣笛声。

"医生在前方救死扶伤直面病毒，他们都不怕，我们怕什么！"克服恐慌情绪，马婷带领全体加油站员工坚守岗位，全力保障周边医院和救护车的油品配送服务。"医生在为生命加油，我们也要为他们加油啊！"

关键时期，一个个平凡的人绽放出英雄的光芒。

还记得，武汉大学中南医院急救护士郭琴在防疫一线不幸感染病毒，治愈出院后不顾大病初愈的身体，再次返回工作岗位。“防疫一线人手紧张，我要把耽误的时间抢回来。”

还记得，一个个收件人为“请交给任何医务人员”“隔离护士姐姐”“白衣天使们”的外卖包裹在定点收治医院堆成小山，人们用这种方式表达着对医护人员的深深敬意……

这样一座英雄的城市，这样一群英雄的人民，有什么困难不能战胜？有什么风雨不能跨越？

一方有难，八方支援。一路路援兵，正从祖国四面八方向武汉汇集——

中央确定全国19个省区市对口支援湖北各省市，各路精兵强将星夜集结、奔赴前线；各地区前往湖北和武汉支援的广大医务工作者、人民解放军指战员以及各方面人员越是艰险越向前，闻令而动，坚忍不拔，不怕牺牲，攻坚克难，连续奋战在武汉防疫第一线，为打赢武汉保卫战倾尽全力。

2月10日，习近平总书记在北京调研指导新型冠状病毒肺炎疫情防控工作时通过视频会议听取武汉疫情防控的汇报，并作出部署。习近平总书记坚强有力的指导，进一步指明了武汉战“疫”的方向：

当前，湖北和武汉疫情形势仍然十分严峻，要采取更大的力度、更果断的措施，坚决把疫情扩散蔓延势头遏制住。

战斗仍在继续——

长江浩荡，黄鹤楼矗立，见证着这座英雄城市的保卫战，记录下这里英雄人民的大爱壮举。

武汉加油！湖北加油！中国加油！

（新华社武汉2020年2月11日电　新华社记者廖君、邹伟、喻珮、梁建强、王贤、施雨岑、林晖、侯文坤、黎昌政、李劲峰、李伟）

将战“疫”进行到底！

——写在武汉疫情防控的关键阶段

决战之地，一城一省关系全局——

湖北省的新冠肺炎确诊量，长时间占全国确诊量的80%以上；武汉市的确诊量，长时间占湖北全省的七成以上。武汉胜则湖北胜，湖北胜则全国胜！

关键一役，攻坚任务依然繁重艰巨——

当前，全国疫情蔓延势头得到初步遏制，防控工作取得阶段性成效，但绝不可盲目乐观。

“要清醒看到，全国疫情发展拐点尚未到来，湖北省和武汉市防控形势依然严峻复杂。”2月21日，习近平总书记主持召开的中共中央政治局会议明确指出。

千磨万击还坚劲，越是艰险越向前。

激烈的战“疫”正在进行，向着胜利的每一步都是关键。在以习近平同志为核心的党中央坚强领导下，英雄的武汉人民、湖北人民与全国人民一起同心协力、英勇拼搏，正在将这场疫情防控人民战争、总体战、阻击战进行到底。

“防”到实处：以雷霆手段战非常之“疫”

这是一场不期而遇的遭遇战。

病毒，前所未见；形势，空前严峻。

“把人民群众生命安全和身体健康放在第一位”“把疫情防控工作作为

当前最重要的工作来抓”，习近平总书记亲自指挥、亲自部署，作出重要指示。

号角吹响，举国动员。

在党中央的坚强领导下，“防”字当头，阻击疫情的人民战争全面打响。

为全面贯彻落实习近平总书记重要指示和中央政治局常委会会议精神，中共中央政治局委员、国务院副总理孙春兰率领中央指导组，从1月27日开始在湖北开展疫情防控指导工作。

关闭离汉通道，防止疫情向全国蔓延；封闭小区，全力切断传播途径……一个月时间里，湖北省、武汉市采取一系列措施，不断强化管控，着力落实“四类人员”分类集中管理措施。

与时间赛跑，与疫情抗争。

武汉最大的“村转社区”江欣苑社区，总人口近两万人，疫情较重。59岁的社区书记胡明荣说，每天要打数百个电话。

应收尽收，不漏一人！

在前期工作的基础上，湖北省、武汉市组织5万多名干部职工入户上门排查“四类人员”、加强社区防控，进一步控制源头、切断传播途径。

市直机关、市属国有企业干部职工，下沉到疫情较重的社区，统一编入街道社区工作队；15个城区统筹区直单位和街道（乡镇）党员干部，全覆盖联系包保社区（村）……一线力量，进一步得以充实，形成战“疫”合力。

江岸区一名居民带着肺部感染且高烧39.5度的妻子到社区求助，而120救护车因繁忙无法及时到达。危急时刻，和美社区书记夏志刚冒着被感染的风险，穿上简易防护服，骑上电动车载着病人奔向最近的医院。

“我是党员，特殊时期，我不上谁上？”话语朴实无华，但掷地有声。

江岸区排查居民444386户、982199人，实现确诊、疑似居家患者存量全部清零；武昌区排查456602户家庭、998286人，“不漏一人、应收尽收”；蔡甸区对所有的确诊患者、发热人员、疑似患者、密切接触者等群体“清仓见底”……

武汉市各城区刚刚又完成了一次大排查。“应收尽收”的攻势经过1个多月的努力，逐步出现成效。各区逐一签订“责任状”，明确“再发现一例居家确诊病人，直接问责区长区委书记”。

★ 2020 年 2 月 7 日，到武汉市蔡甸区蔡甸街跃进社区参加排查工作的街道干部计振华（左）和跃进社区党委书记程继华（右）在商量排查工作安排。（新华社记者　程敏　摄）

所有小区，封闭管理！

一个小区，一律只保留一个出入口。老旧小区、开放式居住区通过打围方式实现硬隔离，2 月 14 日之前完成。小区出入口，24 小时值班值守。

"以前口子多，社区管不过来，现在硬隔离后，封闭管理难题迎刃而解，我们觉得这就是对老百姓负责。"市民陈四珍说。

非常之战，须有雷霆作风。

以非常之役，迎战非常之"疫"，更要压实责任、赏罚分明，提振干部担当、作为、奉献的精气神。

根据中央指导组要求，武汉市在疫情防控一线考察识别干部，优秀的火线提拔，不合格的火速问责。截至 2 月 21 日，武汉市火线提拔干部 20 名、火线发展党员 34 人；纪检监察机关共查处问题 385 个、问责处理 620 人，涉局级干部 6 人、处级干部 127 人。

坚定信心、同舟共济、科学防治、精准施策——武汉，在战"疫"中挺起脊梁！

“治”为关键：科学防治凸显生命至上理念

努力提高收治率和治愈率、降低感染率和病亡率。这是疫情防控工作的突出任务，是打赢武汉保卫战的重中之重。

由于发病隐蔽、潜伏期长、蔓延迅速，加上疫情暴发时期冬春交替、人流密集、交叉感染……战“疫”初期，格外艰辛，代价巨大。

“集中患者、集中专家、集中资源、集中救治”，这是科学防治的治本之策，也是扭转战局的关键之举。

定点医院从首批 3 家增加至 48 家，科学防治新战场火速开辟——

参照北京小汤山医院模式，火神山、雷神山医院先后开工。仅用 10 天，火神山医院就拔地而起、交付使用，成为“中国速度”的见证。

★ 中建三局的建设工人在武汉雷神山医院建设工地施工（2020 年 2 月 4 日摄）。（新华社记者　肖艺九　摄）

“根据2003年抗击‘非典’时的经验，新建集中收治疫情患者的医院，能够很大程度上缓解现有医院的压力，减少交叉感染。”一位参与抗击“非典”的医疗专家表示。

从大年初一当晚动工，到首批8名重症患者收治入院，同济医院中法新城院区改造仅用48小时。

时值春节，又逢疫情，工人难寻、材料难购、运输不畅。连续好几天，同济医院中法新城院区后勤科科长杨涵林和同事基本没合过眼，一直盯在改造项目上，“早一刻完工，就能早一点收治病人，多一点治愈希望。”

在雷神山、火神山之外，一家家综合医院普通病房经过隔断，密封，被改造成定点医院，集中收治确诊患者。截至21日，武汉市定点医院已开放27199张床位，已使用23223张。

“人等床”的紧张局面缓解，“床等人”正在到位。

10多家方舱医院迅疾建设，托起应治尽治的生命之舟——

“感谢方舱医院救了我和我的家庭，不然真不知道会有什么后果。”武昌方舱医院首批治愈患者李女士，出舱后感激之情溢于言表。

1月24日确诊，却因没有床位无法收治，在病中煎熬多日……2月5日晚，李女士终于接到社区通知，被送进新建成的武昌方舱医院。经过治疗，她在2月11日出院。

相当数量的轻症患者或疑似病人曾求医无门，又怕感染家人有家难回，流落各处，成为行走的传染源。重症病人从发病到住院的平均时间是9.82天，很多人在等待中由轻症成为重症。

“迅速把确诊轻症病人都收治起来，给予医疗照顾，与家庭与社会隔离，避免造成新的传染源，至关重要。”中国工程院副院长、呼吸与危重症医学专家王辰说。

体育场馆、会展中心，甚至客运车站、空闲厂房，迅速被改造成方舱医院。72支援助医疗队全力护航，在武汉三镇筑起一座座“安全岛屿”。加上扩建计划，到2月25日，武汉市储备的方舱医院床位要达到3万张。

重症和危重症患者救治，是最难攻克的“娄山关”“腊子口”——

“肺功能逐渐好转，血氧饱和度上升至98%—100%，心肌损伤标志物肌

★ 在武汉市华中科技大学同济医学院附属同济医院中法新城院区，护士边关月（右）搀扶一名老年患者去做检查（2020 年 2 月 18 日摄）。（新华社记者　王毓国　摄）

钙蛋白稳步下降至 6700……”看到患者黄先生脱离危险，同济医院心内科主任医生周宁松了一口气。

2 月 20 日，同济医院光谷院区，周宁所在的心内科护心团队与上海华山医院国家援汉医疗队合作，为 64 岁的黄先生在床边实施主动脉内球囊反搏（IABP）治疗，给这名遭遇心肌梗死合并新冠肺炎、病情一度十分危急的患者带来生机。

秉持初心，牢记使命。

“发扬特别能吃苦、特别能战斗的精神，发挥火线上的中流砥柱作用，始终把人民群众生命安全和身体健康放在首位，全力以赴救治患者，打好武汉保卫战、湖北保卫战。”

截至 21 日，武汉市累计治愈出院 7206 人，既有年过九旬的老者，又有仅出生 17 天的新生儿。随着治愈出院患者数量增多，速度加快，22 日武汉市新冠肺炎疫情防控指挥部发布第 16 号通告，要求新冠肺炎治愈出院患者应到指定场所隔离观察 14 天，进一步巩固治疗效果。如今，武汉全市隔离治疗点

图为武汉体育中心方舱医院（2020 年 2 月 12 日摄）。（新华社记者　程敏　摄）

和观察点可使用床位超过 7.4 万张。

坚定信心、科学防治，一系列积极变化正在战场中逐步显现：

武汉市急救中心的 120 急救专线，从每天超过 1.5 万人次呼叫的最高峰，到现在回落到3000人次左右；多家定点医院发热门诊接诊量已逐步减少，微博、武汉城市留言板等网络平台中的收治求助信息明显减少；收治重症患者数量最多的同济医院，病亡率从 5.85% 下降至 3.5% 左右。

“援”源不断：疫情防控人民战争如火如荼

21 日 7 时，汽笛声中，载着 19000 套防护服，星夜飞驰，由北京西开往南宁方向的 Z285 次列车抵达武昌站。

21 日全天，仅武昌站就有 9 批次防疫物资运抵，包括药品、医疗器械、口罩等共计近 33 吨，火速送往战“疫”一线。

“经过全国上下的共同努力，目前医疗物资短缺的状况有了很大改善。”

★ 在武汉市协和医院西院区，康复出院的新冠肺炎重症患者与医护人员合影留念（2020 年 2 月 19 日摄）。（新华社记者　才扬　摄）

中央指导组成员、国家发展改革委副主任连维良介绍，这仍然是一种紧平衡，下一步总体考虑是“增加数量，保障质量，应保尽保，特事特办”。

战“疫”攻坚，是党中央统一指挥、统一协调、统一调度下全国一盘棋的具体实践，是中国特色社会主义制度优势的充分彰显。

疫情发生之初，湖北确诊人数不断增加，缺床位、缺医护、缺设备、缺物资。以防护服为例，当时全国所有的医用防护服储备，尚不能满足武汉一天的需求！

全国之力，闻令而动——

“只想尽快抵达！”一批批来自全国各地和部队的援助医疗队陆续赶到：

1月24日，首批上海医疗队136人在上海虹桥机场集结，飞往武汉；

1月26日，抵达武汉仅12小时的陆军军医大学医疗队，就开始大批量接收确诊患者；

……

组织19个省份对口支援湖北除武汉之外的地市（林区）；

以生命守护生命，把白衣作为战袍。

面对疫病肆虐，3万多全国驰援的医务工作者和湖北武汉同行始终牢记习近平总书记嘱托，坚守在一线，挺身在前沿，在最危险的防疫阵地上昼夜拼搏。

集中优势，合力攻坚。在疫情发生后第一时间，国家新冠肺炎医疗救治专家组成员就抵达武汉，指导规范化诊疗和重症病例医治。目前，全国10%的重症医务人员聚集武汉，达1.1万名，抢救重症和危重症患者。

书记、院长亲自挂帅，带领重症、呼吸等专科医护团队，整建制接管重症病区，按照“一人一策”制定方案，提高救治的科学性和精准性。“发挥我们的人才优势、技术优势、学科优势，一定要打赢这场阻击战。”北大一院院长刘新民说。

“为了一线的战士们！”一家家企业紧急开工全力生产，送往湖北和武汉的物资源源不断；

……

产品不停供、质量不降低、价格不上涨……疫情防控关键时刻，来自四

视频再现

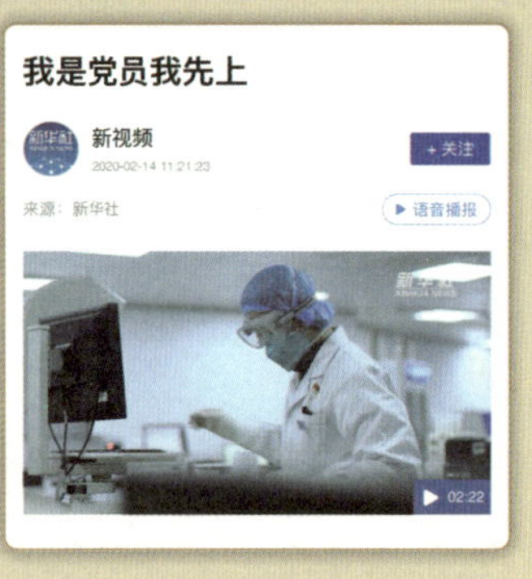

面八方的物资援助，牢牢守住湖北和武汉的战“疫”保障线和民生保障线。

面对严峻考验，武汉人民艰辛抗击、顽强坚守——

大年初一，看到中建三局一公司的招募令，武汉江夏的危龙、危凤、危超三兄弟立即报名。雷神山医院建设工地上，三兄弟并肩战斗，开起了运输车、挖掘机。

身后约 80 米，是集中收治重症患者的金银潭医院；右侧约百米，是武汉客厅方舱医院。这些天来，武汉宏图大道加油站经理马婷一直坚守岗位，“医生为生命加油，我们也要为他们加油！”

危急关头，人心愈坚。更多人在平凡的坚守中付出，共同支撑着这座城市的运转。

“尽己所能，使命必达！”

经营一家餐馆的武汉小伙郝乐，每天早晨 7 点起床赶到店里，跟员工一起用储备的食材炒菜做饭，准时将盒饭送到医护人员手中。春节以来，他累计为 9 家医院免费送出盒饭超过 3500 份。

在蔡甸区新民村，村干部日夜不停奔忙，大家看在眼里、疼在心里，家家户户出人出力。“目前，村里有 30 多人报名参加路口值守、测量体温等工作，排班表已经列到了 2 月底。”60 岁的村民曾学鹏说。

一家家餐馆为医护人员免费送餐；一批批爱心车主义务接送医护人员；一名名退伍军人报名参与社区“拉网”排查……江城街头巷尾，爱心在流淌，彼此的支持在交融、传递。

战斗在一起的，何止武汉人民。

大年三十凌晨，河南退伍老兵王国辉就开始敲响村民的家门。“请大家一起干活，开始人家不情愿，我说这一车菜不是卖钱是捐给武汉，大家伙儿马上就响应了。”

他带着20个村民，一上午采摘5000多斤蔬菜；顾不上歇口气，自驾400多公里，当晚赶到武汉，将蔬菜捐给火神山医院项目部。“我是种菜的，就想为武汉尽一份心。”

武汉不是“孤岛”，武汉不是孤军作战。

武汉是湖北人民的，也是全国人民的，所有中国人都与武汉人民一起守护着这片美丽的土地，守护着共同的家园。

大江奔腾，潮落潮起；众志成城，共克时艰。

“依靠中国人民的万众一心、集中力量办大事的制度优势、强大的物质和技术基础，以及丰富的实践经验，我们有信心、有能力、有把握打赢这场疫情防控阻击战。”习近平总书记的铿锵话语，指引着胜利的方向，激荡起亿万人民的必胜信念！

（新华社武汉2020年2月22日电　新华社记者刘刚、邹伟、梁建强、李劲峰、胡喆、胡浩、赵文君、黎云、郑璐）

一鼓作气，不胜不休！

——写在疫情防控阻击战的关键时刻

在磨难中砥砺，在悲恸中奋起。

历经两个多月艰苦卓绝的奋战，在决战决胜之地湖北和武汉，战“疫”取得积极进展，防控斗争进入关键阶段。

人民至上，生命至上
——在党中央坚强领导下战“疫”攻坚，坚决遏制疫情蔓延势头

3 月 10 日，武汉。

在抗击新冠肺炎疫情的关键时刻，习近平总书记专门赴湖北省武汉市考察疫情防控工作。

“要一鼓作气，咬紧牙关，坚持到底”。习近平总书记的重要讲话指引方向，坚定意志。

一组组升降的数字，记录着来之不易的阶段性战果：

2 月 19 日，湖北新增出院人数首次超过新增确诊人数，次日武汉也迎来这一交叉点；

3 月 4 日，湖北新冠肺炎治愈率升至约 60%，武汉治愈率超过 50%；

3 月 5 日以来，湖北除武汉外连续实现无新增确诊人数。6 日，武汉新增确诊人数从高峰时的数千例，降至两位数。

一个个出院场景，令人百感交集：

“没想到我的母亲能出来！”3 月 1 日，54 岁的丁女士与 98 岁的老母亲

★ 武汉雷神山医院 32 名新冠肺炎患者 2020 年 2 月 27 日治愈出院，这是一名新冠肺炎治愈患者出院后与医护人员告别（手机拍摄）。（新华社发　高翔　摄）

同时从武汉雷神山医院治愈出院，泪水满眶。

“除了感谢还是感谢！你们给了我第二次生命……”3 月 7 日，准备出院的柯先生向医护人员深深鞠躬。曾经病重的他，一度“不能动，水都不能喝”，在绝望中交代后事。

疫情是一次危机，也是一次大考。

“要始终把人民群众生命安全和身体健康放在第一位”。

面对突如其来的疫情，一场举国动员的疫情防控阻击战打响了。

这是冷静正确的判断——

这是新中国成立以来在我国发生的传播速度最快、感染范围最广、防控难度最大的一次重大突发公共卫生事件。

“我们要按照坚定信心、同舟共济、科学防治、精准施策的要求，切实做好工作，同时间赛跑、与病魔较量，坚决遏制疫情蔓延势头，坚决打赢疫情防控阻击战。”

这是坚定果敢的决断——

湖北省新冠肺炎确诊量长时间占全国确诊量80%以上；而武汉市确诊量又长时间占全省七成以上。

面对未知的病毒，在加紧研发筛选有效药物的同时，源头管控、隔离传染源是最有效的措施。

一城一省关系全局！

1月23日，武汉宣布离汉通道关闭、公共交通停运，这个千万人口的特大城市进入“封城”状态。湖北其他市州也先后实行最为严格的管控措施。

这是科学周密的部署——

“请大家按登记表全面排查。住址、姓名、联系电话要登记好。情况特殊的要备注清楚。”2月17日下午，江汉区唐家墩街西桥社区党委书记董守芝跟同事们明确工作任务。

此时，拉网式大排查在武汉3300多个社区、村湾展开。

严格落实早发现、早报告、早隔离、早治疗措施；强化社区防控网格化管理，实施地毯式排查……湖北和武汉按照中央提出的“内防扩散、外防输出”要求，实施更加严格、更有针对性、更加管用有效的措施。

最新统计数据显示，湖北累计排查核查1315万余人次，累计追踪密切接触者27.4万余人，转运收治“四类人员”8.2万余人次。最近10多天，省外地区没有再出现来自湖北的输入性病例。

这是“全国一盘棋”的力量汇聚——

来自全国各地和军队的4万多名医务人员星夜驰援，与湖北和武汉的同仁并肩战“疫”，点亮生命之光。

从中央到地方，国家各部委全力调配，各省区市伸出援手，19个省份进行对口支援，一批批防疫物资生产企业复工复产，一批批爱心捐赠陆续涌来，为抗“疫”一线供应“粮草弹药”。

一道道难关要闯过，一块块“硬骨头”要啃下——

火神山、雷神山医院拔地而起；方舱医院迅速启用；每天增加3000张病床，一个月建设完成的病床数相当于60家三级医院……2月29日，武汉定点医院、方舱医院、隔离治疗点全部实现“床等人”。

★ 2020 年 2 月 17 日，载有军队支援湖北医疗队的运输机降落武汉。图为刚下飞机的医疗队员在停机坪上列队集结。（新华社记者　李贺　摄）

改建黄冈大别山区域医疗中心，设计、改造、清扫、规整，不到 30 个小时开辟出 100 张床位的感染隔离病房，建起该院第一个 ICU。

征用酒店、高校等建立隔离点，湖北和武汉对疑似患者、密切接触者、出院人员分类集中隔离，避免交叉感染。

非常时期，非常之举。一个个看似“不可能完成的任务”，一步步成为现实。

国际社会普遍认为，中国采取的坚决有力的防控措施，展现的出色的领导能力、应对能力、组织动员能力、贯彻执行能力，为世界防疫树立了典范。

共担重任，迎“疫”向前

——在艰苦卓绝的战“疫”斗争中，践行初心使命，绽放时代精神光芒

“我报名！”“不计报酬、无论生死！”“我是党员，我先上！”……一封封请战书、一个个红手印，见证白衣执甲，逆行出征。

确诊病例持续增长，重症人数持续增长，病亡人数持续增长，传播人群数量不明……面对严峻的疫情，一个个坚定的身影站了出来。

通行证明上，车牌号一栏写着“自行车”。为争分夺秒返岗，武汉市江夏区的“90后”社区医生甘如意，历经4天3夜，骑行300公里，从荆州返回岗位……

“我必须跑得更快，才能从病毒手里抢回更多病人。”武汉市金银潭医院院长张定宇身患渐冻症，但顽强与时间“赛跑”。

没有豪言壮语，行动就是铮铮誓言。

刚做完胆囊摘除术后三天，院士张伯礼带着“中医力量”挺进一线。钟南山、李兰娟、王辰、仝小林、黄璐琦……是院士，更是战士！

用生命守护生命。超过3000名医护人员感染新冠肺炎，刘智明、夏思思等医护人员以身殉职。

用真心回馈真心。出院时，病患一步一谢，最想看看医生、护士们脸庞的心愿，是对白衣天使最大的肯定。

“一切的工作只因为我们是医务工作者，此刻患者需要我们，国家需要我们，疫情不退我们不退。”

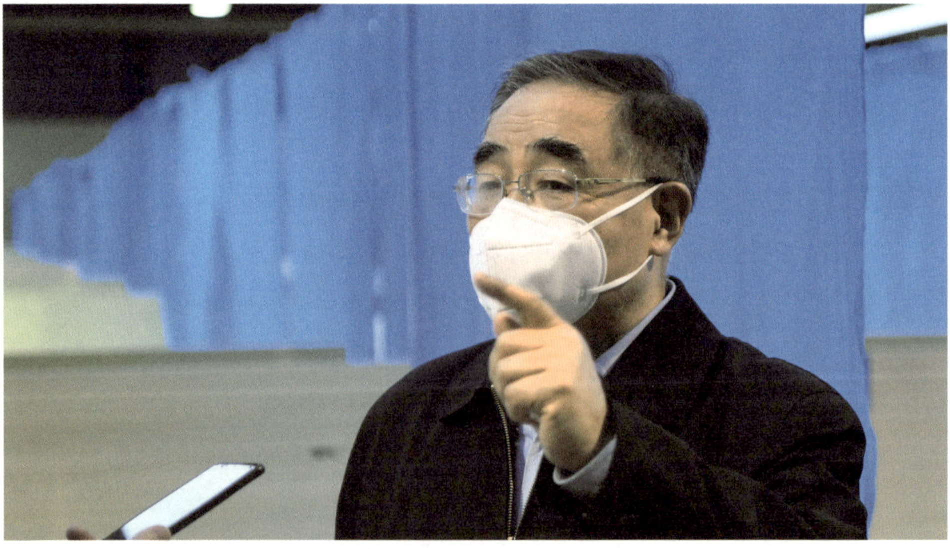

★ 中国工程院院士张伯礼在江夏方舱医院介绍情况（2020年2月14日摄）。（新华社记者　程敏　摄）

★ 2020 年 3 月 7 日下午，随着最后一位患者转出，武汉客厅方舱医院患者清零。图为转院的患者走出武汉客厅方舱医院。（新华社记者　熊琦　摄）

武汉客厅方舱医院门外，送别最后一批患者，山东省济南市第一人民医院重症监护室副护士长王春霞与战友们紧紧相拥，泪水夺眶而出。

凝聚迎难而上的勇气，越是艰险越向前——

大量疑似人员未能及时得到检测，众多确诊患者救治无门……“应收尽收、应治尽治”一度难以实现，病患“堰塞湖”令人揪心。

抢抓阻隔，摸清底数！

湖北、武汉统筹安排5万多名党员干部下沉一线，与社区工作人员一道“拉网式”筛查甄别“四类人员”。

严之又严，细之又细。新一轮大排查后，网上求助信息明显减少；发热门诊接诊量明显减少；120 急救电话明显减少……

抢建方舱，分类施救！

由体育馆、会展中心等改造成的 16 家方舱医院，运行 1 个多月来，共收治轻症患者 1.2 万余人，成为名副其实的“生命之舟”。

“方舱医院用最快的速度，最小的社会成本，达到了迅速大幅度扩大收治容量的目的。”中国工程院副院长王辰说。

抢抓救治，减少死亡！

组建院士巡诊团队、修订优化救治方案、坚持中西医结合……在来自全国的医务工作者支援下，湖北着力实现早收早检、早诊早治，治愈率显著提高、病亡率显著降低。

抓住救治和阻隔“两大关键环节”，推进筛查甄别、小区封闭管理、公共区域管控“三个全覆盖”，加快形成数据信息和收治工作“两个闭环”……在艰难奋战中，湖北战局步步扭转！

流淌守望相助的情怀，将孤岛连缀成大陆——

隔一座城，护一国人。

识大体、顾大局，隐忍顽强，一个个平凡的武汉人，把自己活出了英雄的模样。

早上5点多出门帮居民买药，10多个小时后终于拿齐近100份药——惠民苑社区网格员丰枫身上挂满药袋的照片，感动无数人。

凌晨时分，5名志愿者组成的紧急救援队仍在义务接送待产孕妇。武汉“封城”以来，他们24小时待命，被称为“新生命的摆渡人”。

奉献，付出一份力量。坚忍，传递一份希望。

钟南山院士赞叹：“这个劲头上来了，很多东西都能解决……武汉本来就是一个很英雄的城市。”

世界卫生组织总干事高级顾问布鲁斯·艾尔沃德感慨：我们要认识到武汉人民所做出的贡献，世界欠你们的。

传递同舟共济的温暖，没有一个冬天不可逾越——

一方有难，八方支援。

全国的医疗队伍赶来了。330多支医疗队、超过4万名医务人员先后驰援湖北。其中，重症医学科、感染科、呼吸科等专业人员超过15000人。

宝贵的防疫物资送来了。截至3月8日，湖北省累计接收社会捐赠资金超过137亿元，物资超过9907万件。

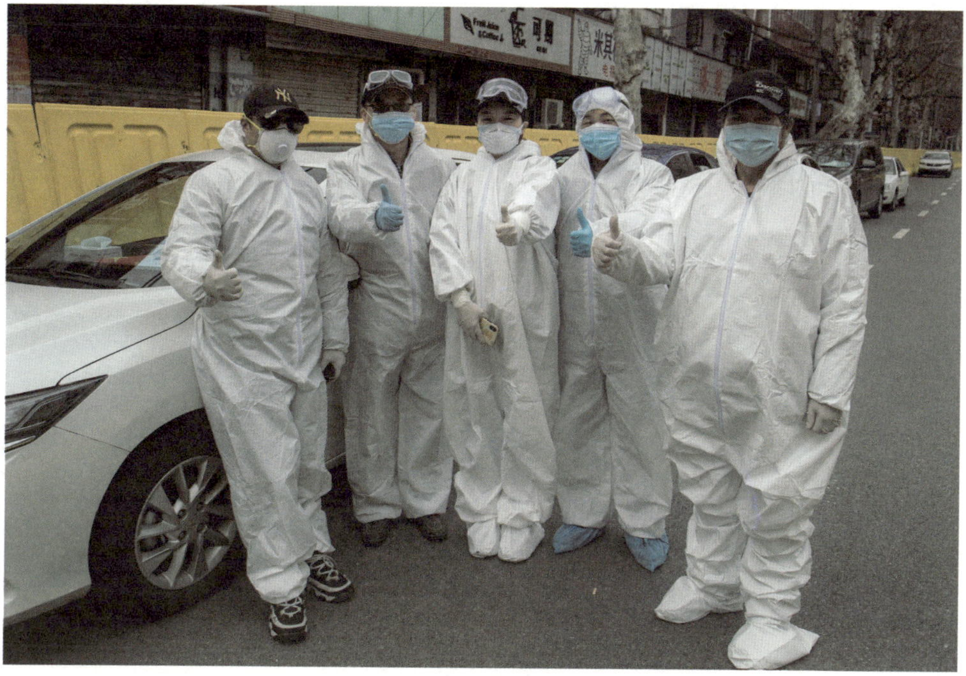

★ 被称为"新生命的摆渡人"的紧急救援队员李文建、朱伟、王紫懿、王震、杨学彬（从左至右）为武汉加油打气（2020 年 2 月 29 日摄）。（新华社记者　肖艺九　摄）

慎终如始，不胜不休：
一时一刻不放松，一丝一毫不马虎，抓紧抓实抓细，夺取斗争的最终胜利

3 月 10 日，武昌方舱医院最后一批患者出院。至此，武汉方舱医院全部休舱。

"望后会无期。"一些患者和医护人员在舱外合影留念。过去一个多月里，一座座"生命之舟"中所发生的一切，将成为他们共同的珍贵记忆。

经过艰苦努力，湖北和武汉疫情防控形势发生积极向好变化，取得阶段性重要成果，但疫情防控任务依然艰巨繁重。目前，湖北省在医院救治的患者还有 1.3 万余名，重症危重症还有 4000 多例。

越是关键时刻，越是要保持头脑清醒，越是要慎终如始，继续把疫情防控作为当前头等大事和最重要的工作，毫不放松抓紧抓实抓细各项防控工作，坚决打赢湖北保卫战、武汉保卫战。

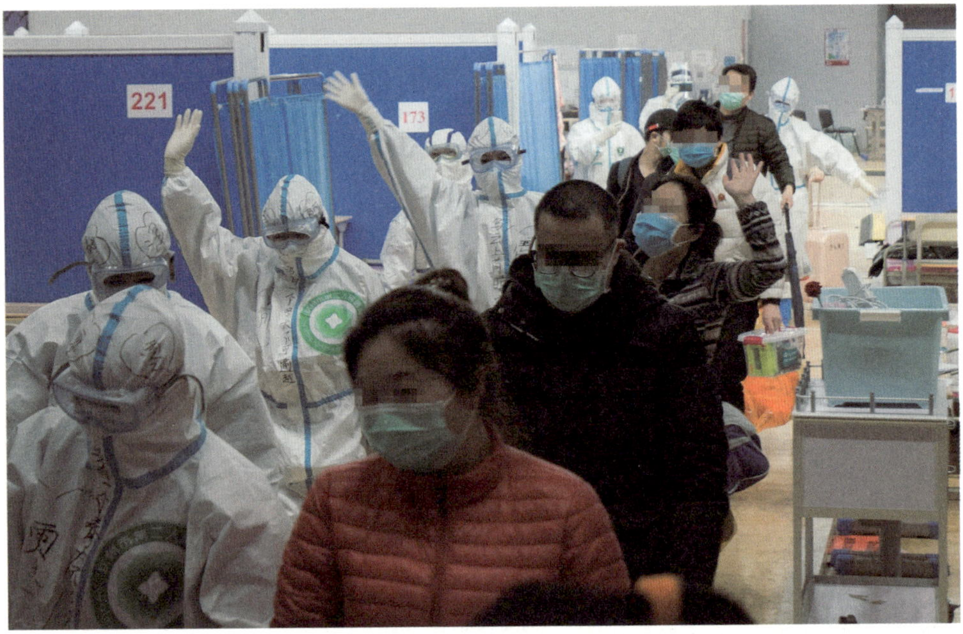

★ 2020 年 3 月 10 日，武汉武昌方舱医院正式休舱。图为医护人员护送痊愈患者出舱。（新华社记者　肖艺九　摄）

——把医疗救治工作摆在第一位，在科学精准救治上下功夫。

经历一个月生死一线，3 月 10 日 11 时，华中科大同济医院中法新城院区一名重症患者成功撤离 ECMO，1 小时后又成功摘掉呼吸机。这是湖北目前成功脱离 ECMO 的患者中病情最重的一位。

武汉新冠肺炎患者救治的主战场集中于定点医院，广大医护人员仍在奋力救治每一位患者，最大限度提高治愈率、降低病亡率。

——紧紧依靠人民群众，充分发动人民群众，提高群众自我服务、自我防护能力。

在武汉光谷关东街、佛祖岭街、九峰街及花山街，社区利用“机器人”随访系统自动拨打辖区居民电话，询问记录住户发热、接触史等数据，生成表格，反馈给社区。

大数据、人工智能等新技术、新手段正为决战决胜添砖加瓦。超 110 万次的呼叫，43 万余次的防疫宣传短信通知，全力让防疫不留死角。

民生稳，人心稳，社会就稳。

每天清晨，武昌区钢苑小区志愿者杨磊早早地等在社区附近的超市前，帮助群众选购、配送各种物资。“累是累点，但能帮上大家，还是很开心的。”

应对疫情，无数个人的奉献和付出，汇成澎湃力量。目前，50多万名各类志愿者，正活跃在荆楚大地。

“无疫情社区、小区和村”创建正在大力开展。截至3月8日16时，武汉市已有无疫情小区3021个，占小区总数的42.5%。

视频再现

——真抓实干，力戒形式主义、官僚主义。

党员干部，下沉一线。目前，湖北共有10995家机关企事业单位包保联系27345个社区（村），58万余名党员干部投身防控工作。

一分部署，九分落实。对于失职失责人员，湖北加大问责力度。截至3月7日，湖北省各级纪检监察机关共查处新冠肺炎疫情防控中违纪违规问题8715个，党纪政务处分2485人，其中厅局级6人，县处级76人，乡科级及以下2405人。

——在加强防控的前提下，采取差异化策略，适时启动分区分级、分类分时、有条件的复工复产。

“红码黄码请隔离，绿码体温无恙请通行……”3月10日，“湖北健康码”推出，为落实差异化防控策略，推进企业复工复产和人员安全有序流动贡献“数字智慧”。

在湖北多地，一手抓生产、一手抓疫情防控，做到两不误，已经提上议事日程。

经湖北省疾控中心组织专家评估，截至目前，湖北省低风险县市增至45个，中风险县市18个，高风险县市降至13个。分区分级发放人员“健康码”，已发放“绿码”2000万人左右。

战斗正未有穷期。英雄的湖北、武汉人民仍然必须继续艰苦奋战、攻坚克难，与全国人民一道，汇聚同舟共济、众志成城的伟力，向着湖北保卫战、武汉保卫战的最终目标，奋勇前进！

（新华社武汉2020年3月11日电　新华社记者唐卫彬、邹伟、李鹏翔、梁建强、胡喆、廖君）

“病毒不退，我们不撤！”
——火神山医院工地上的铮铮誓言

“听党指挥，严守纪律；面对考验，不会退缩，我愿为抗击疫情贡献力量！”1日，武汉火神山医院的工地上，响起掷地有声的誓言。

火神山医院是在建的首个接诊治疗新型冠状病毒感染的肺炎专门医院，也是凝聚多方力量、诠释“中国速度”的一座医院。

3000多名建设者，从五湖四海汇聚在武汉知音湖畔。他们说着不同方言，为同一个目标而努力冲刺。

47岁的马家强，老家在湖南。这几年，他在武汉打工，把家安在了武汉。大年初二，他看到朋友在微信上发起号召，就加入了中建三局二公司“掘进团”。

在一平方米大小的挖掘机驾驶室，每天都要待上8个小时，工作时不敢喝水，怕上厕所影响大家的进度。“能出一份力，觉得很光荣！”马家强说。

在工地上，像马家强这样敢上一线的建设者有很多。在这场与时间赛跑的较量中，他们从五湖四海汇聚到武汉。尽管彼此间不熟悉，叫不上来名字，但他们的目标、信念只有一个：早日完工，战胜疫情！

视频再现

★ 这张标注了日期的拼版照片显示的是武汉火神山医院从开始设计到建成完工，历时 10 天（无人机拍摄）。（新华社记者　肖艺九　摄）

随着医院建设进入尾声，一些参建单位陆续完成各自建设任务。很多建设者，完工后第一个念头不是“撤离”，而是“留下”。

当天上午，在火神山工地迎风飘扬的党旗下，一群身着工作服、头戴口罩的建设者面对党旗庄重宣誓。

王波就是其中一位。41 岁党员王波响应单位号召，除夕夜赶到工地支援建设。当王波得知要成立志愿保障队时，他和 10 多名同事第一时间报名，在党旗下郑重宣誓。

“对于想留下来的，将根据有针对性开展演练，同时会密切关注他们的健康，做好劳动保护措施及疫病防护措施。”王波所在的国网武汉供电公司相关负责人说。

（新华社武汉 2020 年 2 月 1 日电　新华社记者冯国栋）

40 名党员和他们值守的 9 个小区

“体温 36.8 摄氏度，正常。家中食物够不够？有需要的话，可以登记一下，我们帮你采购。”近些天，湖北省赤壁市城市里的小区疫情防控分队青年党员陆师定期带着医护人员上门，对在家隔离居民进行测温，及时提供生活上的帮助。

按照新型冠状病毒感染的肺炎疫情防控相关要求，赤壁市城市区域内公共交通停运，城市小区人员尽量避免随意出入，着力构筑起防控疫情蔓延的“社区防线”。

在各类小区中，部分“三无小区”，即无物管、无主管部门、无人防物防的院落及楼栋的疫情防控难度最大，而街道办事处工作人员有限，管控任务较重。

“党员要发挥起作用！从 1 月 24 日起，我们就紧急组织党员组建疫情防控分队，参与到全市的疫情防控工作中。”在赤壁市政府的号召下，赤壁市供电公司在岗党员放弃春节休假，组建了疫情防控分队。队长唐波说，他们承担起 9 个“三无小区”及家属小区共计 3500 余户的疫情防控工作任务。

入户排查、宣传防疫知识、测量体温、社区进出口 24 小时值守……一项项工作，有条不紊开展。

来到铁山社区圆梦小区，疫情防控分队队员何剑说，前期投入精力最多的工作，是入户询问排查相关情况。“是否有人从武汉回来？是否有发热、咳嗽等情况？”一边询问，他一边做好记录，并对身份证信息、电话信息等进行登记，以便备用。

“要戴口罩、勤洗手、常通风、少聚集，对自己负责，对家人负责。”

每次排查完毕，他和队员们都不忘提醒居民做好防护措施，并及时通过网格群宣传疫情防控知识。

由于9个小区的地理位置分散，应急车辆数量有限，队员们多采取步行或者骑共享单车的方式出行。仅三天时间，队员们就完成了全面排查工作，累计发现263户居民家中有武汉返乡人员，并详细记录了体温等数据。

“家里老人的降压药快用完了，这药停不得，我申请出小区一趟。”近日，棉纺厂小区居民冯金林急急忙忙准备离开小区。

“什么药？请先登记一下，我们来想办法买。现在是特殊时期，请你不要外出。”陆师劝住了冯金林，并立即将相关需求报给物资供应部门。“亮出党员身份，耐心沟通，一定能得到群众理解。”

“目前，我们已经有40名党员加入疫情防控工作。党员冲锋在前，在疫情防控工作中做好‘守门员’，当好‘联络员’，我们要用真心换得群众安心。”唐波说。

据悉，除了赤壁市之外，在嘉鱼县、崇阳县等多地，大量一线党员供电工人都主动参与到疫情的防控工作之中。一名名党员，正在成为防控疫情一线的一面面“旗帜”。

（新华社武汉2020年2月3日电　新华社记者梁建强）

沧海横流　英雄本色

——致敬抗“疫”一线的勇士们

这是一场没有硝烟的疫情防控阻击战。

“沧海横流，方显英雄本色。”在危机中挺身而出，在大考中英勇奋起。党员干部冲锋在前、顽强拼搏，医务工作者义无反顾、日夜奋战，解放军指战员闻令而动、敢打硬仗，广大人民群众众志成城、守望相助……

经过艰苦努力，目前疫情防控形势积极向好的态势正在拓展，但疫情形势依然严峻复杂，防控正处在最吃劲的关键阶段。

向英雄们致敬，为勇士们加油。与时间赛跑，与病魔较量，他们正用忠诚、勇敢、担当，挺起民族的脊梁，不获全胜决不收兵！

对党忠诚：将危险挡在身前

关键时刻冲得上去，危难关头豁得出去，这就是共产党人。

“12 床患者需要紧急气管插管！”“好，马上到！”

准备插管辅助用药，检查喉镜、气管插管、置入喉镜、暴露声门，一气呵成，插管成功。

这是发生在华中科技大学附属同济医院光谷院区重症病房的一幕，也是以党员为主体的麻醉师团队又一次成功急救。

气管插管暴露声门瞬间，麻醉医生近距离直面患者呼吸道，危险可想而知。每一例气管插管都是从“鬼门关”抢回生命，与死神搏斗的背后，是医护人员一次次身陷感染危境的挑战。

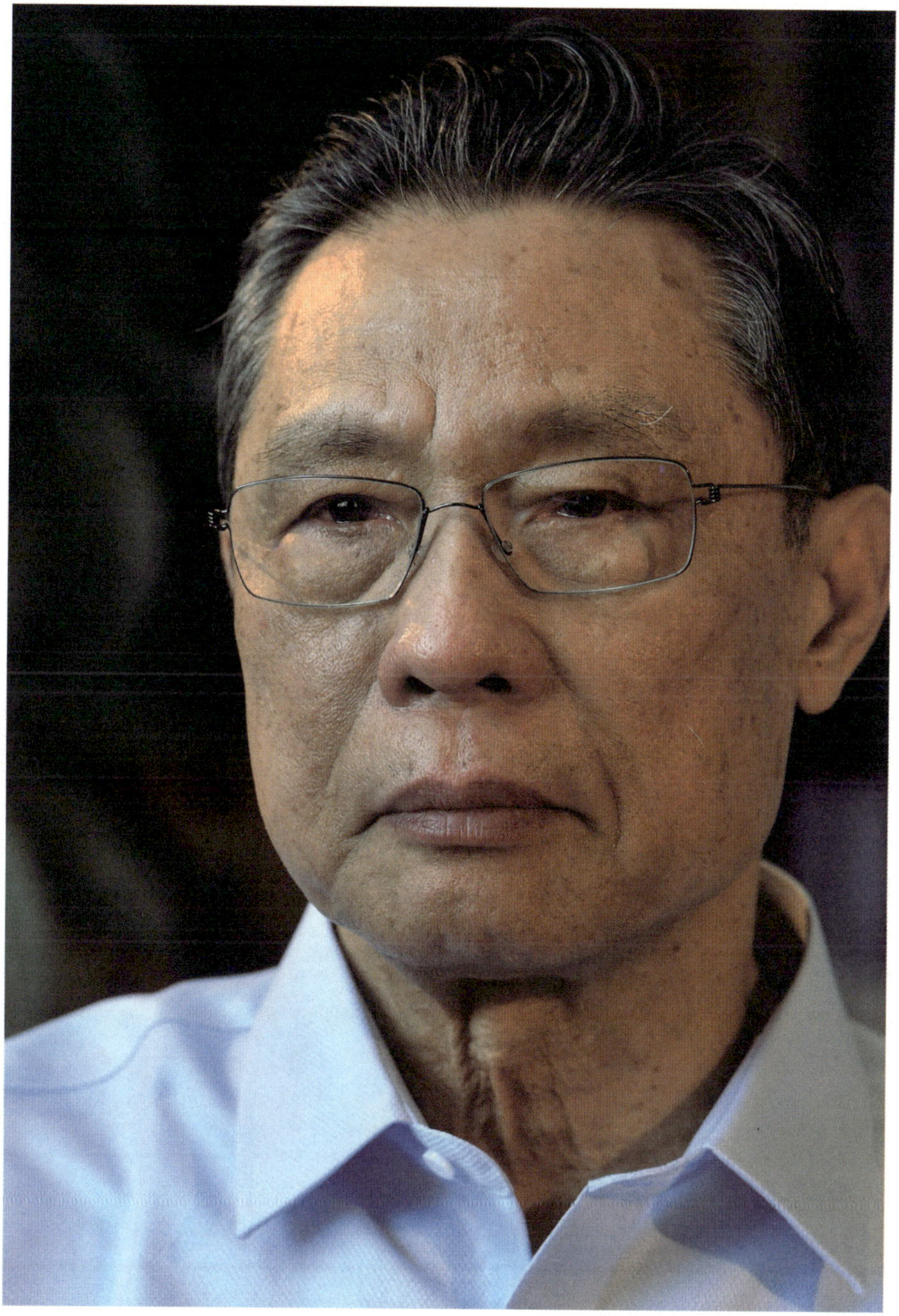

★ 中国工程院院士、国家呼吸系统疾病临床医学研究中心主任、高级别专家组组长钟南山在广州接受新华社记者专访（2020 年 1 月 28 日摄）。（新华社记者 刘大伟 摄）

疫情，形势严峻；战“疫”，胶着对垒。能不能打赢这场疫情防控的人民战争、总体战、阻击战，正是对各级党组织和党员、干部的重大考验。

疾步如风，脾气急嗓门大，是武汉市金银潭医院院长张定宇给人的第一印象。共产党员、院长、医生，是他的三重身份。

“无论哪个身份，危急时刻都没理由退半步，必须坚决顶上去！”身患渐冻症的张定宇说，“我要用渐冻的生命，从病毒手里抢回更多的病人。”

英雄汇聚，逆行担当。84岁的钟南山院士逆行武汉、义无反顾；73岁的李兰娟院士进入重症病房、挺身一线……

“一线岗位全部换上党员，没有讨价还价！”上海市医疗救治专家组组长、复旦大学附属华山医院感染科主任张文宏一番话，尽显共产党员担当。

“入党誓词里有一句话——随时准备为党和人民牺牲一切。”武汉大学中南医院重症医学科党支部30多位党员，始终奋战在救死扶伤的最前沿。

关键时刻，共产党员来之能战。

“我申请常驻留观室”，武汉大学人民医院副教授、呼吸与危重症医学

★ 武汉大学中南医院的医务人员在武汉客厅方舱医院讨论工作安排（2020年2月8日摄）。（新华社发　高翔　摄）

科党支部书记张旃，以自己实际行动带动身边的人。

在生命之舟方舱医院，党旗高高飘扬，医疗队临时党支部、病友临时党支部、各地支援湖北医疗队临时党支部纷纷成立……广大党员和群众迅速聚拢在党旗下，争分夺秒，与疫魔竞速。

“我们既是病人，也是党员，发挥党员模范带头作用，帮助医护人员加强病区管理，带领全体病友增强战胜疾病的信心，让群众感受温暖和关怀。”武昌方舱医院东区病友临时党支部书记张兵说。

贵州湄潭县人民医院急诊科护士杜富佳，再三申请，踏入湖北“战场”。“哥哥杜富国在雷场上喊出的那句‘你退后，让我来’的话，一直在我脑中回荡，激励着我跟着他冲锋、战斗”。

大事难事看担当，危难时刻显本色。

2 月 21 日，武汉东西湖区方舱医院内，民警潘童、环卫工人张文斌，一人包裹着白色隔离服，一人身穿橘黄色环卫服，面向党旗，庄严宣誓，火线入党。

宣誓后，潘童走向污染区安保岗位，张文斌开始清污作业……

冲锋陷阵：义无反顾无畏无惧

疫情肆虐，英雄出征。

从临危受命到整装待发，仅有短短 4 个小时，陆军军医大学支援湖北医疗队队员宋彩萍来不及吃一口摆上桌的年夜饭。

30 年军旅生涯，她先后 6 次参加海上、高原卫勤任务，4 次参加国际医疗救助活动。在这场硬仗中，她时时刻刻“跟死神掰手腕”，平均每天睡眠时间不足 4 小时。

“在广东省组建支援医疗队之前，几个曾经参加过抗击‘非典’的‘老兵’就写了‘请战书’交给医院。”南方医科大学南方医院肝脏肿瘤中心主任郭亚兵说，“这种时刻，我就是‘战士’，冲锋在前责无旁贷。”

危险面前，郭亚兵总是冲在第一个，病房里的第一个班，第一个进隔离病房，第一个带头处理院感隐患……

一次次义无反顾的出征，一张张脸被磨破的照片，一个个抢救生命的场景。

英雄，总能在危难时刻“以身许国、精忠报国”。

危险重重，行动造就英雄，前赴后继、一往无前！

来自全国各地的330多支医疗队、4.1万多名医护人员正在荆楚大地，顽强拼搏，展现出救死扶伤、医者仁心的崇高精神。

不同的战场，一样的英雄。

一批批公安干警，坚守岗位、日夜值守，维持社会秩序、维护社会稳定；一批批新闻工作者不畏艰险，深入一线，报道疫情最新动态，营造强信心、暖人心、聚民心的舆论氛围；一批批志愿者真诚奉献、不辞辛苦，在同舟共济中爱心交融传递温暖。

视频再现

病毒无情，英雄无畏。

2月18日上午10时54分，武汉市武昌医院院长刘智明生命的刻度永远定格在了51岁。

两个小时内将门诊部改成发热门诊和留观病房；3天内完成全院既有499名其他疾病患者的转移工作，整体改造建好300张隔离床位……过去一个月，跟病毒作战，一直持续到他生命最后一刻。

为有牺牲多壮志！

贵州省江口县纪检监察干部杨荣连续奋战23天牺牲在抗“疫”一线；蓝天救援队江苏机动队长许鹏在向武汉运送防疫物资途中发生车祸身亡；湖北省南漳县公安局交警大队三级警长郑勇在疫情防控一线突发疾病去世；湖北省秭归县沙镇溪镇高潮村党总支书记宋青山给村民配送代购生活物资时遭遇车祸不幸殉职……直到生命结束之时，他们也从未惧退半步。

他们以身筑墙，以身报国，守护着更多人的幸福和团圆。

★ 在武汉客厅方舱医院，武汉市公安局东西湖区交通大队快骑队警务人员在现场执勤。由于雨雪天气，护目镜上满是雾水（2020 年 2 月 15 日摄）。（新华社记者　才扬　摄）

守望相助：英雄就是你就是我

在磨难中成长，从磨难中奋起。

一个个平凡的武汉人，用坚韧、担当，把自己活成了英雄的样子。

为了全国疫情防控大局，武汉关闭所有离汉通道，将这座华中重镇“封”了起来。承受着巨大压力，这座城市运行依旧保持平稳有序。

一个个普通的中国人，激荡起为家为国的英雄气魄。

一方有难八方支援，为了打赢这场艰辛的战“疫”，许多普通人都主动参与进来。逆向而行，爱心传递，让万千“疫情”抗击者备受鼓舞，切身感受到全国人民构成的坚强后盾。

每次坚守，每份付出，都在增添抗击疫魔的力量——

2 月 15 日，武汉飘起鼠年首场大雪。鹅毛大雪中，急救医生、环卫工人、公安民警、社区干部、快递小哥依旧值守、奔走在街头，守护着这座遭遇巨大冲击的城市。

雪水夹杂汗水，湿透警用雨衣里的四层衣服，皮鞋湿透，需要不停跺脚取暖，东西湖区交通大队队员张超就在这样的条件下，从下午3点半坚守到晚上10点。他的身后，就是武汉客厅方舱医院。

疫情笼罩之下，每个平凡的英雄都在默默坚守、守望相助。他们以自己的辛勤，支撑起这座城市的运转；他们的努力，就是在奋力筑牢疫情防控的阵地。

从医40多年的张广道退休后，得知医院医护人员紧缺情况后，65岁的他迅疾请战，拎起行李，赶赴一线；90后快递小哥苍禹威，每天清晨他就骑着电动车出门，为周边2000多户街坊邻居们买菜送菜。

每双手，每颗心，都在奋起拼搏、全力以赴。

每个平凡的奋斗者，都在一次次坚守，一次次付出中驱散疫情的阴影，绽放出英雄的光芒。

每次挺身、每次逆行，都在汇聚起同舟共济的强大信念——

疫情暴发后，武汉市青山区钢花小学音乐教师华雨辰当过接送医护人员的司机，也当过测温员，还当过搬运工。眼下，正在青山方舱医院当播音员志愿者，“我们希望能一直陪伴到最后，我们誓与武汉共进退。”

2月23日，武汉市在全市范围内专项招募志愿者，为居民提供食品药品代购代送等服务。当天报名人数就突破1万人。

一个个平凡的身影挺身而出，怀着执着的信念，在抗击疫情中逆行、奉献、磨砺、成长。

每次奋起都在加速战局的推进，每次拼搏都在驱散疫情的阴霾——

人们看到，浙江宁波康复医院23岁男护士郑益欢得知武汉医院护士不够，向原单位提交申请辞职，从宁波驱车12小时赶到武汉。接受两天培训，进入武汉武昌医院隔离病房上岗。

人们看到，山东沂水县爱尚眼镜批发城老板孙吉国和老乡许德强驱车千里，将各类防护物资和2000斤橘子送达武汉后，临时决定驻留武汉，义务为医院和社区运送物资。长时间搬运，来时的衣服都已磨破。

人们看到，来自全国各地的工人，召之即来，日夜奋战，全力以赴建设雷神山、火神山医院；全国多地康复不久的患者，又回到医院，卷起袖子、捐献血浆、让爱回流……

当一个个英雄拼尽全力，一群群凡人正在奋力前行，还有什么困难不能战胜？还有什么阻挡不能跨越？

咬定青山不放松，不破楼兰终不还。

“中华民族历史上经历过很多磨难，但从来没有被压垮过，而是愈挫愈勇，不断在磨难中成长，从磨难中奋起。”

英雄的城市，英雄的人民。

我们坚信，有党中央的坚强领导，有中国特色社会主义制度的显著优势，有强大的动员能力和雄厚的综合实力，有全党全军全国各族人民的团结奋斗，我们一定能够打赢这场疫情防控阻击战！

（新华社武汉 2020 年 2 月 25 日电　新华社记者李劲峰、李伟、侯文坤、胡喆、黎云）

战斗在党和人民最需要的地方

——记奋战湖北抗"疫"一线的人民警察

"武汉胜则湖北胜，湖北胜则全国胜。"武汉保卫战、湖北保卫战正处在关键阶段，公安队伍，是疫情防控中一支极其重要的力量。

是使命，更是担当——

哪里危险，哪里就有他们的身影。湖北各级公安机关和广大公安民警牢记习近平总书记的要求，坚决贯彻落实党中央决策部署，日夜奋战，不计生死，越是艰险越向前。

是忠诚卫士，更是人民英雄——

"对党忠诚、服务人民、执法公正、纪律严明。"荆楚大地上，一支支公安突击队扛起千钧重担，一抹抹"逆行"的"警服蓝"闪耀在战"疫"一线。

"逆行"而上："请把我派到最危险的地方！"

"守好阵地！安全回家！"

2 月 13 日，全国公安一级英模、武汉市公安局江岸区分局刑侦大队教导员许奎率领 10 名突击队员，列队进入刚启用的武汉全民健身中心方舱医院。

武汉三镇，一座座方舱医院如雨后春笋般建成，托起救治生命的希望。与医护人员一起奋战方舱的，还有一支支公安"方舱战疫突击队"。1200 多名民警按照"一院一专班"日夜驻守，保障方舱安全。

疫情就是命令，疫情就是警情，防控就是责任。

这是一场总体战——公安部要求始终坚持把人民群众生命安全和身体健

★ 全国公安一级英模、武汉市公安局江岸区分局刑侦大队教导员许奎（左一）率领 10 名突击队员，列队进入刚启用的武汉全民健身中心方舱医院（2020 年 2 月 13 日摄）。（新华社发）

康放在第一位，全国公安机关坚持“一盘棋”，全警动员冲锋一线，扎实抓好战疫情、防风险、保安全、护稳定各项措施落实。

这是一场阻击战——在主战场湖北，6.3 万名公安民警、5.6 万名公安辅警，或驻守医院维持就诊秩序，或值守社区协助转运送治病人，或坚守城市出入口防止病毒输入扩散，在各自岗位上共同确保社会治安大局平稳有序。

请战声声嘹亮，“逆行”步步铿锵。

“让哪个民警进武汉客厅方舱医院执勤，对于我这个局长来讲最难了。号召自愿报名后，马上有 137 名民警主动请战。”武汉市公安局东西湖区分局局长徐扬说。

“我有经验，参与过抗击‘非典’，请把最苦最累的班排给我！”黄冈市浠水县民警胡汉魁主动挑起重担，坚持冲在一线。

危险关头，党员民警带头冲锋。

“把支部建到一线去！”全警、全时、全程出征，湖北公安机关在检查卡点、重点防点、医院隔离点等抗击疫情关键阵地组建临时党支部，筑起坚强战斗堡垒。

在襄阳，东风医院警务室里，11 名党员民警面向党旗庄严宣誓：“不论是把我分配到医院门口还是进驻重症治疗区，我都将听党指挥、履职尽责、不辱使命……”

在孝感，刚康复出院的汉川党员民警吴华东递交请战书：“我有抗体……我向市局党组申请参与此次抗击新冠肺炎感染风险最高的任务。”

在黄石，下陆分局向民警发出倡议，自愿报名到集中隔离治疗医院执勤。“我们带头上！”“党员民警到最危险的地方去！”民警、辅警和即将退休的老同志纷纷请缨。

秉持初心，这些故事格外动人——

他们当中，有警医伉俪。

他是武汉市火神山医院警务室民警燕占飞，她是华中科技大学协和江北医院护士铁肖会。他坚守火神山，她奋战重症隔离病房。已经一个月没见面的他们彼此勉励：“守住大家，才有小家。”

他们当中，有父子同心。

感染高风险区域谁来值守？ 53 岁的石首市公安局民警曾凯挑选了他的儿子、辅警曾诚卓，一同负责确诊患者院区安保，抗疫“父子兵”并肩而立。

他们当中，有壮心不已。

十堰市公安交管局指挥中心退休民警王永新，还像往常一样值守工作岗位，退休不离岗。他说，“就让抗疫胜利的消息，当我的‘退休令’”。

据不完全统计，湖北有 20 余名民警为抗击疫情推迟了婚期。他们收起礼服婚纱，与爱人相拥而别：“待到春风传佳讯，我们再相会。”

武汉不是孤城，湖北公安不是孤军奋战。

“在这场大战和大考中，公安部党委和全国公安机关始终是你们的坚强后盾。力量向湖北、向武汉集结，资源向湖北、向武汉倾斜。”

“希望湖北和武汉公安机关咬紧牙关、再接再厉。我们坚信，在党中央的坚强领导下，一定能取得疫情防控斗争的全面胜利。”

2 月 18 日，公安部部长赵克志致信湖北和武汉公安民警辅警。

★ 石首市公安局民警曾凯（右）和他的儿子、辅警曾诚卓，一同负责确诊患者院区安保，抗疫“父子兵”并肩而立（2020 年 1 月 28 日摄）。（新华社发）

“作为主战场一线民警，我深切感受到，全国公安机关都同我们站在一起，是我们的坚强后盾。”陈特说。

战“疫”攻坚：有雷霆手段，更有爱民深情

1 月 30 日下午，武汉市江岸区大智街泰宁社区某居民楼。大智街派出所民警邵玉春来到这里，准备转运该社区的新冠肺炎疑似病患送医隔离。

“快来帮忙啊……”听到单元楼里突然传来呼救，邵玉春和同事立即跑进楼道。68 岁的周爹爹正在发烧难以支持，瘫坐在楼梯上不能动弹。

零距离接触疑似病人，谁上？

“我来！”邵玉春蹲下身子，在其他人帮助下将老人背起，固定好后慢慢下楼。一级、两级、三级……邵玉春小心翼翼地将老人背到警车里，火速送医。

对确诊、疑似、发热患者和密切接触者“四类人员”实现应收尽收，是

★ 十堰市公安交管局指挥中心退休民警王永新（右）还像往常一样值守工作岗位，退休不离岗（2020 年 2 月 15 日摄）。（新华社发）

疫情防控迫在眉睫的攻坚战。

社区转运车辆不够，警车来送；没有家属陪同，民警陪同；患者思想上有顾虑，民警帮助解决。高风险的转运环节，一个个无畏的身影挺身而出——

赶到人员分流点，把患者接上车，立即送到隔离点……连日来，武汉市公安局硚口区分局六角亭派出所民警方正豪和同事组成“转运送治快反小组”，已转送 140 多个发热病人。

“一、二、三，起！”由于救护车无法靠近，武汉市公安局青山区分局厂前街派出所民警用木门作担架，抬行 1000 余米，将一名发热晕倒在路边的男子抬上救护车。

警车不够用，武汉市公安局江岸区分局百步亭派出所民警沈胜文和战友一起将私家车加装隔离板，变成运送病患的专车，8 小时转运了 13 人……

数字，写就勇毅担当。

2 月 6 日到 20 日，武汉市公安机关在转运病人工作中勇当先锋队、尖刀班，共出动警力 6.3 万人次，协助转运送治“四类人员”2.2 万人。尤其是在 2 月 17 日启动的为期 3 天集中拉网排查行动中，公安机关协助排查转运送治“四类人员”3502 人，化解矛盾纠纷 800 余起，帮助解决居民困难 1789 件，啃下最硬的“骨头”。

数据，更是强大助力。

★ 武汉市江岸区大智街派出所民警邵玉春将病患背到警车里送医（2020 年 1 月 30 日摄）。（新华社发）

走进孝感市公安局指挥中心，屏幕墙上各项数字实时更新、频频滚动。孝感市公安机关在主动研发疫情防控大数据平台，精准支撑摸排的基础上，多轮次开展“敲门行动”，精准排查发热病人，努力实现“不漏一人”目标。

为摸清“四类人员”底数，湖北省和武汉市公安机关充分发挥公安大数据优势，联合多部门打破信息壁垒，加强多元数据研判应用，推动形成疫情防控数据信息闭环，对“四类人员”基础信息关联对比、统一推送，为疫情防控提供精准有力的信息支撑。

社区是疫情防控第一线，也是外防输出、内防扩散最有效的防线。

出动警力 24.3 万人次，排查 452 万余人……湖北组织万名民警进社区，广大公安民警与各部门工作人员一道，合力筑牢抵御疫情的“防火墙”。

人们看到，定点医院、发热门诊、方舱医院、隔离观察点，这些抗“疫”一线现场，就是人民警察值守的战场。

“医生在里面救病人，我们在外面守护生命通道。”2 月 15 日晚，雪后的荆州城区气温为零下 3 摄氏度。荆州市胸科医院，荆州市公安局沙市区分局西区派出所的民警就在医院楼下来回巡查。

医院战“疫”，公安护安。“24 小时、零距离”执勤，由于穿着防护服，很多民警大半天不吃不喝，戴着成人尿不湿上岗。

人们看到，城市出入口、桥隧公路、社区卡点，公安民警身体力行封锁疫情传播，及时速递急需。

“请停车配合测体温。”“请打开后备厢。”

2 月 14 日早晨，雨雪交加的武汉寒冷彻骨。在东西湖区舵落口公安检查站，民警吴洪冒雪执勤：“每天平均要检查车辆 1000 辆左右，这两句话要重复上千遍。”

随着疫情发展，阻止病毒扩散的“封”，与保障应急物资、医护人员的“通”，成为突出矛盾。湖北省公安厅建立省市应急物资和医护人员联动保畅机制，成立协调调度专班，24 小时解决应急保畅难题。

人们发现，严峻疫情下，“有困难，找民警”依然是最令人安心、暖心的话语。

宜昌当阳一名男子因病需定期服用某种药物，药吃完后却因交通封控无法外出购买。2 月 7 日，当阳、伍家岗两地警方接力，驱车 200 余公里将药送到患者家中，解其燃眉之急。

2 月 18 日，武汉市东湖高新区，51 岁的社区女民警史雪荣与医护人员一道，搀扶着一位老人走出隔离点。这位老人疑似患新冠肺炎，一度情绪激动甚至要轻生，正是史雪荣反复劝慰，让老人卸掉心理重压，愿意住进方舱医院。

疫情发生以来，史雪荣每天忙到凌晨一两点才能休息，记不清转运过多少名群众、每天要接多少求助电话。“群众相信我，我就管到底，直到他们健康返家。”

按照中央部署，湖北各级公安机关扎实做好社会面安全稳定工作，不断加大警力投入，强化显性用警，全面落实公安武警联勤联动联防联控机制，穿着防护服也贴上“公安”标识，提高见警率、管事率，让群众心安。

非常时期，更要有雷霆手段。湖北公安机关成立打击专班，以严打高压态势，对涉疫违法犯罪形成强大震慑。

1 月 29 日，湖北省公安厅出台关于依法严厉打击涉医违法犯罪维护医疗

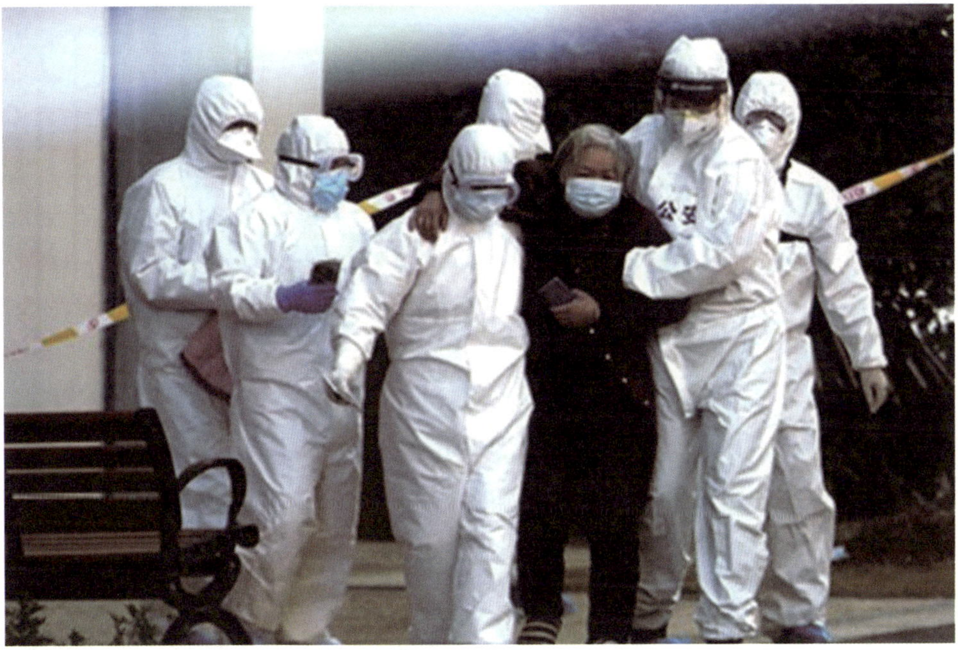

★ 武汉市东湖高新区的社区女民警史雪荣（右二）与医护人员一道，搀扶着一位老人走出隔离点（2020 年 2 月 18 日摄）。（新华社发）

秩序的通告。

通告发布次日，一名病人的家属在武汉市某医院抓扯殴打医生，扯坏医生的口罩、防护服，扰乱医院正常秩序，当日即被警方刑事拘留。

制售假冒伪劣医护用品、妨害疫情防控工作、拒不执行隔离措施、利用疫情实施诈骗……疫情当前，湖北公安机关持法为剑，截至目前共查获假劣口罩520余万只、假劣防护服31.6万套；查处涉及疫情电信诈骗案件84起；查处以危险方法危害公共安全案件5起，隔离收治7人；查处以暴力、威胁方法阻碍国家机关工作人员案件26起，采取强制措施32人。

秉持初心：用热血和生命践行“人民公安为人民”

农历大年三十，41岁的襄阳交警郑勇，站完了生命中最后一班岗。

疫情防控任务繁重，郑勇一直坚守一线。身体一再报警，他却多次推后检查时间，直到无法坚持才前往医院，被确诊为急性肝衰竭。经过12天全力救治，他因病情过重不幸逝世。

家人的泪眼中，是怎样的生离死别？郑勇最后一次清醒时，最牵挂的仍是防控工作，他还嘱托妻子，将自己最后一个月工资作为党费上交给党组织……

和平年代，公安队伍是牺牲最多、奉献最大的队伍。疫情如火，广大公安民警冲锋在前，作出无私奉献，甚至是付出生命。

1月29日，长航公安局宜昌分局民警尹祖川在值班时突发疾病，经全力抢救无效不幸殉职，年仅48岁。

2月6日，潜江市公安局交警支队二大队辅警王爱兰在换班途中遭遇交通事故，经抢救无效殉职，年仅37岁。

有人不幸离去，更多人前赴后继。

长时间奋战一线、经常出入定点收治医院处置警情，20多天没回家的武汉市九峰派出所所长吴培勇病倒了，确诊感染新冠肺炎。

尽管在医院接受治疗，他仍通过视频电话参与协调值班和备勤人员的工作安排。“告诉兄弟们，我一定平安归来，继续战斗！”

据统计，截至目前，湖北全省确诊感染新冠肺炎的民警288人、辅警106人。治愈97人，其中民警75人、辅警22人；感染身故4人，均为民警。

病毒无情。战斗在防控一线，明知有风险，甚至会牺牲，他们不害怕吗？

“我们是人民警察，百姓都指望着我们。我们不上，谁上？”

“身为人民警察，就是要顶在一线！”

“当时来不及想有没有危险。”

……

一声声回答朴实无华，一句句誓言展现忠诚。

疫情防控阻击战的最前线，人们看到了太多公安民警孜孜奉献、无私付出的身影，感悟着“人民公安为人民”的铮铮誓言——

25岁的宜昌民警郑承瑛值完通宵夜班，清早回家的路上，突然觉得胸口疼痛无法呼吸，昏倒在马路上。好在几名城管工作人员发现了她，及时伸出援手施救。

“向坚守抗疫一线的同志致敬！”城管工作人员李波在自己的微信朋友圈这样感慨。

在新冠肺炎密切接触人员的隔离点，黄石民警柯贤斌与同事们昼夜值守。2月5日晚，他突然痛哭失声，一同值守的同事这才得知，柯贤斌的父亲刚刚去世。

同事催促他速回，但他知道岗位不能离人，强忍悲痛值守，直到轮班同事交接才匆匆离去。接到单位领导打来的慰问电话，他说，“不用安排我休假，办好父亲的丧事，我就回来。”

“我们的蔡政委，父母和哥哥都是新冠肺炎重症患者，母亲患有老年痴呆，孩子也受到了感染，但他一直带队冲锋在前，一个多月了都没回家照看……”提到政委蔡菁，武汉市公安局蔡甸区分局的民警不禁哽咽。

“不能让民警流汗流血又流泪。”

来自各方面的支持和保障，努力为战“疫”一线民警及家人减少后顾之忧——

公安部紧急向湖北公安机关调拨口罩、防护服、防护手套等多批急需的防疫防护物资和警用装备，紧急支援防寒物资和生活用品，协调提供药品和营养品。各地公安机关纷纷伸出援手，助力湖北公安机关疫情防控物资保障。

湖北省公安厅多方筹措、统筹协调，精准调配、迅速划拨疫情防控物资；推介应对疫情防护实操指引，让民警自身防护更加科学；出台有关举措，解决一线民警个人及家庭困难；安排心理专家在线咨询，当好民警的“减压阀”；部署各地调配警力，在警力极为紧张情况下优化勤务部署，防止一线民警因过劳免疫力下降或带病战“疫”。

社会力量也在行动。新兴际华公司捐赠价值 1022 万元药品；中建三局二公司捐赠 10 万只口罩；北京美团公益基金会捐款 150 万元，用于帮助疫情防控中不幸感染的民警、辅警……

人民公安为人民，人民公安人民爱。

在抗击疫情一线，温暖警心的更多故事正在发生，警民同心战“疫”的力量不断凝聚——

“经常吃泡面可不行，吃碗饺子吧。”在江汉油田，当地群众送来热腾腾的饺子，让寒风中值守的民警心中一暖。

“千万保护好自己，才能保护更多人。”在鹤峰县，一名群众送来 1000 副护目镜，一句叮咛让执勤民警湿了眼眶。

……

疫情依然严峻，战“疫”还在继续。

“人民警察来自人民，心系人民、植根人民、服务人民是公安机关的优良传统。”习近平总书记的重要论述，深刻阐释人民警察的殷殷初心，激励着各级公安机关和广大公安民警奋勇向前。

英雄的城市，英雄的人民，英雄的警察。肩负党和人民如山重托，在抗击新冠肺炎疫情决战之地，人民警察，敬礼！

（新华社武汉 2020 年 2 月 25 日电　新华社记者邹伟、熊丰、梁建强）

若有战，召必回

——革命老区黄冈的退役军人战“疫”冲在前

他们虽已脱下军装，但从未忘记军人使命。新冠肺炎疫情防控阻击战中，各地退役军人主动请战、冲锋在前，纷纷加入这场没有硝烟的战争。

在疫情较为严重的革命老区湖北黄冈，截至目前，共有近5万名退役军人请战抗“疫”一线，在镇村的各个角落、村塆、卫生院和村民家中都留下了忙碌的足迹，成为疫情防控阻击战中的一股“硬核力量”。

黄冈市濯港镇中垸村第一书记柯新红最近一直忙于抗“疫”防控大排查。他的女儿患有重病一直在武汉治疗，才趁春节回家休息。疫情防控战打响后，柯新红与妻子商量，决定投身抗“疫”一线。“我是第一书记，又是退役军人，这个时候怎能缺岗？”

一件执勤服、一辆摩托车、一个大喇叭、一只薄口罩。这就是柯新红的全套工作装备。每天，他都深入村塆宣传防疫知识，走进村民家中仔细摸排，来到村组路口文明劝导。

“柯书记工作很认真，一直坚守村里。哪里的群众有需要，他就在哪里。”

视频再现

不少村民说，他还是一派老兵的作风。

在黄冈，像柯新红这样深入抗“疫”一线的退役军人党员还有很多。黄冈市退役军人事务局局长黄智利介绍，黄冈市先后成立了13个退役军人临时党支部，组建25支退役军人“党员突击队”，广泛开展“党员进社区、进村组”活动。

2月10日，位于黄冈最东部的五祖镇，一位60多岁的老人开始发烧，需立即送往医院。而老人家中还有两位从武汉回来的孙子。老人所在的小区情况危急，急需隔离。

得知消息后，退役伤残军人吴志华主动向镇政府请缨。他明知自己身体状况不好、行动不便，防护器材也仅有口罩，但还是第一时间赶到老人所在小区，并喊来同是退伍老兵的李文访、商小兵、桂潘良等人，一同维持秩序，疏散人员，并协助医护人员将老人护送至医院。

黄梅县商务局执法大队大队长李青也是一名伤残退伍军人。他在一次战斗中为救护战友光荣负伤，失去了右腿。参加抗“疫”一个多月来，他带领大队队员全部下沉到社区，进行返乡人员信息登记、卡点值班值守、区域消毒、生活用品配送等。高强度持续的工作，使他受伤截肢的大腿和假肢结合处经常疼痛，到了夜晚还痛得难以入睡。即便如此，他仍默默忍受，也没叫苦喊累。

（新华社武汉2020年2月26日电　新华社记者徐海波）

“疫”线闪耀“火焰蓝”

——记奋战湖北抗“疫”一线的消防救援队伍

“对党忠诚、纪律严明、赴汤蹈火、竭诚为民”。

牢记习近平总书记授旗训词精神，在疫情肆虐的荆楚大地，广大消防救援指战员擎旗而进，有灾必救、有难必帮，“火焰蓝”闪耀在战“疫”前沿。

在战“疫”一线践行初心使命

两昼夜不眠不休，抢在武汉火神山医院启用前完成消防救援站建设；入驻后 24 小时“零距离”驻勤，为医院安全运行保驾护航……

火神山消防救援站党支部副书记、站长助理李长春和 7 名战友组成的党员突击队，在抗“疫”最前沿已值守一月有余。

“疫情不退，我们不退。”这名有 21 年党龄的老党员语气坚定。

作为疫情防控工作一支不可或缺的专业骨干力量，在主战场湖北，6000 多名消防救援指战员坚守一线、日夜奋战，全面履行灭火抢险救援、防疫安全保障、社会救助服务等各项职责。

疫情就是命令，旗帜就是方向。

坚决贯彻习近平总书记对疫情防控工作重要指示精神，应急管埋部党组部署各级应急管理部门和消防救援队伍全面落实安全防范各项责任，更好服务疫情防控和安全防范、应急救援工作大局。

应急管理部派出前方工作组驻守武汉，湖北省消防救援总队紧急启动战时工作指令机制，全省各级消防救援队伍实行 24 小时实战化运转。

时刻听从党和人民召唤。一封封请战书，一枚枚红手印，凝聚战斗意志，展现忠诚担当。

关键时刻党员上！湖北消防3560名党员组成的208支“119党员突击队”、143支“119党员服务队”冲锋在前。

“方舱医院是防火重点单位，请组织派我去。”武汉市青山区消防救援大队干部刘江和同事组成防火监督专班，值守方舱医院，巡检消防设施，排查火灾隐患。

“作为一名党员，疫情防控责无旁贷。”湖北省消防救援总队汉江支队仙桃特勤站站长助理尹礼磊第一时间率队深入隔离医院、生产企业，消除安全隐患，开展实地灭火演练。

一个支部，一座堡垒；一名党员，一面旗帜。

湖北省消防救援总队党委牵头统筹，9名党委委员带队深入疫情严重的地区，与基层消防指战员并肩战斗。

在黄冈，消防救援支队党委委员带头深入一线，组建14支党员突击队、6支党员服务队，处置火灾44起、抢险救援9起，参与涉疫勤务处置34起，

★ 火神山消防救援站的党员突击队在开展防疫洗消训练前集合（2020年2月5日摄）。（新华社发　何汉求　摄）

★ 新冠肺炎疫情期间，湖北省消防救援总队抽调 25 名防灭火骨干赶赴仙桃，进驻当地防疫物资生产企业全天候看护，这是他们在进行原地着防化服训练（2020 年 2 月拍摄）。（新华社发 蔡久勇 摄）

确保疫情防控消防安全。

在孝感，1 名有精神病史且疑似新冠肺炎患者将自己反锁在家中，手持铁锤声称谁进来就砸谁。“就我们上，免得更多人与病毒接触。”孝南区交通路消防救援站站长陈言龙带领队员破拆而入，协助民警将病人送医。

进入战时状态，就是要扛起战时责任。

排查每个角落，只为不放过任何一处安全隐患——

穿梭在小区楼层之间，细致检查消防控制室、消防通道和室内消火栓、灭火器，清理疏散楼梯内杂物……

在已出现 12 名确诊和疑似病例的某小区，荆州市沙市区江津消防救援站政治指导员刘俊超和同事主动驻守，早晚巡查；每天为小区居民送饭 470 盒、回收垃圾 1 吨；上门排查时又发现 2 例疑似患者，送医后均确诊。

争夺分分秒秒，只为将防疫物资尽快送达——

2 月 22 日，贵州省支援的一批物资运抵鄂州，市消防救援支队调派党员突击队员执行物资搬运任务。没有拖车就用肩扛手提，3 个小时不停歇，20

★ 荆州市消防救援支队洪湖大队消防员在输转医疗废水，他们日均输转医疗废水 30 吨以上（2020 年 3 月 1 日摄）。（新华社发）

★ 鄂州市消防救援支队调派党员突击队员搬运贵州省支援鄂州的一批物资（2020 年 2 月 22 日摄）。（新华社发　王涛　摄）

名队员搬运了3货车约55吨物资。

最是危难见初心，越是艰险越向前。

2月23日，武汉雷神山医院。消防救援站党员突击队9名队员正在这片近8万平方米的区域里进行例行检查。检查完消火栓压力后，队员们又来到隔离病区前的医护通道，仔细查看周围环境，对照平面图进行现场熟悉和测试。

“进入医院隔离区，没有危险是不可能的。”队长曾雄飞道出大家的心声，“我们要用实际行动，确保一条条生命通道的万无一失，不辜负党和人民的重托。”

195个前置驻勤点、286辆车、1023名指战员，40天来，湖北省消防救援队伍在定点医院、方舱医院等重点单位、区域日夜驻守，全力守护白衣天使和患者的安全。

为疫情防控贡献不可替代的力量

没有硝烟的战“疫”中，有一群不在聚光灯下的身影，不直接接触患者，却每天与病毒“同行”。

“从领受任务的那刻起，我们就做好了被隔离的准备。”得知定点收治医院的医疗废水急需转运，荆州市洪湖消防救援大队7名“90后”消防员集体请战，组成转运突击队。

2月20日上午，突击队执行任务时，机动泵突然增压。水带随之猛烈向后抽动，眼看就要从运输车的罐口脱离。队员金鑫迅速扑倒，顶着浓烈的刺激气味，双手紧紧抱住水带，用身体死死堵住罐口。

“当时只有一个念头，不能让废水喷出危及群众。”金鑫事后说。

直面病毒，不计生死。10多天来，这支突击队每日攀爬6米多高的槽罐，日均输转医疗废水30吨以上。

针对社区严格管理后涉疫救助和病员转送、物资转运任务增多的新情况，应急管理部部署湖北省消防救援队伍119报警台启动新工作机制，在全面接受防疫指挥部统一调度的同时，受理社会单位和广大人民群众涉疫报警求助，在病员转送、物资转运、洗消杀毒、排水排涝、紧急送水、高空救助等方面发挥突出作用。

“武汉体育馆方舱医院45名康复病人需要转运到隔离点，请你们迅速出动。”

2月28日13时，刚完成10多个小区消杀任务的硚口区消防救援大队党员突击队接到指挥部指令，9名队员立即出发。引导登车、搬运行李、跟进洗消……4个多小时，全程穿着防护服的队员们汗水浸透衣背。

目前，武汉消防指战员组成的新冠肺炎病员转运洗消党员突击队，650名队员分成20个片区分队，奋战在转运接送康复患者的一线。

抗击疫情，更凭本领高强。

成立疫情防控定点医疗机构和集中隔离点消防安全技术指导专家组；制定方舱医院消防安全要则、扑救疫情集中收治定点医院火灾行动要点；使用无人机等设备开展消防安全巡查和预警；利用危化品处置专业优势，更好支持防护消杀工作……

完善应急预案、严格处置程序、强化科技支撑。改革转隶后的消防救援队伍以专业精准的过硬素质，为疫情防控贡献出不可替代的力量。

疫情如火，必须确保以超常规速度建成的一座座“生命方舟”绝对安全——

“氧气瓶存放场所必须符合防火安全要求，有良好的通风并远离明火。”

已启用的方舱医院，全部安排消防驻守，共26车488人。进行安全指导服务，开展消防安全培训，成为常态。

迎难而上，必须盯紧疫情防控安全的关键环节——

“口罩、防护服生产线消防安全不能有任何闪失。”湖北省消防救援总队抽调25名防灭火骨干赶赴仙桃，进驻当地防疫物资生产企业全天候看护，守住战“疫”生命线。

“迅速为医院活动板房进行加固。”一声令下，荆州市洪湖市消防救援大队20名指战员顶风冒雪，为了更好服务疫情防控大局，湖北省各市消防救援支队日前发布公告，119报警服务台受理涉疫报警求助。在气温零度的室外连续工作14个小时，让洪湖“小汤山”医院在风雪中安然无恙。

面对“看不见的敌人”，必须专业、严谨、细致——

“该消毒的地方一点也不要马虎，重点部位再来一遍。”

2月22日一早，鄂州市华容区消防救援大队大队长毛飞率领10名突击队员，到辖区内的小区开展消毒工作。消毒装备重达60多斤，将整个小区全面消毒，至少需要来回装3次消毒水。繁重且枯燥的工作，队员们一丝不苟。

目前，消防救援队伍的公众洗消站、单兵洗消帐篷陆续部署到疫情防控一线，高压细水雾枪、喷洒器具等专业器具配备到一线消防人员，消防车辆已经对楼梯口、垃圾点、污水井道等重点部位进行消毒。

一组组数字，记录下不平凡的付出。截至3月4日，湖北全省消防救援队伍共参与涉疫勤务处置任务4472起，转运病员4159人，消杀面积751万平方米，搬运物资1.17万吨。

在群众需要之时暖民心解民忧

“我们有出院证明，还有襄阳市疫情防控指挥部开具的通行证，也联系了我们社区的人，但客车、火车都没有，希望你们能帮帮我们。”接到肖女士的求助信息，襄阳市消防救援支队立即出动，送肖女士和她遭遇车祸后治愈出院的儿子安全回到枣阳的家中。

民之所急，就是冲锋号角。

“有困难，打119”，在疫情中更显暖心力量。

“徐奶奶，我们又来看您了……”2月27日下午，宜昌高新技术产业开发区东山消防救援站的消防员们带着米、油等生活物资，再次来到徐奶奶家。

此前，独居在家的徐奶奶外出忘了带钥匙，回不了家。宜昌市消防救援支队接警后，派消防员前往现场顺利开门。了解到徐奶奶生活孤单无助，消防员们与她结成了帮扶对子。一句“您需要帮忙出力的尽管说”，让74岁的徐奶奶湿了眼眶。

有勇闯火场的坚毅，也有呵护民生的柔情。一抹抹闪动的“火焰蓝”，伸出坚强有力的臂膀——

2月10日，武汉一处有2例确诊患者和多例疑似病人的住宅楼发生火灾。冒着被传染的危险，41名参战指战员紧急疏散人群，奋力扑灭火灾。

根据抗“疫”需要，黄冈市妇幼保健院新院区实行改造。100名消防救

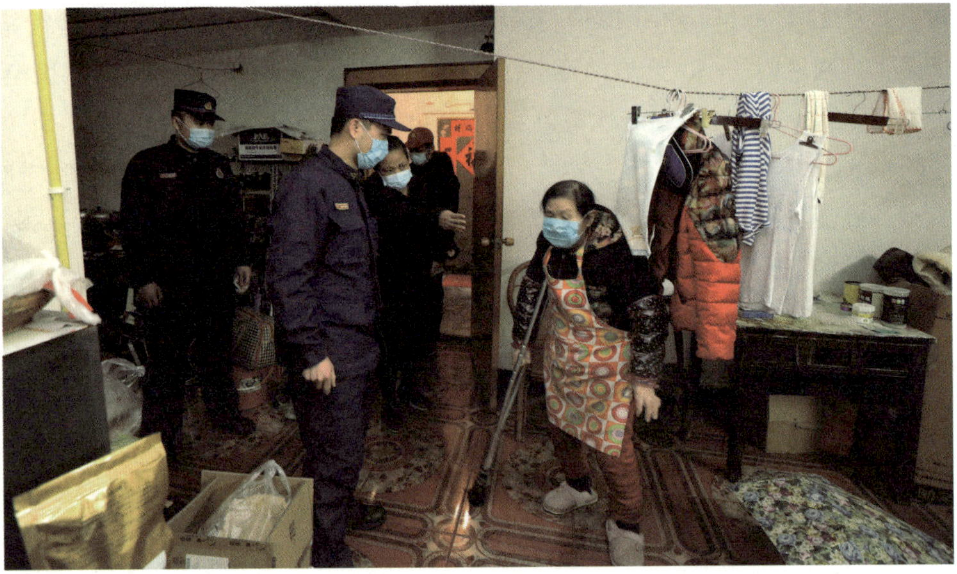

★ 宜昌市东山消防救援站消防员带着米、油等生活物资，再次来到徐奶奶家看望（2020年2月27日摄）。（新华社发　王申　摄）

援指战员紧急为医院搬运、组装300张床位。120公斤重的ICU病床压在肩上，消防员们咬紧牙关、奋力向前。

战疫情，护民安。从转运康复患者，接送去医院检查人员，到为中小学生配送课本；从为出门不便的居民送药，到帮助超市搬运、打包物资；从一次次上门提醒"戴口罩、勤洗手、少出门"，到不厌其烦宣教用火用电安全……看似细琐的点点滴滴，透出爱民深情。

同心战"疫"，更有彼此的守护和激励。

一份鼓励，就是前进动力。武汉市黄陂消防救援大队的消防员黄国康，与母亲、武汉大学中南医院影像科医生王靖同在抗"疫"一线。在医院，身处不同岗位的母子隔着10米远，默契地举起右臂彼此打气鼓劲。

一个挥手，胜过万语千言。2月18日，宜昌市枝江市消防救援大队防火监督员张赵旭，与同样坚守在抗"疫"一线的妻子覃明敏在一处小区检查点不期而遇，从大年三十就未见面的他们匆匆问候，挥挥手，便继续各自工作。

一种担当，在父子间传承。父亲宋发勇是恩施扶贫"尖刀班"成员，大年初一便奔赴驻点村摸排疫情。儿子宋佳是咸丰县消防救援大队政治教导员，

★ 黄冈市消防救援支队组建的党员突击队在市妇幼保健院新院区紧急搬运病床（2020 年 2 月 15 日摄）。（新华社发 殷聪 摄）

疫情防控以来一直冲在前面，“父亲就是我学习的榜样”。

平安的讯息，就是战斗勋章。

1 月 23 日至 3 月 4 日，武汉市医院、集中隔离点、医护人员住地、防疫物资生产企业、防疫物资储存场所等五类场所实现“零冒烟”“零事故”。

群众的好评，就是最高荣誉。

“虽然看不到战士们的面孔，但看到防护服上的‘消防’二字，就感到格外踏实、安心。”江汉方舱医院里，一位患者由衷感叹。

“消防队就在隔壁，我们是远亲不如近邻，患难见真情。”消防员们帮忙搬运物资后，武汉市汉阳区永丰街惠民苑社区书记李梦林连连点赞。

“小伙子，真是辛苦你们了，祝你们平安，全家幸福！”一位老大爷康复出院后，与帮助转运病员的消防员们彼此祝福。

党和人民的期许，就是消防救援队伍继续奋进的动力。

战“疫”有我，战“疫”必胜！

（新华社武汉 2020 年 3 月 5 日电 新华社记者刘刚、邹伟、熊丰、徐海波，参与采写：冯国栋、胡喆）

湖北58万余名党员干部下沉社区（村）筑牢疫情防线

党员干部沉下去，党旗高高扬起来。湖北全省有10995家机关企事业单位包保联系27345个社区（村），58万余名党员干部下沉社区（村），为坚决守紧筑牢社区第一道防线提供坚强力量支撑。

冲锋在疫情防控一线

"我们都是农民出身，也在部队工作过多年，这点困难不算什么。"社区消毒不能坐电梯，背上几十斤药水桶喷壶逐楼栋消杀，湖北省委统战部曹秋元、邹汉忠两名党员干部挺身而出，主动揽下任务，得到东湖社区干部居民点赞。

曹秋元、邹汉忠是全省58万余名党员干部下沉社区（村）的缩影。按照湖北省新冠肺炎疫情防控指挥部要求，各级机关企事业单位在确保日常运转的前提下，安排不少于三分之二的党员干部下沉到社区（村）。

疫情就是命令，防控就是责任。在地大社区，有近900名离退休教职工，他们行动不便或患有慢性病，买菜、买药、就医等都是难题。社区封闭管理期间，中国地质大学（武汉）成立党员应急突击队，为学校退休的孤寡、高龄、多病老人提供应急帮助。

"这些年轻人帮助我们，解决燃眉之急，他们站在了风口浪尖。"85岁马惠坤老师给应急突击队手写一封感谢信。据介绍，学校还在每幢重点封控楼栋设立临时党支部书记，专人负责解决实际困难。

湖北省委教育工委从在汉40所高校抽调7000余名党员干部组建394个工作组，就近就便在177个社区协助疫情防控。华中农业大学20余位青年党员干部率先主动完成在微信群中的集结，从2月8日开始轮班参与密切接触人员隔离期间的日常服务。他们中，杨冬凯在家隔离期满，立即驱车900余公里连夜“逆行”至武汉，第二天加入突击队开展工作；穆凯锋小孩尚小、父母需要照顾，却毅然报名参加。

形成疫情防控“一盘棋”

按照湖北省委组织部要求，所有下沉党员干部以普通党员身份，自觉接受社区（村）党组织领导，定岗定责，担任承担社区（村）安排的防控任务。

全力以赴，尽锐出战。19家中央在鄂企业、7家省属国有企业抽调1773名党员干部组建109支工作队，下沉武汉、十堰、襄阳等地114个社区（小区）

★ 湖北省武汉市下沉花桥社区的干部在搬运居民订购的草莓（2020年2月20日摄）。（新华社记者 沈伯韩 摄）

开展疫情防控，带动2.7万余名国企党员干部投身疫情防控一线。此前，武汉市先后组织市直机关、市属国企、市属高校近1.9万名党员干部职工，下沉到疫情较重的7个中心城区的963个社区。

汉口银行东西湖支行青年党员张彬彬在韩家墩街道曾家社区报到，值夜班睡在小区门岗帐篷，认真站好劝阻岗、清洁岗、配送岗，当好小区守门员、巡逻员、解惑员。

东风汽车集团公司组建“出行抗疫保运车队”，承担武汉四分之一社区的保运服务。湖北省长投集团抽调426名党员组建党员先锋队，占在职党员近70%。

湖北已明确由5774家牵头单位统筹下沉党员和居住地报到党员等，组建13048个临时党组织，将下沉党员全部编入45469个网格、86738个村组，把党的领导和党的组织体系贯通疫情防控最前线。

“我们会根据每天的日程安排他们与社区工作人员一起参与消杀、给孤寡老人送菜、测量体温等工作。”广八路社区党支部书记王璧说，下沉到社区的干部来自省、市、区等不同机关单位，有力充实了社区力量。

初心写在抗“疫”一线

不忘初心，挺身请战。湖北各级党组织和广大党员干部面对疫情挺身而出、冲锋在前。点滴爱心集聚更强抗“疫”力量，湖北已有143万名党员自愿捐款2.12亿元。

武汉市新洲区荼亭村青年党员操智雄，听闻同垸2名村民确诊后，他主动请求成立“抗疫突击队”，号召同垸60户村民，每户出一名成员，轮班值守进出垸的路口，该村再无新增确诊人员。

在疫情较为严重的革命老区黄冈，近5万名退役军人请战抗“疫”一线，在镇村的各个角落留下忙碌的足迹。黄冈市退役军人事务局局长黄智利介绍，黄冈市先后成立了13个退役军人临时党支部，组建25支退役军人“党员突击队”。

26 岁的陈戎是十堰市茅箭区发改局一名普通党员干部。去年 8 月份，她不慎受伤。疫情发生后，陈戎主动与单位联系，与茅箭区 600 多名党员干部一起挺在抗“疫”前线，用行动诠释初心使命。

湖北省扶贫办负责人介绍，全省 17658 个驻村扶贫工作队就地转为疫情防控工作队。在房县尹吉甫镇，当地抓好疫情防控同时，驻村扶贫工作队因地制宜加大艾草、茶叶、蔬菜等产业的春耕春播引导，协调解决用工、物资运输等难题，巩固脱贫产业，做到防疫春耕两不误。

一个党组织就是一座堡垒，一名党员就是一面旗帜。湖北省委主要负责人强调，全面加强党对疫情防控工作的领导，在抗“疫”火线上考察识别干部，让激励关爱与督查问责两手都要硬起来、实起来。据介绍，全省各地火线提拔、重用一批党员干部的同时，已追责问责、通报批评 2063 名下沉党员干部。

（新华社武汉 2020 年 3 月 7 日电　新华社记者李伟）

奔忙在武汉雷神山医院的“摆渡人”

44岁的李华是武汉大学中南医院车队司机，一个月前武汉大学中南医院整体接管武汉雷神山医院，李华担负起转运新冠肺炎病人的新任务，成为雷神山医院的一名“摆渡人”。

面对疫情，作为党员的李华义无反顾，奔忙在危险的工作中。2月8日，雷神山医院迎来首批患者，李华每天载着重症病人往返于病区之间做检查。最忙的时候，他每天要运送一百多名患者，常常是从早到晚“连轴转”。为了节省防护服，他有时连中午饭也来不及吃。为了确保转运安全，在医护人员人手紧张的时候，他也会帮忙抬担架、推轮椅、搀扶病患。

“现在每天都有很多病人出院，医院也增加了转运车司机人手，我的工作量有所缓解，但手机还是24小时开机待命，有事随叫随到。”谈到近期这里的变化时李华说道。李华希望疫情可以尽早结束，早日与家人团聚。

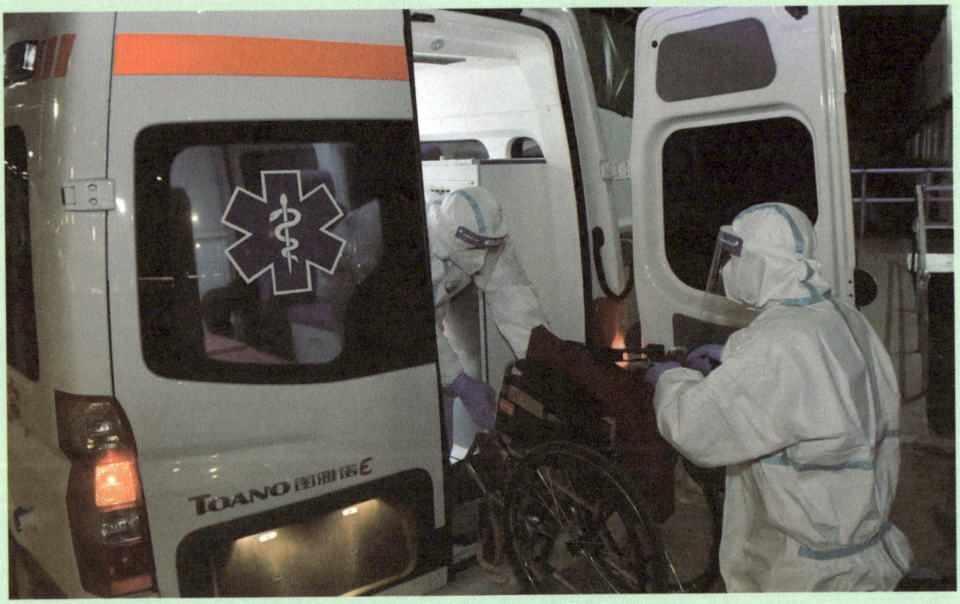

★ 李华（右）在病人登车后和同事一起将轮椅抬上急救车备用（2020年3月7日摄）。（新华社记者　李贺　摄）

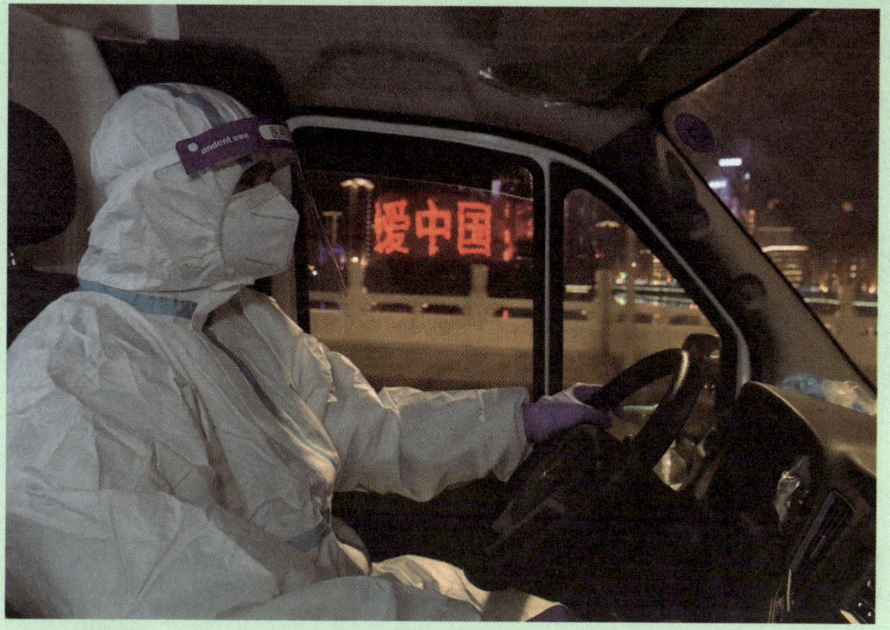

★ 李华驾驶急救车将一名新冠肺炎患者送往 20 公里外的武汉大学中南医院做检查（2020 年 3 月 7 日摄）。（新华社记者　李贺　摄）

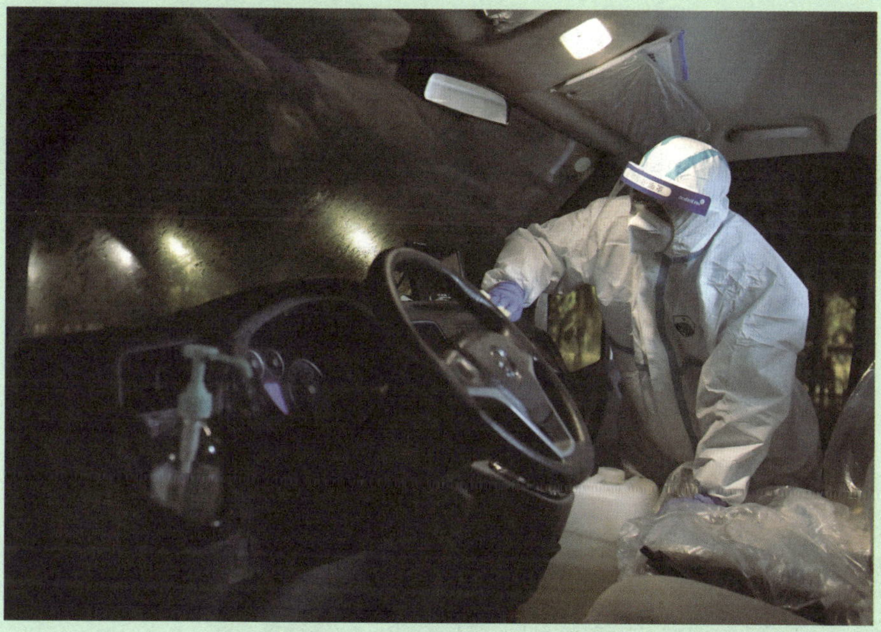

★ 完成转运任务的李华返回雷神山医院后为急救车做清理消毒（2020 年 3 月 7 日摄）。（新华社记者　李贺　摄）

★ 完成转运任务的李华返回雷神山医院附近的简易宿舍（2020年3月7日摄）。（新华社记者　李贺　摄）

★ 完成转运任务的李华回到宿舍休息，睡觉前他总会看一会儿手机新闻（2020年3月7日摄）。（新华社记者　李贺　摄）

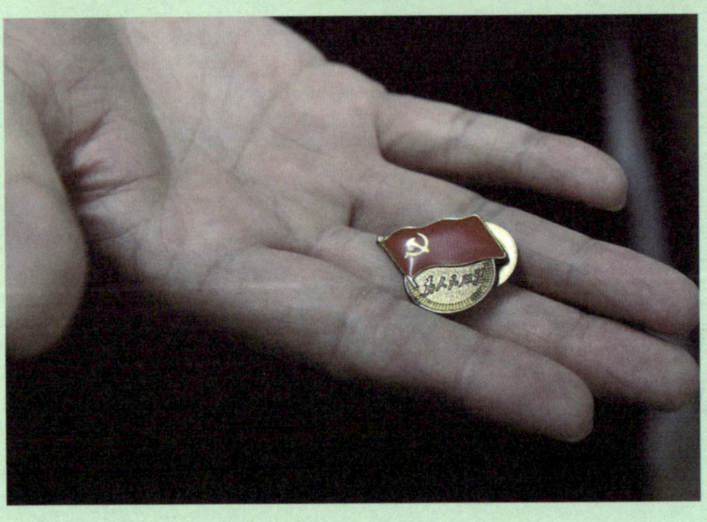

★ 李华的挎包里随时装着自己的党员徽章（2020年3月7日摄）。（新华社记者　李贺　摄）

千方百计保障好群众基本生活

——湖北在疫情防控工作中全力做好民生保障

民生稳，人心就稳，社会就稳。

眼下，湖北和武汉疫情防控形势发生积极向好变化，取得阶段性重要成果，但任务依旧艰巨繁重。许多群众仍然生活在封闭管理小区中，基本生活和身心健康面临许多困难和挑战。在当前关键阶段疫情防控工作中做好民生保障，考验着各级政府联系群众、服务群众的能力和水平。

习近平总书记在湖北考察疫情防控工作时强调，要千方百计保障好群众基本生活。湖北省逐一明确责任单位，细化措施，党员干部进社区、进农村、查热线，听民声、解民忧；各级政府和相关部门努力做好居民生活保障服务，加强心理疏导和心理干预，努力维护群众身心健康。

吃喝有保障，大家就不那么慌了

“真是谢谢你们送来的糙米！”独居在黄石市宏维小区的汪婆婆对黄石审计局包保党员姜健说。因肠胃不好，汪婆婆多年来只能吃糙米，疫情期间配送物资没有糙米，姜健跑了多个地方，终于买到20斤并送到老人手中。

习近平总书记指出，要充分考虑群众基本生活需求，密切监测市场供需和价格动态，保障米面粮油、肉禽蛋奶等生活必需品供应。对因疫情防控在家隔离的孤寡老人、困难儿童、特困人员、残疾人等特殊群体，要落实包保联系人，加强走访探视，及时提供必要帮助。

武汉市小区封闭管理后，保障千万居民日常生活挑战巨大，诸多问题紧

视频再现

风雪孝感——新华社记者孝感直击之七

2020-02-24 19:21:38 浏览量：67367
云南频道 来源：新华社

随而来。打好武汉保卫战，必须打好后勤保障战。

3 月 10 日上午，供应武汉市七成左右的蔬菜和水产品的白沙洲大市场一片忙碌。浙江的蒜苗，海南的玉米、毛豆，山东的丝瓜、茄子……满载着新鲜蔬菜的卡车有序入场。在市场蔬菜区，六成商户档口开门营业。

武汉白沙洲农副产品大市场有限公司行政总监郑荣秀说，当前整个大市场里滚动储存达 3500 吨以上，蔬菜、水产品等供应充足。

商务部门强化物资组织调运，保障物资正常供应。截至 12 日，湖北省成品粮储备 49.6 万吨，食用油储备 16 万吨，分别比 1 月底增加 91% 和 75%，可满足全省城镇人口消费 41 天。全省猪肉储备 1.9 万吨，可保障 20 天销售。3 月以来，粮油肉禽蛋菜价格有所回落。

市场供应充裕，畅通物资配送的“最后一百米”成了重中之重。12 日，在江岸区花惠社区当志愿者的湖北信通通信有限公司员工孙敏为 30 多位空巢老人、困难群众送去 35 份“爱心菜”。40 多天来，他和社区干部一起，为 361 户小区居民守门栋、代购药品、搬运团购菜、分发“爱心菜”，忙得不可开交。

近期，“线上下单 + 社区团购 + 配送到小区”的生活物资供应模式应急而生。“生活必需品保障主要采取电商配送、商超团购、生鲜直通车、对口支援、蔬菜直供等五种模式。”武汉市商务局负责人介绍，已有 7 个中心城区，953 个社区实现团购配送覆盖。

为确保群众吃得起、吃得放心，武汉重拳出击，及时查处了武汉土家二妹餐饮服务有限公司哄抬价格等违法违规行为。

“这几天，我通过网购买到了许久吃不到的活鱼、虾，物流慢慢恢复了，最难的时候已经过去了。”武昌区居民邹女士说，“非常时期，生活质量肯定会下降，但想买的基本都能买到，也知足了。”

哪里有困难，党员干部就应该在哪里

疫情发生以来，武汉“12345”市长专线日办理1万多条市民诉求意见和求助信息。“每位市民来电可能只是‘12345’日接听量的万分之一，但诉求能否解决，对他的影响就是百分之一百。”湖北省委主要负责同志说。

市长热线反映的一条条民生诉求，正在一步步得到回应、解决：

——群众买药难？武汉市各城区药店保持正常运营，社区工作者和志愿者代购居民急需药品。

——非新冠肺炎患者就医难？武汉公示非新冠肺炎特殊患者医疗救治医院名单，正常接诊血液透析、孕产妇、慢性疾病患者。

——滞留人员生活困难？武汉出台补助救助政策，正计划分次分批帮助他们离汉。

……

社区是防控和生活保障的最前线，任务十分繁重。武汉市江汉区北湖街道德望社区出现多起确诊病例。社区党委书记感染确诊，副书记出现疑似症状，一名党委委员是密切接触者被隔离。一段时间，社区5600多人的疫情防控全靠居委会副主任熊威带领8名社区工作者承担，十分吃紧。

区里和街道的30多位党员干部下沉到德望社区后，他们当起社区楼栋“守门员”、小区居民“采购员”。熊威说：“党员干部下沉社区，可帮我们大忙了。”

视频再现

疫情发生后，湖北全省 10995 家机关企事业单位包保联系 27345 个社区（村），58 万余名党员干部下沉社区（村）。

哪儿有困难，哪儿就应该有党员干部的身影。武汉园林系统下沉干部赵琴得知居民买药难后，和网格员一起建起小区“买药”微信群，登记 160 多名居民购药需求，集中采购后逐一发放到户。

党员干部沉下去，战斗堡垒建起来。湖北明确由 5774 家牵头单位统筹下沉党员和居住地报到党员等，组建 13048 个临时党组织，将下沉党员全部编入 45469 个网格、86738 个村组。

湖北省扶贫办负责人介绍，全省 17658 个驻村扶贫工作队就地转为疫情防控工作队。丹江口市 194 支扶贫驻村工作队，537 名驻村工作队员全面返岗，一手抓疫情防控、一手抓脱贫帮扶，帮助 1000 余户群众销售农产品。

下沉一线，必须守土有责、守土有方。湖北各地火线提拔、重用一批党员干部的同时，已追责问责、通报批评 2000 多名下沉党员干部。

搭把手扶一把，大家一起渡过难关

“我爱人住上院了，这些天是你们陪我熬了过来。”先是父亲疑似感染新冠肺炎，随后她和爱人也先后疑似感染，60 多岁的陈阿姨一度失眠。好在有小肖等志愿者的不断开导和陪伴，陈阿姨慢慢调整情绪，重新树立信心。

习近平总书记强调，要加强心理疏导和心理干预，尤其是要加强对患者及其家属、病亡者家属等的心理疏导工作。

崇阳县第一中学学生工作处主任、国家级心理咨询师刘蓓蕾主动请缨，成立崇阳县心理咨询援助小组，担当起全县心理咨询援助工作。数十天来，无论是凌晨四五点，还是深夜十一二点，刘蓓蕾随时会被咨询者的电话吵醒，她总是耐心疏导。

“疫情发生后，人们的心理问题逐渐增多：有面临升学的学生玩手机与家长发生矛盾的，有高三的学生家长为孩子成绩下滑焦虑的，有夫妻间发生矛盾的，也有患病后担心害怕的……”刘蓓蕾说，这些天一对一咨询的有三四百人次，还有不少通过微信聊天疏导。

连日来，一支支心理援助、情绪疏导的力量被迅速动员起来。

2月24日发布的教育部华中师范大学心理援助热线平台上，已汇聚全国1200多家高校和相关机构、4000多位心理咨询师志愿者，他们利用网络，打破物理阻隔，直抵求助者内心。

3月5日，武汉市卫健委官网公布七种不同渠道，包括电话咨询、网络咨询、公益讲座、心理书籍等，为包括医务人员、确诊家庭等不同人群进行心理疏导。

目前，国家卫健委已经派出415名精神卫生专业人员前往湖北，为患者和医务人员提供专业的心理咨询和危机干预服务。

湖北省心理咨询师协会常务秘书长杜洺君大年二十九就开通免费心理咨询热线，已接听1867个电话咨询。“每天15人轮流值班，参与的心理咨询师有202人，工作量是平时的两倍以上。”

“当经历了一周的陪伴，听到求助者说‘今天，我觉得我自己重生了’的时候，我们心理咨询师的眼泪夺眶而出。”杜洺君说。

（新华社武汉2020年3月13日电　新华社记者王贤、李劲峰、李伟、郑璐）

2020年3月6日，在华中科技大学附属同济医院中法新城院区，医护人员护送一名新冠肺炎患者去做CT检查（无人机照片）。战“疫”前线，医护人员每天都在病房与检查室之间奔忙，护送患者，为他们的生命护航。（新华社记者　才扬　摄）

二 他们，构筑起坚固的生命防线

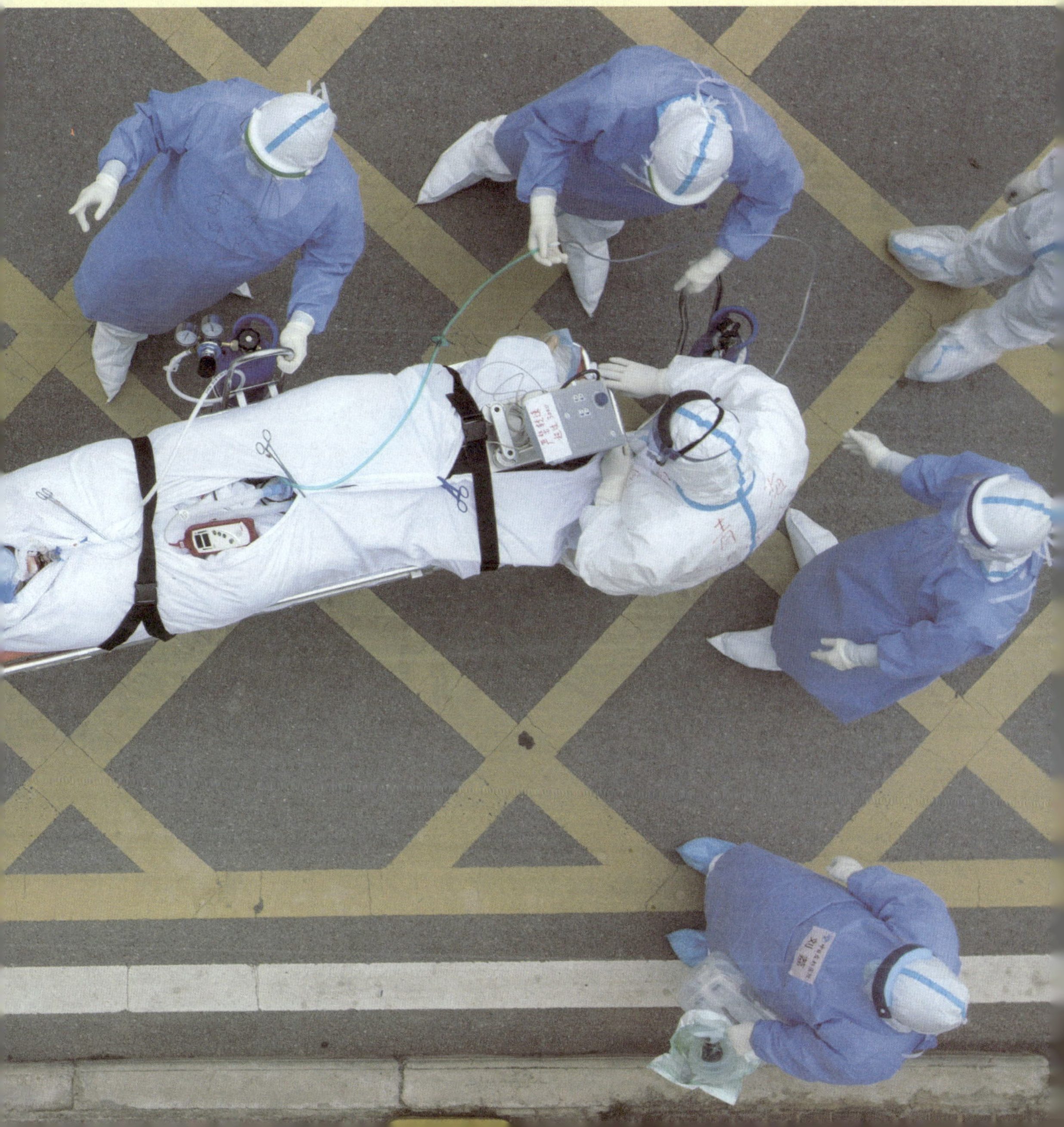

冲锋在第一线　战斗在最前沿 构筑起坚固生命防线

——全国医疗卫生战线党组织和广大党员在疫情防控阻击战中充分发挥战斗堡垒作用和先锋模范作用

这是一场没有硝烟的战争。

新冠肺炎疫情发生以来，习近平总书记高度重视，亲自指挥、亲自部署，为做好当前疫情防控工作指明正确方向，提供了根本遵循。在党中央统一领导、统一指挥下，各级党委和各有关部门各司其职、协调联动，及时发声指导、及时掌握疫情、及时采取行动，迅速汇聚起防控疫情斗争的强大力量。

疫情就是命令，防控就是责任。医疗卫生战线处在抗击疫情的最前沿，基层党组织和广大党员、医务工作者是抗击疫情的主力军，他们第一时间响应党中央号召，挺身而出、冲锋在前、迎难而上，不顾个人安危，以“最美逆行”奔赴疫区，以实干担当勇挑重担，以无畏精神与病魔较量，坚守岗位、日夜奋战，守护群众平安健康。

同时间赛跑　与疫情搏击 以“战时”状态应对“大考”

时间就是生命，生命高于一切。面对突如其来的疫情，全党上下迅速动员。

1 月 20 日，习近平总书记对疫情防控工作作出重要批示，强调要把人民群众生命安全和身体健康放在第一位，采取切实有效措施，坚决遏制疫情蔓延势头。1 月 25 日农历正月初一，总书记主持召开中央政治局常委会会议，对疫情防控工作进行再研究、再部署、再动员。1 月 27 日，总书记再次作出重要指示，对各级党委（党组）、各级领导班子和领导干部、基层党组织和广大党员提出明确要求。1 月 28 日，党中央发出通知，强调要加强党的领导、为打赢疫情防控阻击战提供坚强政治保证。2 月 3 日，总书记再次主持召开中央政治局常委会会议，强调同时间赛跑、与病魔较量，坚决遏制疫情蔓延势头，坚决打赢疫情防控阻击战。2 月 5 日，总书记主持召开中央全面依法治国委员会第三次会议，强调全面提高依法防控、依法治理能力，为疫情防控工作提供有力法治保障。2 月 10 日，总书记在北京市调研指导疫情防控工作，强调要以更坚定的信心、更顽强的意志、更果断的措施，坚决打赢疫情防控的人民战争、总体战、阻击战。总书记还视频连线湖北武汉抗击疫情前线，给全国奋战在疫情防控一线的医务工作者和广大干部职工送去党中央的关怀和温暖，并强调广大医务工作者要发扬特别能吃苦、特别能战

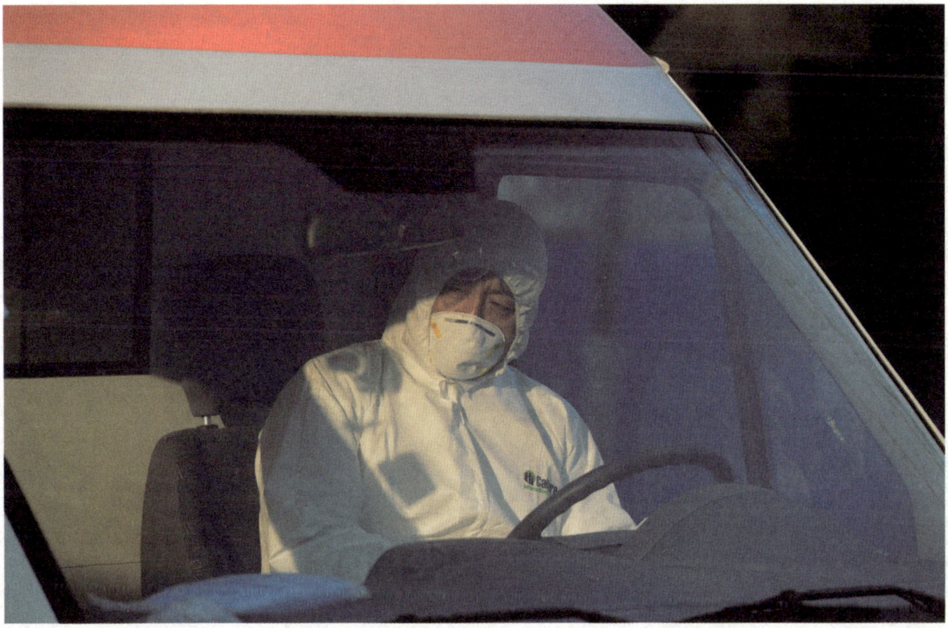

★ 2020 年 2 月 12 日，陈晓亮在等候转运病人。陈晓亮是安徽省蚌埠市紧急救援中心的一名救护车驾驶员，也是有着 19 年党龄的党员。新冠肺炎疫情发生后，陈晓亮自愿加入救援中心组建的“党员青年突击队”，从 2 月 1 日开始，24 小时待命，随时准备转运新冠肺炎确诊患者。和确诊患者同乘一车，增加了感染风险，但是陈晓亮顾不上那么多。“危险的工作总要有人做，希望疫情早点结束，救护车再拉不到一个确诊患者。”陈晓亮说。（新华社发　黄博涵　摄）

斗的精神，发挥火线上的中流砥柱作用，全力以赴救治患者，打好武汉保卫战、湖北保卫战。

为深入贯彻习近平总书记重要指示和党中央决策部署，中组部于 1 月 29 日发出通知，2 月 3 日在京召开电视电话会议，就组织部门落实中央应对疫情工作领导小组和国务院联防联控机制有关要求，在疫情防控中积极主动履职、有效发挥作用作出具体安排，推动各领域党组织尤其是公立医院、相关高校、科研院所党组织团结带领广大党员、干部和医务工作者、专业技术人员恪尽职守，全力以赴做好医疗救护、科研攻关、基础预防等工作，更加坚定勇敢地站在抗击疫情最前线……

各级组织部门紧急行动，按照联防联控机制要求，会同卫生健康等部门和各有关方面主动作为，以战斗的姿态投入防控疫情斗争。

去年 12 月底以来，湖北省武汉市中心医院呼吸与重症医学科党支部书记

★ 在湖北省咸宁市，云南省援助湖北省医疗队临时党委组织疫情防控一线第一批发展党员进行入党宣誓仪式（2020 年 2 月 26 日摄）。（新华社发　杨峥　摄）

胡铁带领160人的医护团队，连续在岗位上奋战了40多天，每天工作16个小时以上……

1月23日，春节前最后一个工作日，四川渠县李馥镇卫生院的党员医生万青松过得并不轻松。设置发热门诊分诊、隔离病房、“留观”病房，给火车站疫情检测点送应急口罩……第二天年三十，他又前往辖区12个村卫生室进行疫情防控宣传，随后上报物资发放信息、确保分诊台规范……万青松回到家已快半夜12点，农历新年的钟声即将敲响。在全国，像胡铁、万青松这样放弃休假仍“连轴转”的党员医务工作者何止千千万万。

春节前，湖北、浙江、江苏、宁夏、新疆等地组织部门下发通知，要求各级党组织立即动员党员、干部特别是医疗卫生战线的党员、干部和医务工作者投入疫情防控工作。北京、天津、湖南、安徽等地吹响“冲锋号”，发动全省医疗机构的党员、干部职工取消春节休假，全部投入疫情防控阻击战。广东、山东、内蒙古等地及时成立组织部门疫情防控工作小组，就组织动员、力量调配、资源整合等制定工作方案。截至目前，全国所有省份组织部门都以视频会或通知形式作出安排，建立“战时”工作协调运转机制。

各级卫生健康系统党组织坚决贯彻党中央关于防控疫情斗争决策部署，带领党员、干部和医务工作者切实发挥第一道防线作用。上海市卫生健康系统党组织动员全市近26万名医务人员坚守岗位，构筑起一道道坚实的“健康墙”。河北、黑龙江卫生健康系统党组织及时部署谋划，强化医务人员培训，全力打一场有准备之仗。浙江卫生健康系统党组织在最短时间内，推动构建起从疫情研判、社区排查、阻断传染源，到病例救治、防控指导、健康宣教全流程全闭环的管控机制，有效遏制疫情扩散蔓延……

实践证明，党的领导是战胜一切困难风险的定海神针，是中国特色社会主义制度的最大优势。各级组织部门服从服务疫情防控大局，会同卫生健康等部门和各有关方面，齐心协力、步调一致开展工作，推动把党的政治优势、组织优势和密切联系群众优势转化为疫情防控工作优势，形成阻挡病毒、抵御疫情的钢铁长城，有力保障了广大人民群众的身体健康和生命安全。

视疫情如命令　视病房如战场
让党旗在防控一线高高飘扬

基层党组织是党全部工作和战斗力的基础。哪里有疫情、有群众，哪里就有党组织坚强有力的领导、扎实有效的工作。

每天上午八点半，首都医科大学附属北京天坛医院党委书记路明准时参加疫情防控办公室交班晨会，分析疫情、研究对策。“我们采取‘扁平化’、‘垂直化’模式，党委靠前指挥、打破部门界限。”路明介绍，从医疗资源调配、医疗队组建，到医院出入口调整、门诊安排，院党委都做到事事清楚、件件落实。依靠院党委的有力领导、及时决策，全院疫情防控工作有效运转，第一时间准确筛查出多名疑似患者，有效地配合疾控部门及时确诊或排除。

疫情防控、救治病人，医院就是前线，病房就是战场。越是形势严峻，越到关键时刻，越需要医疗卫生战线党组织充分发挥战斗堡垒作用，带领全体党员和医务工作者众志成城、抗击疫情，把力量聚集在党的旗帜下。

江苏省人民医院党委发出号召，全院 83 个党支部纷纷响应，广大党员、干部带头投入疫情防控第一线。门急诊办公室党支部书记谈锦美在支部微信群里发出倡议：“我是一名共产党员，也是一名医务工作者，组织有号召、疫情有需要，就要带头报名加入防控队，作出应有贡献。”倡议得到党员一致响应，大家奋勇争先、随叫随到。

同样地，华中科技大学附属同济医院百名党员主动向党组织请缨，带头上发热门诊。浙江杭州市西溪医院党委第一时间向全院医务人员发出倡议书，党委书记蔡兆斌带头，全院 400 余名医务工作者纷纷请战。短短一天，全院完成腾空并迅速收治新冠肺炎患者。

各地区各有关部门组织医务工作者和医疗队及时成立党组织，奋战在防控第一线，成为抗击疫情的突击队。福建三明市中西医结合医院成立抗击疫情临时党支部，组织党员医务人员做好“新冠病毒”检验和诊疗工作。重庆医科大学附属第二医院党委靠前指挥，迅速成立疫情防控工作领导小组和专家组，并组建“青年志愿者突击队”，400 多名医生报名加入到一线发热门诊。安徽马鞍山市第四人民医院作为全市定点收治医院，疫情发生后，医院党总支成立 2 支应急小分队，统一指挥和调度全院各项防控工作，并第一时间组建了 30 多人的医疗团队……

一方有难，八方支援。面对湖北尤其是武汉的严重疫情，全国各地纷纷派出医疗队援助。各医疗队及时成立党组织，发挥引领、凝聚作用。上海 439 名援鄂医疗队员，其中有党员 174 名，他们成立 2 个临时党总支、14 个临时党支部，并开展“勇担当、善作为”特殊党课教育，激发工作热情。1 月 25 日，浙江省从 37 家医院选派 42 名医生、93 名护士，组建了第一批奔赴武汉的医疗队，同时成立医疗队临时党委。截至目前，浙江共向武汉派驻医疗队员 1180 余名，其中党员 539 名，成立 3 个临时党委，定期召开党委会，引导广大党员在一线勇担当、作表率。1 月 30 日，南方医科大学南方医院支援湖北医疗队临时党支部在武汉驻地召开第一次党员大会，全体党员、预备党员面向党旗宣誓，重温入党誓词，在抗击疫情一线增强信心、坚定信念。2 月 6 日，中南大学湘雅医院接到第三批援鄂紧急任务后，1 个半小时内就

★ 2020 年 2 月 9 日，在山东济南，山东大学第二医院支援湖北抗“疫”国家医疗队中的党员在出发前重温入党誓词。截至目前，山东省援助湖北医务人员总人数已达 1266 人。当日，全国多地支援湖北的增派医疗队启程前往湖北。（新华社记者　朱峥　摄）

组建起一支由 30 名医生、100 名护士组成的医疗队，队员中超过 70% 的是党员；医疗队建立临时党组织，下设 4 个分队及党支部，主要担负武汉协和医院西院区重症病房救治任务。

阻击疫情，离不开“解码”病毒。科研院所党组织发挥专业优势，全力以赴组织科研攻关，服务疫情防控需要。浙江省微生物研究所党员专家牵头，加班加点做好样本检测工作，1 月 24 日在全国省疾控层面分离出首株新型冠状病毒毒株；1 月 26 日广东省疾控中心火速成立医疗科研攻关党支部，27 日成功分离一株新型冠状病毒，取得科研攻关重要进展。

……

从医院救治一线到支援湖北医疗队，再到前沿科研攻关，党组织坚强引领，把堡垒筑在防控疫情斗争最前沿，为抗击疫情提供了强有力的支撑和保障。

把危险留给自己　把安全让给别人
争当防控一线排头兵

党的力量是通过每一名党员的模范作用来体现的。在医疗救治一线，广大党员和医务工作者临危不惧，与死神较量，用生命守护生命。他们是“最美逆行者”，是最可敬、最可爱的一群人。

“我们是共产党员，是健康卫士，忠于党，忠于人民！守初心、担使命，全力以赴、抗击肺炎，不畏生死、不计得失”，这是河北医科大学第三医院党委领导班子和全体党员作出的庄严承诺。“无论生死，不计报酬”，广大党员和医务工作者的铮铮誓言响彻大江南北。

“如果你的生命开始倒计时，就会拼了命去争分夺秒。”说这话的，是武汉市最大的传染病专科医院金银潭医院党委副书记、院长张定宇。3 年前，张定宇被诊断患有渐冻症，前不久，他的爱人不幸罹患新冠肺炎。来不及悲痛，没时间歇息，张定宇率领全院 240 名党员冲锋在前，日夜扑在一线。流行病学调查中，他率先采集支气管肺泡灌洗液样本送检，为确定病原赢得先手；增设病区时，他两天两夜没合眼，为援助医疗队接管创造条件……“现在，我的双腿已经开始萎缩，全身慢慢都会失去知觉。我必须跑得更快，才能跑赢时间，把重要的事情做完；我必须跑得更快，才能从病毒手里抢回更多的病人。”张定宇坚定地说。

从除夕至今，浙江大学医学院附属第一医院党委书记梁廷波带领全体党员一直坚守在医院，24 小时在岗，及时协调解决病人救治、物资保障等难题。“关键时刻，党员、干部就该冲在一线，守土有责、守土担责、守土尽责。有党组织、党员在，就一定能夺取最终胜利”，梁廷波说。他还发挥业务专长，主动释疑解惑，回应社会关切，让人们看到了他作为一名党员、干部的担当作为。

“我是党员，我先上；我是党员，我带头”，已成为全国医疗卫生战线最响亮的口号、最坚决的行动。

视频再现

一个党员就是一面旗帜。为打赢疫情防控阻击战，不少医院设置党员先锋岗、党员责任区、党员攻关组。广大党员报名在前、战斗在前、引领在前，坚守在最困难、最危险的岗位上。上海华山医院感染科党支部书记、主任张文宏铿锵有力地说，“党员要上前线，现在就是前线，没有讨价还价的余地，我是支部书记，我先上，别的党员也必须顶上”。华中科技大学附属协和医院 1253 名党员递交请战书，主动申请到发热门诊、隔离病房、对口定点医院等疫情防控最前沿。安徽和县人民医院选派援鄂医疗队员时，妇产科护士长司怡第一时间递交请战书，她说，“我入党 20 多年了，论党龄全院所有从事护理工作的人员都比不过我，我有优先权”。四川九寨沟县永和乡城沟村 73 岁的老村医何海银有着 42 年党龄，这些天，他背着药箱、顶着寒风，挨家挨户宣传防疫知识，一走就是好几个小时……

“我是一名共产党员，必须冲在防控救治最前线！”、“危难时刻我们党员不上，谁上？”、“为国为民分忧，这是党员不容推辞的义务”……他们在亲人和群众之间、小家和大家之间，毅然选择后者，用行动诠释入党誓言。他们义无反顾，只因人民需要。

从湖北江汉油田总医院的“95后”党员护士谢杰芬，不顾家里只有半岁的孩子，毅然报名前往一线，到第一个为疫情防控工作拉响警报，也是医院救治一线“带头人”的54岁党员张继先，再到84岁高龄的中国工程院院士钟南山临危受命，奔赴疫情最严重的地方，他们在群众最需要的时候挺身而出，争当抗击疫情排头兵，以实际行动擦亮共产党人的金字招牌，有力彰显了共产党员的政治本色和过硬作风。

广大党员英勇无畏抗击疫情的牺牲精神，极大地感染和影响着身边群众。现在，越来越多的人们主动向党组织靠拢，各地区各医院都有一大批优秀分子向党组织提出了入党申请。江西抚州第一人民医院19名奋战在防控一线的医务工作者向临时党支部提出申请，恳请党组织在防控疫情严峻斗争中考验自己。宁波援鄂医疗队共有31人，11人已经是党员，另外有14人提交了入党申请书。“在当前的关键时刻，亲眼看到身边的党员吃苦在前、奋不顾身，让我萌生了想要加入这个先进组织的迫切愿望”，队员何洋说。2月5日，她和另外8名医务工作者在防控一线庄严宣誓，光荣加入党组织。

抗击疫情，众志成城。在党中央的坚强领导下，各级党组织和广大党员发挥战斗堡垒和先锋模范作用，广大医务工作者恪尽职守、忘我工作，社会各界团结一心、共克时艰，为打赢疫情防控阻击战汇聚起了磅礴力量。

（新华社北京2020年2月12日电　人民日报记者孟祥夫，新华社记者林晖）

建堡垒、行示范、强信心

——武汉方舱医院里那一抹温暖的党旗红

在武汉新冠肺炎轻症患者战“疫”的主战场——方舱医院，医护党员防护服上“我是党员，有事请找我”的字样，患者党员身上的党徽、红袖标，方舱内高扬的党旗，迅速把方舱医院内不同地方、不同岗位的人员凝聚起来，形成一个个强有力的战斗集体，集聚方舱医院战“疫”强大力量。

建堡垒

“病友遇到难事，都会找戴党徽的人。作为一名党员，这让我感到自豪。”从光谷方舱医院出舱，还在酒店隔离观察的石晶回忆起在方舱内协助医护人员，帮助病友的点点滴滴，是作为党员的她一段难忘经历。

光谷方舱医院 2 月 17 日启用的同时，党的组织建设也同步启动。仅用 3 天时间，就成立了临时党委，组建了 6 个医护临时党支部、4 个病友临时党支部，党员超过 200 名。

石晶便是其中一员。“之后，临时党支部从病友中征集志愿者，成立了医护病友联合志愿者团队，协助管理方舱，服务病友，大家拧成了一股绳，一起斗疫情。”石晶说。

当下，方舱医院是武汉新冠肺炎轻症患者战“疫”的主战场，但也是个新鲜事物，医务工作人员、运行保障人员多来自省内外多层级、多部门，患者来源较分散。对此，武汉市委坚持方舱医院建到哪里，党的组织就跟进到哪里，党建引领作用就发挥到哪里，及时建立方舱医院临时党组织，充分发挥基层党组织的战斗堡垒作用和党员的先锋模范作用。

据不完全统计，截至 3 月 1 日，武汉市已在 17 家投入使用的方舱医院成立临时党委 17 个，下设临时党总支 7 个、临时党支部 132 个，患者临时党支部或党小组 40 余个。

行示范

“党员就是火种，在这里，我们一样能发挥自己的作用。”48 岁的刘海艳是武汉新华街循礼社区党委书记，确诊后住进方舱医院，作为患者，她也曾慌张无措。2 月 8 日，这位“老书记”有了新身份：江汉区方舱医院患者临时党支部书记。

“说起来，现在做的和之前在社区里也差不多。”刘海艳笑着说。在舱内，她领着党员参与日常药物分发、食品分配、维护秩序、文明劝导等辅助工作，

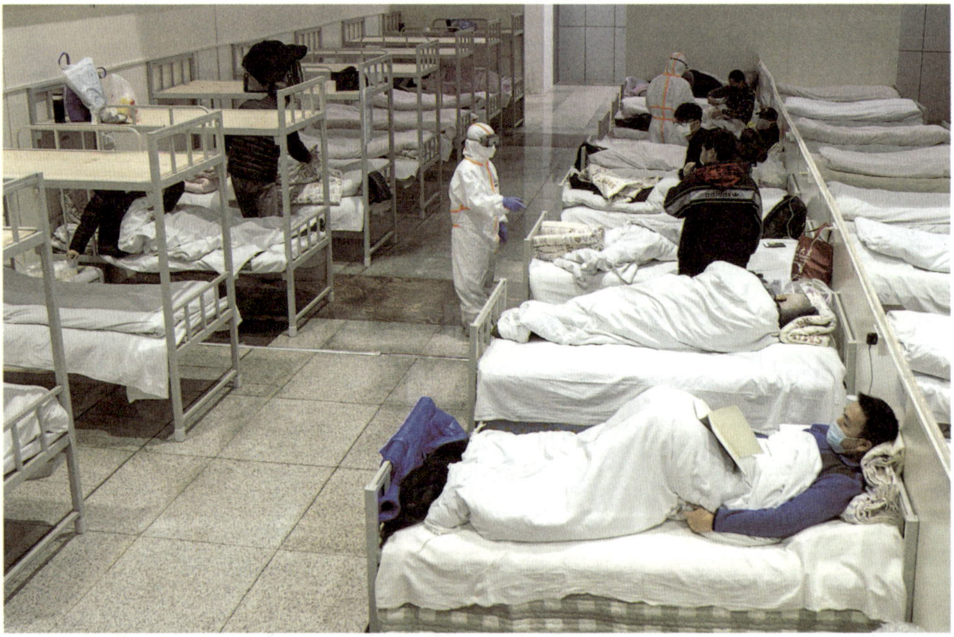

★ 2020 年 2 月 5 日 22 时，位于武汉市江汉区武汉国际会展中心的“方舱医院”正式启用，开始接收新型冠状病毒感染的肺炎轻症患者。这座“方舱医院”名为江汉方舱医院，床位数 1600 张。（新华社记者 熊琦 摄）

同时收集解答病友提问，减轻医护人员负担。

“虽然没有统一的制服，却一同在党旗下接受任务，架起医护人员与患者之间的桥梁。”刘海艳说。

武昌方舱医院院长万军说，在方舱医院这样一个医疗社区，临时党支部作为与病友联系最直接、最经常、最密切的基础组织，着眼病友所需、所急、所盼，让方舱医院里更加井然有序。

此外，各方舱医院临时党支部通过设置“战‘疫’先锋岗”“战‘疫’志愿岗”，动员党员积极参与院内医疗秩序、生活秩序的维护，搭建医护党员、病友党员发挥作用的平台。

强信心

因为一个个党员站出来，方舱医院增添了不少活力。

2 月 11 日，一段武昌方舱医院东区医患合唱《歌唱祖国》的视频在网络上流传，住院病友和医护人员互相鼓励加油的镜头，让网友感动不已。这次活动的组织者是张兵带领的武昌方舱医院东区病友临时党支部。

“医护人员太忙了，我想帮忙做点什么。”张兵是武汉市公安局洪山区交通大队信访民警。临时党支部成立后，张兵组建病友微信群，组织党员病友分区管理，将东区划分为五个病区，由病友自荐担任病区组长。

“新冠肺炎患者刚住进方舱医院，面对陌生的环境，有些人难免会产生紧张、焦虑、恐惧等不良情绪。”张兵结合自己多年的信访工作经验，带领支部党员对新入院的病友开展心理沟通、进行心理疏导，化解他们因隔离产生的压抑情绪，这才有了“大合唱”等集体文娱活动。

如今，武汉市各个方舱医院内，一个个临时党支部已成为抗“疫”战线一道道抵御疫情的温暖防线。患者中的党员们通过自己的点滴行动，传递积极乐观的生活态度，给身边的病友以信心和力量。

在湖北省委党校方舱医院，在临时党支部主导下，建立了“患者之家”微信群，为患者提供交流平台，促进患者之间互帮互助、相互关照；

汉阳方舱医院临时党支部发起“暖心一句话”活动，鼓励病友记录点滴生活美好瞬间，用一句话传递温情；

驻守东西湖方舱医院的新疆援汉医护临时党支部将药物治疗与身心锻炼相结合，带动病友跳民族舞蹈等，增强了病友恢复健康的信心；

……

“党员发挥模范带头作用，参与管理，疏导情绪，鼓舞士气，相信我们一定能打赢这场抗‘疫’大战。”武昌方舱医院病友临时党总支书记、武汉大学人民医院乳腺甲状腺外科护士长王建英说。

（新华社武汉2020年3月4日电　新华社记者侯文坤、李劲峰、梁建强）

勇做抗“疫”排头兵

——同济医院党员的战“疫”答卷

“最危险的，我们上。”“作为党员，我责无旁贷。”……

新冠肺炎疫情来袭，在武汉战“疫”最前线，华中科技大学同济医院三个院区的 2025 张重症病床旁，这样坚定的声音，不断给人以信心和力量。

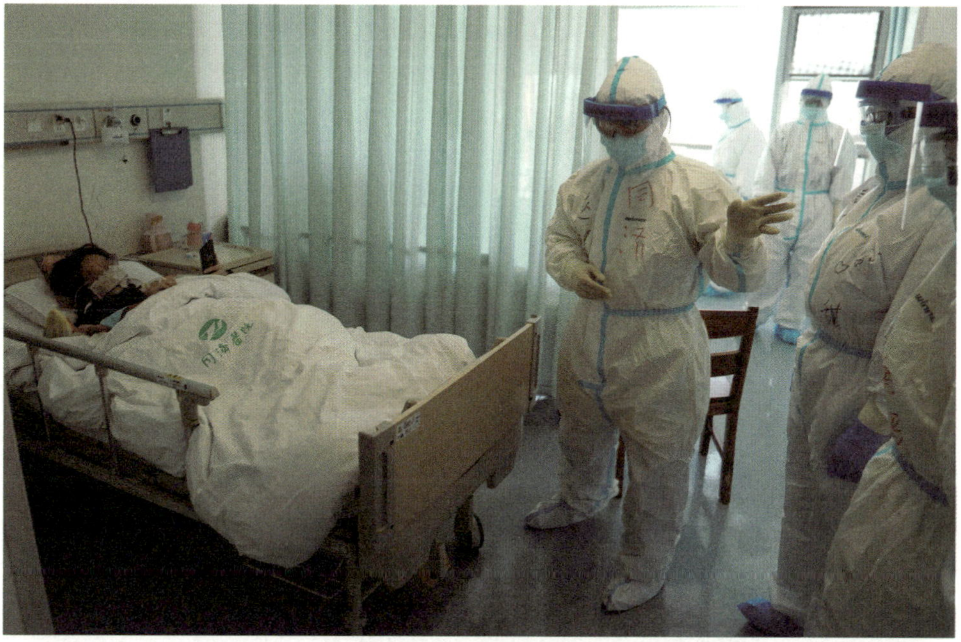

★ 2020 年 2 月 18 日，专家赵建平（中）在同济医院中法新城院区新冠肺炎重症病区与患者交谈。“红区”是抗“疫”医院中重症隔离病房的别称。对医护人员来说，这里是与病魔激烈搏斗的战场。湖北省医疗救治组专家组长、华中科技大学同济医院呼吸与危重症医学科主任赵建平经常深入“红区”，并进行临床研究。（新华社记者　王毓国　摄）

挺身而出带头“逆行”

在同济医院主院区发热门诊，一封临时党支部成立的请战书上，密密麻麻签着前来支援的共产党员的名字。

疫情来袭，同济医院一个个共产党员挺身而出，主动请缨，留下“逆行”的美丽身影。

护理部汪晖是一名有着25年党龄、38年护理经验的党员。作为全院4000多名护士的领头人，她义无反顾地冲上第一线。“最危险的，我来上。我不上，那些年轻小护士怎么敢上？”

听说发热门诊急需人手，有19年党龄的副主任医师桂伶俐提交请战书。“国家遇到困难，总要有人挑起重担，我愿为之付出。”

“因为专业原因，我无法承担重症患者主要治疗工作，但做基础工作一定行。”共产党员、眼科教授李贵刚第一时间请战……

“不计报酬，无论生死，防疫一线我们上！”发热门诊临时党支部书记李刚说，“这是大家共同的心声。”

在共产党员挺身而出的“逆行洪流中”：有首批支援金银潭医院、感染后重返岗位的钟强教授；有曾参与抗击“非典”，如今主动前往发热门诊的

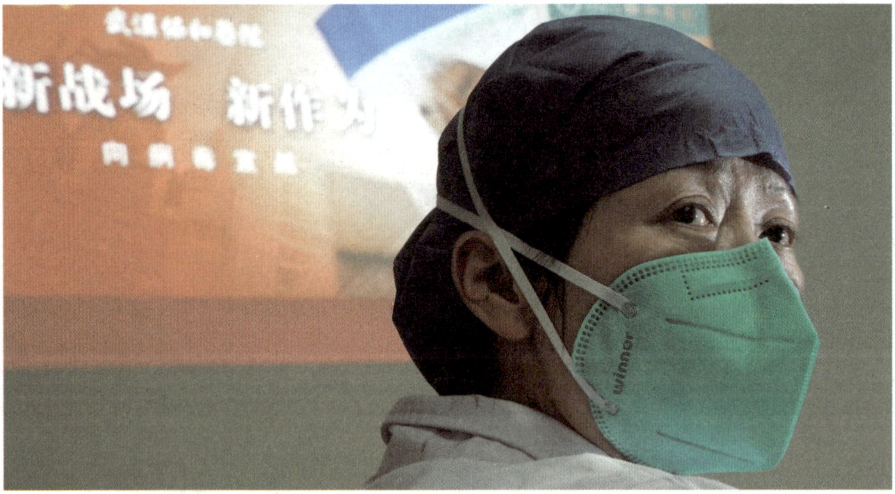

★ 2020年1月22日，华中科技大学同济医学院附属协和医院党员医生周琼加入该院抗击新型冠状病毒感染的肺炎突击队。（新华社记者　程敏　摄）

胡娜护士长；有休假前重返科室的医生；有取消婚礼、投入抗“疫”的护士；有关键时刻在高速路口递出孩子火速返岗的急诊科夫妇……

一名党员，就是一面旗帜，激励着普通群众。战“疫”期间，同济医院党委组织部收到220多封入党申请书，5名医务工作者“火线”加入中国共产党。“入党是我们的光荣，更是一份沉甸甸的责任。”新党员陈茜说。

冒着危险攻坚克难

新冠肺炎重症救治，没有现成经验。以共产党员为主体的广大医务工作者不断摸索，与时间赛跑，只为救治更多病患。

新冠病毒攻击人体多种脏器。同济医院组建以党员和入党积极分子为主体的7支专科临床支持小分队，对患者病情发展分析预判，并提前干预，提高患者治愈率。

“危重症新冠肺炎患者中20%存在心脏损伤。”心内科主任汪道文教授带领的护心队提供24小时全天候会诊支持。在护心队支持下，探索形成“关口前移”“多学科合作”和“精细化管理”三大重症病人救治理念，有效提高治愈率、降低病亡率。

新冠肺炎患者机体释放大量炎症因子，严重者可引起急性多器官衰竭甚至死亡。肾内科主任徐钢带领的护肾队，对患者仔细筛查，一旦发现炎症因子值达到预警值，就实施血液净化。

患者呼吸窘迫达到一定程度，需要紧急插管。气管插管小分队队员征集令发出后，不到半小时全院就有100人报名。在有“重中之重，难中之难”之称的危重症病人救治现场，28名麻醉医生组成的插管队，冒着近距离操作、喷射气溶胶的风险，实施插管。

这支被称为“敢死队”的小分队，有19人是共产党员。“我们不上，谁来上？”这是队员们的共同心声。

精准救治，克难攻坚，同济医院创下一个个奇迹：第一例高龄重症病人痊愈出院；全国首个感染新冠肺炎的肾移植患者痊愈出院；全国首例感染新冠肺炎孕妇生下健康宝宝；多名新冠肺炎患者脱离ECMO……

各尽所能奉献公众

在同济医院，一个个党员在岗位上各尽所能，为战“疫”尽心尽力。

抗“疫”初期，发热门诊患者人数多，排队时间长，交叉感染风险大。信息党支部紧急行动，1 月 24 日在官方 APP“掌上同济”和微信公众号上开通“发热门诊”，400 余名党员免费提供在线问诊服务。

新型冠状病毒特性一时不为公众所知。医务人员自发成立党员专家科普团，以图文形式在各类网络上传播新冠肺炎防治知识，增加普通群众对新冠肺炎的了解。作为第一批在发热门诊、发热病房工作的医护人员，感染科副主任医师陈广的《新型冠状病毒来袭 如何安全过春节？》成为普通群众的过节指南。

其他科室党员专家也行动起来。急诊科 ICU 主任李树生、儿科主任罗小平联合呼吸科、感染科专家，根据第一批患者的第一手资料，第一时间制定《新型冠状病毒肺炎诊疗快速指南》，供临床诊治参考。

光谷方舱医院，不少患者失眠多梦、内心不安，精神科专家团队行动起来，不时隔屏送来“心灵鸡汤”。

陈孝平、马丁两位院士党员也行动起来。对危重症患者，陈孝平院士多次组织会诊，马丁院士带领妇产科发布两版《同济医院新冠肺炎期孕产妇及新生儿管理指导意见》，为全国专家提供借鉴。

连日来，在抗击新冠肺炎的特殊战场上，同济医院近 2000 名党员、8 支专科临床支持小分队一直奋战在最前沿。当前，作为危重症定点医院，同济医院党员干部正与 35 支国家医疗队同心协力，为提高治愈率、降低病亡率而持续努力。

“疫情面前，每个党员的责任感、职业荣誉感都被激发出来。”同济医院党委书记吴菁说，“我们一定将入党誓言化作保护人民健康的具体行动，向党和人民交上一份满意的答卷。”

（新华社武汉 2020 年 3 月 23 日电　新华社记者黎昌政、乐文婉）

用生命抗击疫魔

——陆军军医大学“专家党员突击队”武汉一线救援记事

抗“疫”一线，哪里最危险、任务最繁重，哪里就有他们的身影；他们大都参加过抗击“非典”、抗震救灾、抗击埃博拉等重大非战争军事行动，有着丰富的防控经验。

他们年龄均在50岁以上，却夜以继日地与疫情抗争、与病毒战斗，给支援湖北医疗队树立了榜样，也让患者看到了希望。

陆军军医大学医疗队徐迪雄、毛青、李琦、杨仕明、曹国强、任小宝、陈萍组成了“专家党员突击队”，成为武汉抗“疫”一线闪耀的“明星阵团”。

闻令而动，他们用生命履行使命

除夕，凌晨4时，毛青接到出征的电话。没等电话那头说完话，毛青就坚决表示：“既为军人，亦是医生，疫情就是命令。我就是搞传染病防治专业出身的，别人来那叫奉献，对我，就是责无旁贷。”

毛青曾参加过抗击“非典”，阻击过禽流感，还曾执行过抗击埃博拉疫情的医疗任务，与高危污染物、烈性病毒打了30多年交道。

这个被患者和战友称为“可以托付生命”的人，在除夕夜，再次逆行而上，奔赴抗“疫”一线。

李琦是呼吸系统专家，曾在“非典”防治工作中担任全军“抗非”专家组成员。出征前，李琦作为督导组专家，正在外地执行新冠肺炎疫情防控工作督导任务。

★ 毛青为即将进入一线的医护人员做防护培训（2020 年 1 月 25 日摄）。（新华社发　高涛　摄）

李琦本人是一名慢性呼吸道疾病患者，为了能保持充足体力救治患者，每夜都必须在呼吸机辅助下才能睡眠。除夕夜，背着呼吸机的李琦，义无反顾地奔赴抗疫“战场”。

58 岁的陈萍，是医疗队年龄最大的队员，从事感控工作已 30 余年。17 年前，陈萍就已脱下军装，但她仍时刻以军人标准要求自己。疫情发生后，她一直关注着疫情动态，为单位防控建言献策。医疗队组建后，陈萍临危受命。

为了实现“打胜仗，零感染”的目标，陈萍加班加点准备资料，为全体队员进行防护培训，“我要做医护人员从‘红区’走向安全的最后一道防线”。

出征当天，陈萍背着“医院感染监测系统”登上了飞机。她想在病区建起安全防护监测的“天眼”，全程观察医护人员进出病区流程是否规范。其实，她也是一位病人，患有糖尿病，心脏也不大好。

初心如磐，他们用生命守望生命

大年初一清早，毛青和队员争分夺秒，30 个小时内就完成实地了解诊疗环境、病区改造设置、制定工作规范流程、明确医务人员分组，并整体接手金银潭医院综合病房楼的两个病区，接手当天收治确诊患者。正式接诊后不到 5 个小时收治了 72 名确诊患者。

看到一位 89 岁的患者躺在救护车的担架上，已经没有力气走下车时，毛青跨上车去，将老人家抱了下来。那一天，毛青身穿三层防护衣在病人通道入口一连站了 5 个小时。无论是搬运物资、洗消防护，还是监督防控、救治病人，毛青总是冲在前。

“越是危险，指挥员越要靠前指挥作表率。”徐迪雄说。隔离病房正式接诊，确诊的重症患者一个接一个送来。一些队员从未面对过传染性如此之强的疾病，免不了紧张。

视频再现

徐迪雄穿上密不透风的防护服、戴上口罩和护目镜走在最前面，走进隔离区，从清洁区、半污染区、污染区，从每个病房到每张病床，逐一查看，确定安全无误后才放心让其他医护人员进入。

一名年轻女队员连日工作后体力透支，胸闷、呼吸困难，身体严重不适并伴有剧烈咳嗽。她误以为自己被新冠病毒感染，当即痛哭起来。

“孩子，不要怕。”曹国强来到她的身边。没有听诊器，曹国强直接用裸耳在女孩背上听肺音。当听到双肺清楚的肺音，曹国强放心了。

不负重托，他们用生命拯救生命

救治，场场都是硬仗！为了挽救更多的患者，“专家党员突击队”采取多学科联合编组、集体把脉的方式，对重大病情诊疗方案“一锤定音”，并明确：

对于突发重症，不管多晚，每位专家都要参与救援。

一天晚上，重症监护室一名患者突然出现严重的呼吸衰竭和腹泻症状，生命垂危。

任小宝和其他 5 位专家 10 分钟内就齐聚病房，共商对策。听完主治医生的诊断报告后，专家组成员又提出了 10 余条关键性的补充意见。

抢救开始，任小宝跟进监护室全程指导。经过 2 个多小时的紧急救援，患者化险为夷。

57 岁的杨仕明一到"战位"就开始查房，与交接班的医生汇总患者情况，制定当天的诊治方案，检查指导医生医嘱等，等到一天的诊治任务结束时，往往已是深夜。

有时，忙完一天诊治任务，刚踏进营地的房门，就接到抢救电话。他又急忙返回医院，换上防护服冲进"红区"组织抢救。一次，一位患有阻塞性睡眠呼吸暂停低通气综合征的重症患者情况危急，杨仕明和医护人员奋力抢救，终于让病人生命体征平稳。待他脱下防护服，走出医院时，已快天亮。

1 月 29 日，是李琦的生日。那天，他和 13 名医护人员第一时间进入"红区"，先后接诊了 37 名确诊患者。为全面了解每一名患者的病史，科学判断病情制定治疗方案，他逐一查房，对 37 名患者查房完毕时，厚厚的防护服里，已汗水如注。

就这样，在最危险的"红区"里，李琦度过了自己 55 岁的生日。

（新华社武汉 2020 年 3 月 6 日电　新华社记者贯启龙、黎云）

死守生门

——记军队支援湖北医疗队重症专家蒋东坡团队

“死守生门，一步也不能退。”多省清零，形势好转，蒋东坡把队员们召集起来，发出打响决战的宣言。

蒋东坡是军队支援湖北医疗队重症专家、武汉泰康同济医院重症一科主任，曾任我军第四批援助埃塞俄比亚军医专家组组长，参加和指导过军内外多次大型应急救援任务。

这一次，蒋东坡的战位在武汉泰康同济医院。

2 月 14 日，蒋东坡和战友们刚刚抵达泰康同济医院，上级指示，尽快建成重症病区，尽快收治患者。

此时的泰康同济医院主体建筑刚刚建成，还来不及作任何装修。蒋东坡带领医护骨干，不仅要发挥医学专家特长，还承担起“设计师”“装修工”“水电工”“搬运工”等多重劳动任务。

在多方配合下，短短 3 天，一个设施设备先进、符合传染病房要求的重症监护室建成，首例重症病人转运入院。

重症监护室是新冠肺炎患者最后的希望，是“红区”中的“红区”。首个转

视频再现

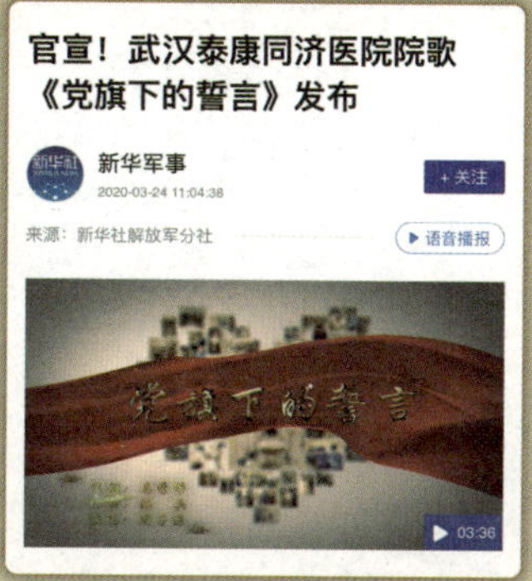

进来的患者年近八旬，生命体征很不稳定。蒋东坡与医护骨干仔细研判病情后，决定让医疗队经验丰富的心内科专家方玉强带领几名医护骨干首发出场，为患者量身定制了治疗方案。

实践证明，治疗方案行之有效，老人的情况很快稳定下来。这次探路，也对初来乍到的团队开展“红区”诊疗工作探索了路子。

蒋东坡带领的医护团队中，有军医、文职人员等，有超过五旬的专家，也有 20 岁出头的年轻人。“不怕苦、不怕累、不怕难、不怕死。”蒋东坡说，这是所有队员在这次抗“疫”中形成的“四不怕”精神。

一位危重患者氧饱和度低、呼吸窘迫，危及生命。尹昌林、方玉强、梁泽平等党员骨干亲自上阵，杜政、胡风、张巧等年轻医护人员也站了出来。

插管！患者氧饱和度一度降到了 32%，一只脚迈入“鬼门关”。插管组沉着冷静，顶压操作，插管一次成功，患者被成功抢救。

为克服病区上厕所难题，队员们上班一小时前尽量不吃不喝。做洗消工

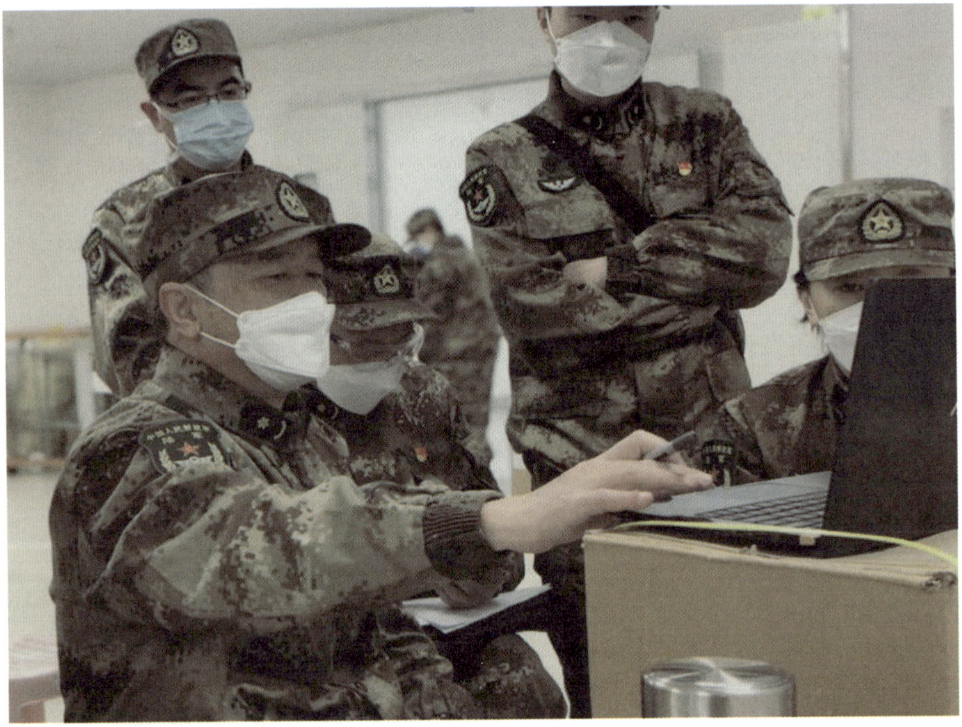

★ 蒋东坡（左一）和同事讨论治疗方案。

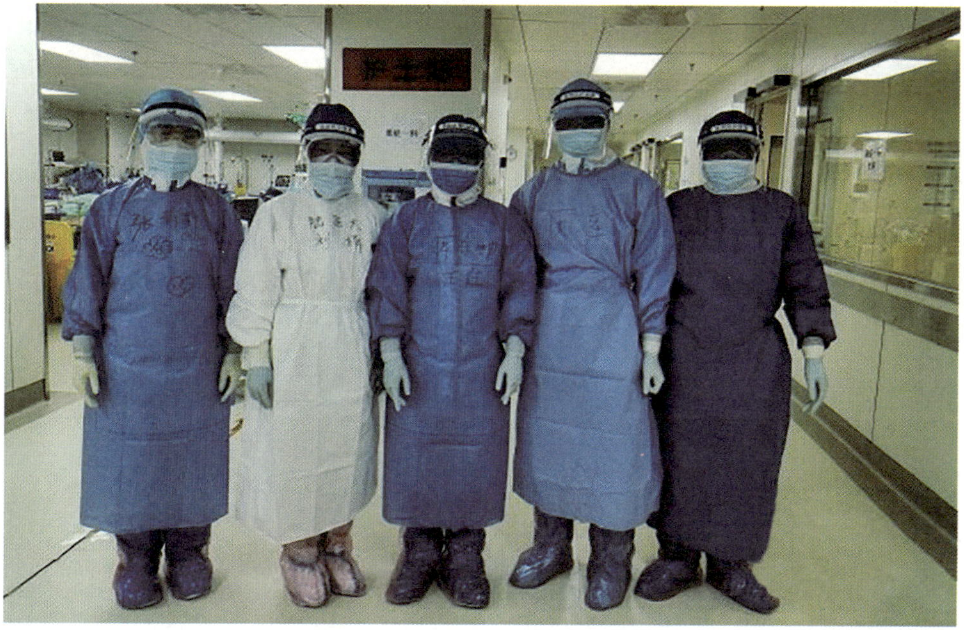

★ 方玉强（右一）与队友合影。（新华网发 受访者供图）

作的护士们每天都要把病房和绿黄红区域彻底消毒，手被消毒水浸泡成红色肿胀的“馒头手”。

“他们几乎都是主动请战奔赴武汉的。”谈到这批队员，蒋东坡眼里充满了骄傲，也透着爱惜。他们当中，有的孙儿绕膝，有的正值芳华，有的是家庭顶梁柱，有的是奶娃娃的妈妈……

“我们面对病毒需要顽强拼搏精神，但不能有无谓牺牲。我要把他们全部平安带回家，一个都不能少。”保证队员的生命安全和身体健康，是蒋东坡每时每刻都要关注、考虑和必须落地的事。

在前方，抓安全就得抓感染控制。科里负责感控的肖喜娥，看似文弱却做事干练。为增强力量，医疗队又让另一名女汉子徐霞协助。蒋东坡天天盯着两个姑娘千叮万嘱，被队员笑称为“婆婆嘴”。

感控最危险的环节之一，是从“红区”病房轮班下来的医护人员脱防护装备的环节，稍不注意就可能让病毒沾染脸、手等部位。为提升感控效率和保证安全，蒋东坡在所有关键位置都安装了感控监控系统，队员亲切称它们为“黑科技”和“放心人工智能”。

这也是蒋东坡与感控监督队员最紧张的时候，眼神一刻也不能离开屏幕。随时掌控队员穿脱防护服、病区诊疗、环境洗消等情况，队员操作不规范存有风险时，及时进行提醒和处理。他经常在麦克风里大声喊：“你们不要着急，请看墙上的步骤图，按照操作规程，每个环节都要准确到位……”

3 月 17 日，圆满完成支援任务的部分地方医疗队开始陆续回撤。为了最后的胜利，蒋东坡和他的战友们还在继续奋战。

（新华社武汉 2020 年 3 月 17 日电　新华社记者贾启龙、罗进、朱广平）

“硬鳞归队”
——记天津支援武汉重症病区“党员突击队”

3月31日，是“硬鳞归队”的日子，50名天津支援武汉最后撤出的医护人员回到海河之滨。被天津人称为“最硬的鳞”，是因为他们是医疗队中最富经验的技术骨干，而他们把自己叫作“党员突击队”。

这支队伍的组建，还要从一张按满红手印的“请战书”说起。那封“请战书”上写着：“我们50名医护人员愿继续坚守，最后离开。”

3月7日凌晨，天津市第五批援鄂医疗队领队、天津医科大学第二医院院长牛远杰接到国家卫健委督导组的通知，要求抽调部分重症医学、感染学、呼吸科的医护人员紧急驰援武汉协和医院西院重症病房。

而此时，牛远杰带领的这支303人的医疗队，已经在武汉江岸方舱医院工作了近一个月，很多队员在疲劳和紧张中失眠伴着焦虑，有的队员因为缺氧出现了心慌、头痛、高血压和心律失常。

“压力很大，首先武汉协和医院西院是国家卫健委指定的新冠肺炎危重症救治医院之一，患者基础疾病多、病情严重且复杂，我们能不能胜任救治工作？还有队员们的身体能不能承受？”牛远杰虽然忧心忡忡，但是疫情就是战场，容不得休整。

当天凌晨1点，医疗队临时党委召开会议，决定挑选有丰富重症医学经验的技术骨干组成“党员突击队”，奔赴新战场。牛远杰为领队。

一个多小时后，一支由15名医生、35名护士组成的队伍集结完毕，其中，共产党员41名，预备党员9名。

“当我们一一询问队员有没有困难，身体状况能不能承受的时候，没有一个人退缩。”牛远杰感慨。

7 日清晨，更多队员听说了新任务，也开始要求加入“党员突击队”。而 50 名已经集结的队员，联名递交了那封“请战书”。

为了兑现自己临行前“会将队伍完整带回来”的承诺，牛远杰从院感防控开始，梳理问题、堵住风险。

“我们再次对医护人员进行了培训，提高他们的认识。”牛远杰说，同时，改进了医院“三区一通道”，实施细化分区、规范物品消毒浓度、督促使用手消物品、限制患者活动区域、敦促专人负责血气分析区域的日常消杀登记等。这些举措，得到了协和西院和其他各医疗队的肯定。

而面对患者，“党员突击队”也尽职尽责。

“我们与协和医院还有中国医科大学第一医院的战友们并肩作战，主要负责 13 楼东区的 46 张床位，到 3 月 29 日，我们队参与收治了 54 例患者，重症有 36 例，治愈出院了 47 例。”牛远杰说。

经过 20 多天的“二次战疫”，“党员突击队”终于在所负责的重症病区实现了新冠患者零死亡、医务人员零感染的目标，圆满完成任务。然而即使踏上回天津的路，牛远杰绷紧的神经也一点不敢放松。

“17 年前，我参加了‘非典’患者的救治，并在‘红区’火线入党。如今这次的疫情比‘非典’更加凶猛，传播范围更广，武汉虽然已经安全，但是中国还面临着疫情输入的风险。”他说。

冲锋在前的这支队伍，身后是悬着心的家人，也有无数等候他们归来的百姓。“我主动申请去武汉后才告诉妻子和孩子，父母还是通过电视才知道我去了武汉，但是他们理解，我们做的，对国家意味着什么。”牛远杰说。

离开时春寒料峭，而如今，花开繁盛。“党员突击队”将在津门的暖意中进行 14 天的集中休整。

（新华社天津 2020 年 3 月 31 日电　新华社记者白佳丽）

拼渐冻生命　与疫魔竞速

——记疫情“风暴眼”中武汉金银潭医院院长张定宇

生命，有起点，也会有终点。张定宇——武汉抗“疫”一线一位医护人员，似乎在按倒计时的方式与生命和时间进行着搏斗。

手里接打着一个又一个几乎不间断的电话，脚下步子也不停，还不忘对身边人发出一个又一个清晰的指令……

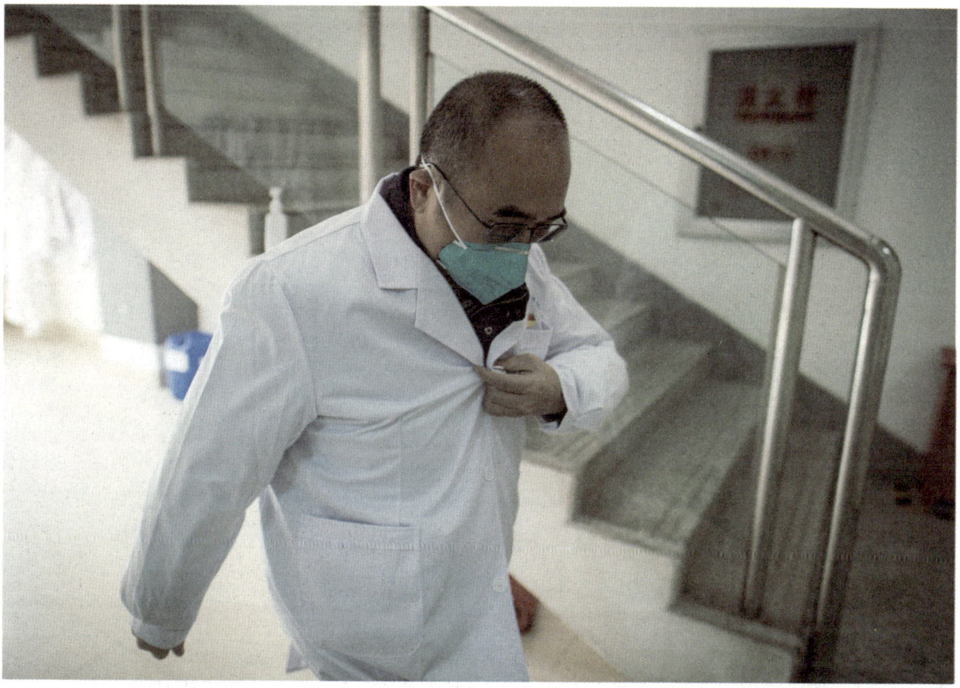

★ 2020 年 1 月 29 日，武汉金银潭医院院长张定宇回到医院后马上换装投入工作。（新华社记者　肖艺九　摄）

这，是武汉市金银潭医院院长张定宇给人的第一印象。

金银潭，老武汉人都未必熟悉的一家传染病专科医院。这些天频繁见诸媒体。这里，是最早集中收治不明肺炎患者的医院，是这场全民抗“疫”之战最早打响的地方。

张定宇在这场与病毒赛跑、与死神竞速的战事中，已经战斗了33天。而他自己，也在同“渐冻症”进行着顽强斗争。

个性“粗糙”的院长：“幸亏靠了他的暴脾气和果断！”

2019年12月29日，武汉，雾，多云。

武汉市华南海鲜市场首批7名不明肺炎患者转入位于武汉三环外的金银潭医院。

“当时不少医疗机构也陆续出现不明原因肺炎病人，绝对不能大意。”

★ 2020年1月29日，武汉金银潭医院院长张定宇接受新华社记者采访。（新华社记者　肖艺九　摄）

多年从事传染病防治，职业敏感让张定宇第一时间判断，这不是普通的传染病。

果断决策，他将这些病人迅速集中到隔离病房，穿上防护服，进隔离区查看症状，分析研判。

隆冬，一股寒意向张定宇袭来，情况比他想象的要糟。

12 月 30 日一早，他再度决策：紧急布置腾退病房，抽调更多医疗力量，新开两个病区，转入 80 多名病人，完成清洁消毒，设备物资人员调配……

平时少有人知晓的金银潭，拌和着空气中浓浓消毒水味的，还有凝重紧张的气氛。

人类与重大疾病斗争史上，未知和恐惧，从来都如影随形；清醒和果敢，也愈加珍贵地相生相伴。

之后的日子，时钟的钟摆对金银潭、对张定宇、对已知和未知的所有，似乎都踏上了加速度的轨道。

不断有新病人转入，相当于医院要不断“换水”，任何一丝不细致都会弄出乱子。

早上 7 点半，往往换班的医护人员还没到，张定宇就已经到了。“今天收了多少病人？”“多少出院？”他每次问，都要回答者脱口而出说出精确数字。“收病人、转病人、管病人，按道理有些事他可以不管，但他都会到现场亲自过问。”南三病区主任张丽说。

张丽 2003 年曾参与过抗击“非典”，对传染病防治是见过大场面的。搁平时，这位资深传染病医生，见了张定宇却多少会躲着走。“脾气粗糙，你和他说话都不许插嘴”，张丽说。

张丽没想到的是，这次不仅是“粗糙”，更是躲不过去的“折磨”。“任务布置急、要求高，事无巨细，骂起人来都不留情面。”

被“折磨”的张丽在这次危机中却感觉到张定宇“粗糙”脾气下的细致。“幸亏靠了他的暴脾气和果断。有困难找他，总会有办法。现在看到他的身影，有种踏实的感觉。”

1 月 8 日，国家卫健委公布，初步确认“新型冠状病毒”为此次疫情的病原。

武汉，九省通衢，有 1100 万人口。几乎一夜间，成为一场波及全球疫情的“风暴眼”。

“风暴眼”中：“有他在，医护人员、病人、家属心里都有底。”

疫情袭来，冲击着每一个人。坚毅，能不能战胜恐慌？

武汉，紧张中蕴含着不安和骚动。金银潭医院病区内，呼叫医务服务的铃声此起彼伏，与病楼外疏落的人影形成强烈的反差。

“风暴眼”中，张定宇走着、说着。

对病人，他是一种语气。

“您家莫急莫急，我马上安排人出来接。”

对下级，他是另一种态度。

“搞快点，搞快点，这个事情一点都等不得，马上就搞。”

严厉，但是镇定。

张定宇告诉大家：对呼吸道传染病不必过于恐慌，按要求做好防护就没危险。“我们要胆大心细！有什么责任有我担着。”

视频再现

他身后，从一个病区，到一栋楼，到三栋楼；护士从2小时交接班一次，延长到四五个小时一次；医生更是恨不得把一个人掰成两个人来用……

“去年12月29日到现在，他没休过一天，只有两个晚上离开医院稍微早些。”金银潭医院党委书记王先广说。给他留下深刻印象的还有这位搭档蹒跚的身影。

越来越多的同事发现，一向脚步如风的院长下楼梯脚步越来越慢。面对越来越多人的追问，张定宇终于承认“我得了渐冻症，两年前就犯病了，下楼吃力，更怕摔倒。”

渐冻症是一种罕见病症，慢慢会进展为全身肌肉萎缩和吞咽困难，直至呼吸衰竭。“我特别怕下楼，必须扶着。平时，我下楼都会抓住我爱人。”

“多少次问他，都说膝关节动过手术。”感染科主任文丹宁说。直至这次，她和其他同事才回过神来，“为什么他脚步高低不平，上下楼一定要抓紧扶手，慢慢挪。”

北七病区护士长贾春敏却不承认。“他明明走得好快！”1月21日晚腾退完病房后，正等待转入新病人，贾春敏就接到张定宇电话：“五分钟到北7楼，看新病区还差些什么？”

放下电话，贾春敏赶着拉上装物资的小推车一路小跑。“他从办公室到北7楼比我远，等我到的时候，他已经在那儿了。”贾春敏说，“平时他老跟不上我们，但他拼的时候，我们跟不上他。”

“有他在，医护人员、病人、家属心里都有底。”文丹宁说。

33天和30分钟：“没说太多话，都很疲惫，只是离开时叮嘱了下保重。”

慢和快，在张定宇身上，在疫情发生后，组成奇妙的复合体。

清早6点钟起床、次日凌晨1点左右睡觉，不知不觉成了常态。好几个夜晚，张定宇凌晨2点刚躺下，4点就被手机叫醒。

情和痛，也从不知什么地方会来个突然袭击。

金银潭医院收治首批病人22天后，张定宇得到消息。在武汉另一家医院工作的妻子，在工作中被感染新型冠状病毒，住进相隔十多公里的另一家医院。

妻子入院三天后，晚上11点多，张定宇赶紧跑去探望，却只待了不到半小时。“没说太多话，都很疲惫，只是离开时叮嘱了下：保重。”采访时，张定宇不愿多回忆那宝贵的30分钟。

“实在是没时间。我很内疚，我也许是个好医生，但不是个好丈夫。”眼前这位五大三粗，和普通人眼中医生形象很不匹配的硬汉，眼圈忽然红了。“我们结婚28年了，刚开始两天她状态不好，我就怕她扛不过去。”

不能完全停下来，也不能时时刻刻在动。张定宇的渐冻病需要比别人更好掌握这个度。

几乎没时间去看患病的妻子，却又搁不下、放不了挂念，没法想象张定

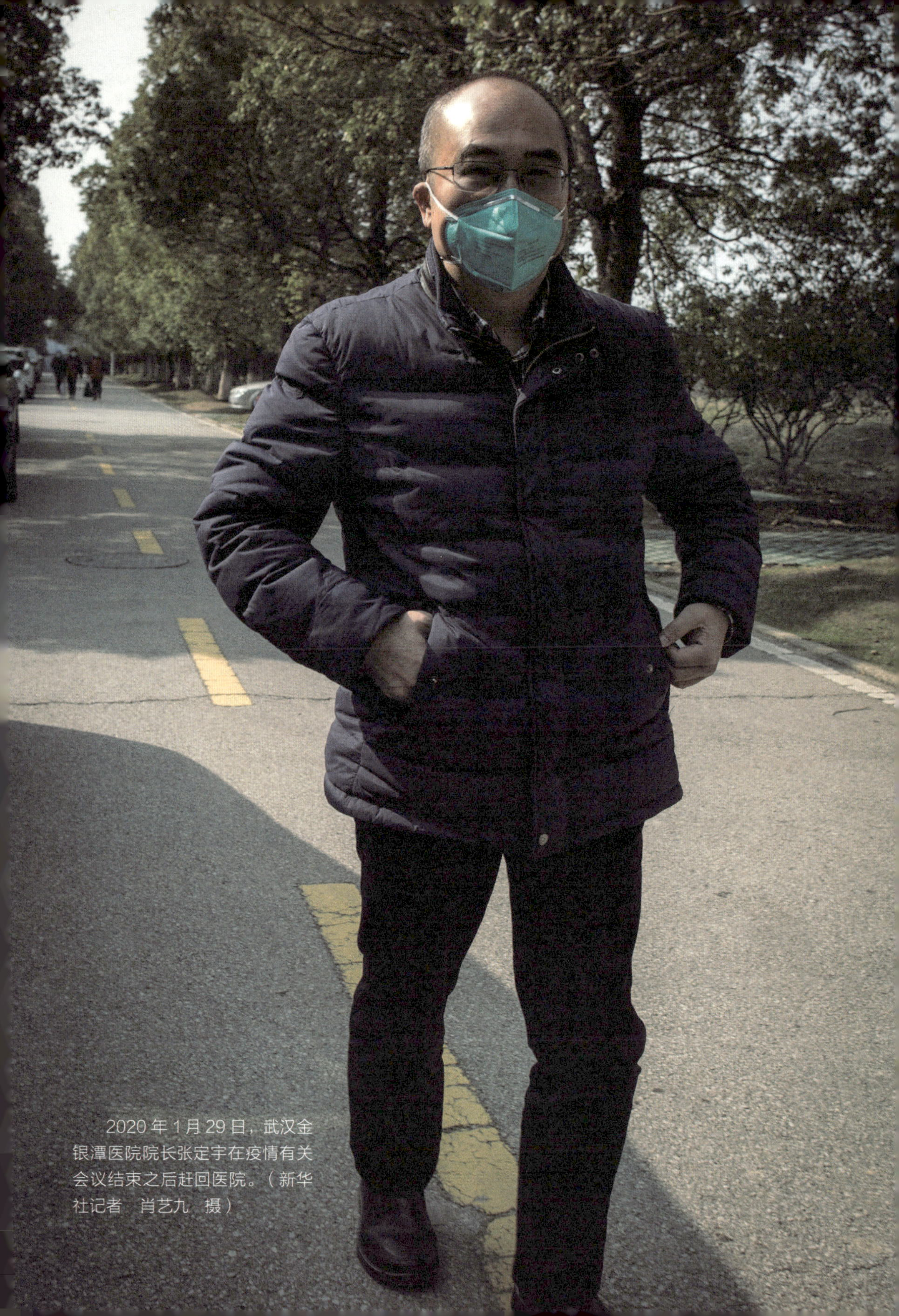

2020 年 1 月 29 日，武汉金银潭医院院长张定宇在疫情有关会议结束之后赶回医院。（新华社记者　肖艺九　摄）

宇心里怎么过的这道坎。

一个多月，夜以继日，张定宇病了。躺在床上输液时，手里仍拿着各种材料数据了解病人情况、重症人数、救治进展，布置各项工作……刚刚好一点，只要可能，张定宇都会再穿上被称为“猴服”的防护服，从病人通道走到隔离病房，走到重症室查房。

“穿着防护服，走路都能听到呼吸、心跳，出来前心后背都湿透了。”张定宇的感受，是疫情笼罩下，医护人员最真实的感受。

好在，坎过去了。妻子在入院十天后的1月29日下午，痊愈出院。这个消息让已经了解张定宇、知道了这样一位战“疫”勇士事迹的人们，都松了一口气。

急切的记者电话核实这个压抑中难得的好消息时，已经是晚上11点了。开车回家路上的张定宇说了一句话：“对，两次核酸检测呈阴性。”

张定宇的“三重身份”：“无论哪个身份，在这非常时期、危急时刻，都没理由退半步，必须坚决顶上去！”

共产党员、院长、医生，是张定宇的三重身份。

“无论哪个身份，在这非常时期、危急时刻，都没理由退半步，必须坚决顶上去！”张定宇说。

57岁的张定宇，从一名普通医生起步，先后担任武汉市四医院副院长，武汉血液中心主任。

从医33年，他曾随中国医疗队出征，援助阿尔及利亚；2011年除夕，作为湖北第一位“无国界医生”，出现在巴基斯坦西北的蒂默加拉医院……

他和同事们的身影，也曾出现在重大灾害发生的现场。2008年5月14日，四川汶川地震第二天，他带领湖北省第三医疗队出现在重灾区什邡市……

“像张定宇这样的党员干部，始终冲在最前线，让大家都感觉特别有主心骨。”张丽说。

55岁的南六病区主任陈南山顶上去了！在春节期间人手最紧张的时候，临危受命，参与两个ICU病区建立，最多的时候1人管理3个病区近百名病人。

南四病区副主任余婷和同在医院护士岗位的妻子顶上去了！夫妻俩把上小学孩子丢给父母，坚守一线 30 多天。

一米五出头，看着柔弱的 ICU 病区主任吴文娟顶上去了！从首批不明原因肺炎患者入院，直到自己因疑似感染新型冠状病毒被隔离才下火线。

金银潭医院 240 多名党员顶上去了！没有一个人迟疑、退缩，全部挺在急难险重岗位。有了张定宇和党员们，600 多名职工全部坚守岗位，从未有人主动要“下火线”。

战疫魔，金银潭医院动起来了，武汉动起来了，全中国动起来了。战事还远未结束，还会有惨烈，有悲壮，甚至牺牲。

“健康所系，性命相托”。对张定宇们，这是践行的誓言！对无数民众，这是力量所在，希望所在。

动如风火的张定宇也有个希望，在自己能动的时候，跑赢这次与新型冠状病毒的赛跑。

“我会慢慢失去知觉，将来会真的跟冻住了一样。”张定宇下意识地摸

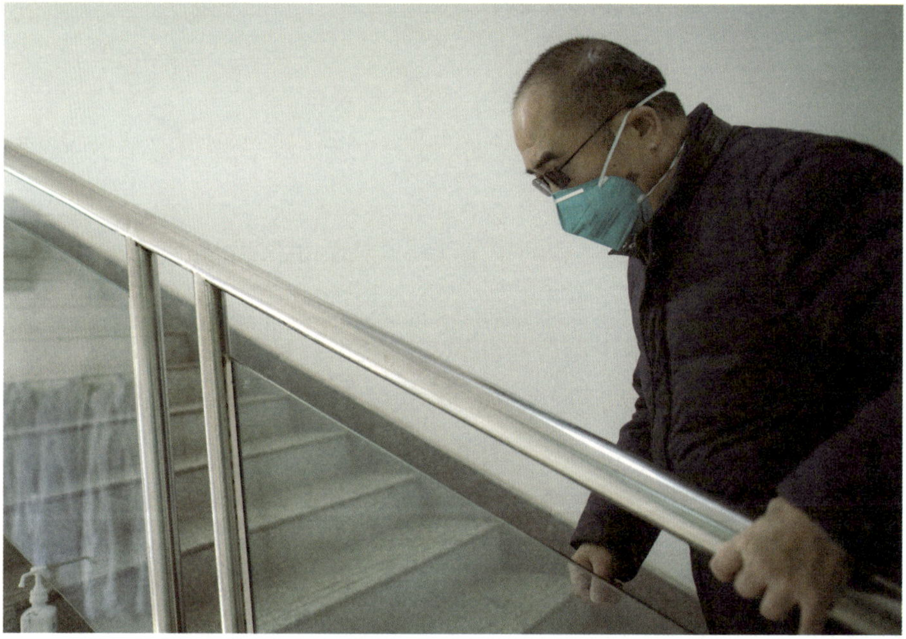

★ 2020 年 1 月 29 日，由于渐冻症的关系，张定宇爬起楼时十分不便。（新华社记者　肖艺九　摄）

★ 2020 年 1 月 27 日，在武汉金银潭医院综合病区楼，张定宇在联系协调工作。（新华社发　柯皓　摄）

了摸腿，“慢慢我会缩成小小一团，固定在轮椅上。每个渐冻病人，都是看着自己一点点消逝的……”

“生命留给我的时间不多了。必须跑得更快，才能跑赢时间，把重要的事情做完。”

伴着高低不平的脚步，和电话那头急促的声音，张定宇转身，朝着隔离病区走去……

1 月 31 日，难得的冬日暖阳照进了这座非常的江城。

下午 5 点左右，消息传来：20 名新型冠状病毒感染的肺炎患者从金银潭医院集体出院，最大年龄患者 64 岁，最小年龄 15 岁。这是疫情发生以来同时出院人数最多的一次。

截至目前，金银潭医院累计出院确诊患者 72 例。

（新华社武汉 2020 年 1 月 31 日电　新华社记者钱彤、李鹏翔、侯文坤、黎昌政）

“我们只想救好病人”

——走近上海市医疗救治专家组组长张文宏

“现在每个人都是战士，你在家里不是隔离，是在战斗啊！”

2月6日，上海又有10例新冠肺炎患者痊愈出院。继发出“共产党员先上”的“硬核”表达被网友点赞后，上海市医疗救治专家组组长、复旦大学附属华山医院感染科主任张文宏接受采访的视频，又一次刷屏。

可是，这位医生无暇关注外界对他的聚焦。自1月20日上海报告第一例确诊病例以来，他就在上海市疾控中心、市公共卫生临床中心等地昼夜奔波、工作，每天睡眠不足6小时。

“大家都习惯了，疫情来了这就是职责所在”

“大家都习惯了，疫情来了这是职责所在。”1月22日，记者在上海市疾控中心，见到了匆匆而来的张文宏。

他前一天晚上在上海市公共卫生临床中心忙了一夜，早上6点半还去探望了3名重症病人。

多年的职业训练，基本在连轴转的张文宏依然保持着挺直身形，语速和动作都没有放慢。口罩上方，眼睛周围的黑眼圈清晰可见。

疫情就是命令。1月21日上午10点，华山医院紧急召集首批赴上海市公共卫生临床中心支援专家组，张文宏作为医疗救治专家组组长，成为抗击疫情的焦点人物。

华山医院传染病楼5层，张文宏的办公室。桌上一袋摊开的饼干，诉说着非常时期的繁忙。

开会、查房、讨论治疗方案……事无巨细，记者无从了解张文宏每天穿梭于各处的工作安排，只能见缝插针，跟踪记录华山医院抗“疫”队员们的行踪去向。

早晚查房、三次报表……感染科副主任医师毛日成每天要在位于金山的上海市公共卫生临床中心隔离病房工作 16 个小时。

“我感觉好像刚躺下就又起来了。”结束任务、完成隔离后，毛日成又换岗到发热门诊。

这是一场硬仗！张文宏对全科室人员下了“一刻都不能放松”的命令。

从“非典”到禽流感再到新型冠状病毒感染的肺炎，每当重大公共卫生事件突发，张文宏所在的华山医院感染科始终站在“紧急应对”的第一线。

此次疫情暴发，担任党支部书记的张文宏特意带领大家过了一次简短而又隆重的组织生活会。

镜头记录下这个特殊的场面：面对党旗，面戴口罩的全体党员齐声宣誓：“迎难而上，共同战斗！”

副主任医师徐斌是张文宏的徒弟，大年夜他终止休假、主动请缨，跟随上海第一批医疗队赶赴武汉金银潭医院。

1 月 28 日，感染科护师徐惠加入上海第二批医疗队前往武汉市第三医院救治危重症患者。

2 月 4 日下午，感染科副主任张继明教授担任队长，孙峰主治医师、曹晶磊护师加入的国家紧急医学救援队奔赴武汉……

感染科医生一定要有“感染力”

1 月 29 日，伴着新闻媒体的直播，张文宏做出的一个决定刷屏了：

“让一直奋战在一线的医生全部换岗。我们派驻党员医生上抗‘疫’前线支援，不打招呼，直接报名，没有商量。”

“一线岗位全部换上党员，没有讨价还价！”“不能欺负老实人”……宣布这个决定，张文宏的语气干脆、语调坚决。执行这个决定，全科室无人质疑、

视频再现

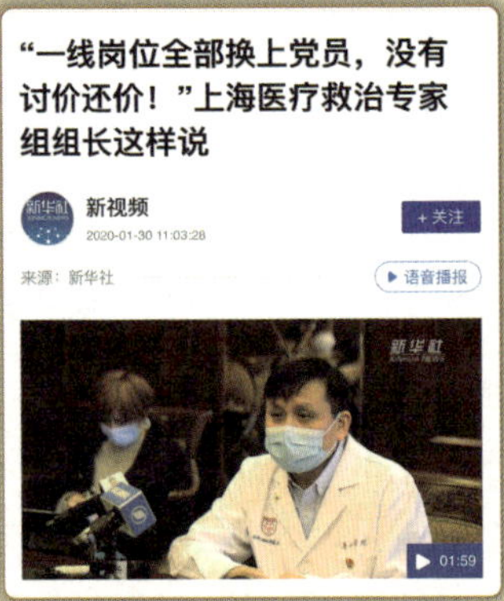

各就各位。

有人说：张文宏是个超人，让人服气。

不折不扣，张文宏是上海市医学会感染病专科分会主任委员和上海医师协会感染病医师分会名誉会长，还当选上海市“医务工匠”和上海市领军人物。

耳濡目染，张文宏团队的年轻医生，都练就了一身过硬本领。华山医院感染科的人，“人人争先，个个肯干！”

张文宏常常说，感染科医生一定要有“感染力”，这种“感染力”，来自干劲和奉献。

在华山医院感染科，张文宏从30多岁起就被大家称为“张爸”，“他为病人为团队其他人安排得妥妥当当，才会想到自己”。

三甲医院的门诊向来人满为患，一间不足4平方米的诊室，常常挤满了全国各地的病人。

张文宏的学生、刘其会医师介绍，很多外地患者慕名而来，挂不上号，张老师都会尽量给他们加号；素不相识的病人急需住院没有床位，他会连打好几个电话，帮忙联系落实；对于不方便来院就诊但需要随访的病人，他还会留下自己的邮箱，为他们出具诊疗意见。

作为博士生导师，张文宏在复旦大学上海医学院的学生们眼中，是位“感染力”超群的大咖，可是他调侃报考他的研究生需要“勇气”。

一是因为张文宏要求严格，二是因为他太忙，当他的研究生需要早晨6点半来和他讨论课题，因为那是他一天中最不容易被打扰、可以专心谈学问的时间。

多一些时间，我们就可能多救一个病人

华山医院感染科，年门诊量逾 14 万人次，年接受转诊病人 2000 余人次、会诊病人数千余人次。

这样一份工作，张文宏已经专注投入二十多年。他说：“感染科的岗位是很艰苦、很危险，但必须要有人去做，因为这不仅关系到一个病人、一个医院，还关系到一个城市甚至一个国家。”

1 月 17 日凌晨 0 点 22 分，张文宏在“华山感染”公众号更新了一篇文章，首次介绍了新型冠状病毒感染的肺炎情况。

此后，无论是在隔离病房通宵达旦，还是在各种会议研究论证，他都坚持利用深夜闲暇更新公号。

武汉封城、国际关注的公共卫生紧急事件、无症状病毒感染者、返程与返工后的疫情走向……忙了一天还要奋战在电脑前，张文宏对这些科普文章较真儿：“我们要用理性的数据和专业知识给大家解读疫情。”

做科普，是张文宏骨子里的热爱。几次采访，从救治情况到疫情研判，张文宏都是有问必答、深入浅出。对于任何有可能混淆的问题，他都会举有趣的例子，给记者讲透彻。

可是，一谈到他自己，他就立刻开始回避。“我们医务人员只想救好病人，不需要讲自己。”

兜兜转转，张文宏和同事们对进一步采访的拒绝大同小异：“多一些时间，我们就可能多救一个病人。”

是啊！时间！在汹涌的疫情面前，每分每秒都关系着存亡、意味着责任。

记者不再追问，因为深深懂得，在这些白衣战士心中，个人的声名同宝贵的生命相比，实在微不足道。

（新华社上海 2020 年 2 月 7 日电　新华社记者季明、仇逸、吴晶）

兵者勇武　医者仁心

——记解放军感染病防控专家毛青

兵者勇武，卫国护民；

医者仁心，救死扶伤。

毛青，火神山医院综合科主任，与高危污染物、烈性病毒打了30多年交道，不论是当年抗击“非典”“埃博拉”，还是如今的武汉战“疫”，他都是逆行的勇士。

“人民解放军指战员闻令而动、敢打硬仗，展现了人民子弟兵忠于党、忠于人民的政治品格。”

毛青，正是所有来武汉抗“疫”人民解放军的其中一员。

敢与“死神”掰手腕的勇气与担当，是军人迎难而上、敢打必胜的如磐初心；敢与“疫”魔拼刺刀的技术与实力，是医生不负重托、不辱使命的果敢担当。

既为军人，亦是医生

“4床怎么回事？！”“打好病历，15份！3点会诊！”

火神山医院狭窄的医生办公室里，一个声音显得格外响亮。

他叫毛青，解放军感染病防控专家，精瘦身材，一身荒漠迷彩，虽然坐在椅子上，但还斜挎着个黑色军用挎包，很特别。

此刻最让他揪心的是4床那位93岁高龄的患者，嗜睡状、不进食，严重虚弱……“不能等，我们得抓紧研究完善治疗方案！”

56岁，36年党龄，39年军龄，这是毛青的“个人简历”，也是此刻他

★ 解放军感染病防控专家毛青（右二）在火神山医院参加专家组会诊（2020年2月26日摄）。（新华社记者　李贺　摄）

★ 解放军感染病防控专家毛青走在火神山医院办公区（2020年2月26日摄）。（新华社记者　李贺　摄）

站在全国抗击新冠肺炎疫情的最前沿，守在火神山医院“红区”每一个病房的原因。

“你得配得上写进履历里的每一个数字。”毛青说。

疫情之初，他早早就做好了准备，将军装卷进行囊。

时间拉回到除夕，凌晨4点左右，毛青接到电话，“任务来了，马上就要走，你看谁去好？”没等电话那头说话，毛青打断道，“那肯定我去！”

“这个问题不需要问，既为军人，亦是医生。”毛青说，疫情就是命令。

出征！毛青就像一位坚守在战壕里的战士听到号声。

“我就是搞传染病防治专业出身的，别人来那叫奉献，对我，就是责无旁贷。”对毛青来说，没什么大道理，穿着军装，肩上有责任；身为医生，这是职责；老党员，理当模范带头。

在本该阖家团圆的除夕夜，他逆行而上，空降武汉，奔向疫情最前线、直抵最核心战场。

一次次参加非战争军事行动，一次次直面疫情的逆行，毛青一次次闻令而动。

这位火神山医院综合科主任，参加过抗击“非典”，阻击过禽流感，还曾去非洲执行援助利比里亚抗击埃博拉疫情的医疗任务，与高危污染物、烈性病毒打了30多年交道。

“过去最紧张的经历要数抗击‘埃博拉’，第一次面对病死率如此高、传播如此快的疾病。”毛青回忆说，在高温高湿的利比里亚首都蒙罗维亚，他和另外3名同事穿着防护服连续工作了近5个小时，“当时汗水堵住了出气口，我以为自己快要被憋死了。”

“穿上军装，就要敢于冲锋陷阵！”在火神山医院，聊起当年那一幕，毛青说：“一个军医，如果终其一生不能上战场，那将多么遗憾！”

而这一次，是万千同胞有难，疫情凶险肆虐。当一位89岁的患者躺在救护车的担架上，已经没有力气走下车时，毛青没有犹豫，跨上车去，把老人家抱了下来。那一天，他身穿三层防护衣在病人通道入口一连站了5个小时。

在火神山医院，医护人员都没有白大褂，所有人的着装都在防护服和迷彩服之间切换。

这，是一场空前的阻击战。

“从来没有接触过那么大数量的传染病病人，唯有全力以赴。”毛青说。

综合科 60 位住院患者中，老年人居多。毛青每天查房 4 个小时以上，不仅详细询问病情、病史，还了解患者家庭情况，与患者家属建立联系，便于及时沟通，帮助患者重建信心。

“他很细致，有个老人不太爱说话，他会提醒我们主动去交流，关心患者的心理。”火神山医院综合科护士周燕说，救治病人、洗消防护……他都是冲在第一线，完成了每天的值班工作，他总会在病房多留一会儿，想尽办法安抚患者的情绪。

“不吃饭就没营养了，怎么回去遛你的小狗狗！”“我明天再来看你，要看到你笑啊！”……那天，毛青查房，听说一位老婆婆不吃饭，便鼓励开导她。脱口而出一段重庆话，化作笑声，传递了温暖，也传递了战胜疫情的希望。

因为隔着防护服，患者看不到他的表情，“但一听脚步声，就知道毛大夫来了。他连走路的样子都充满自信，听他的准没错！”一位患者说。

回到最初的那个从不离身的黑色挎包。

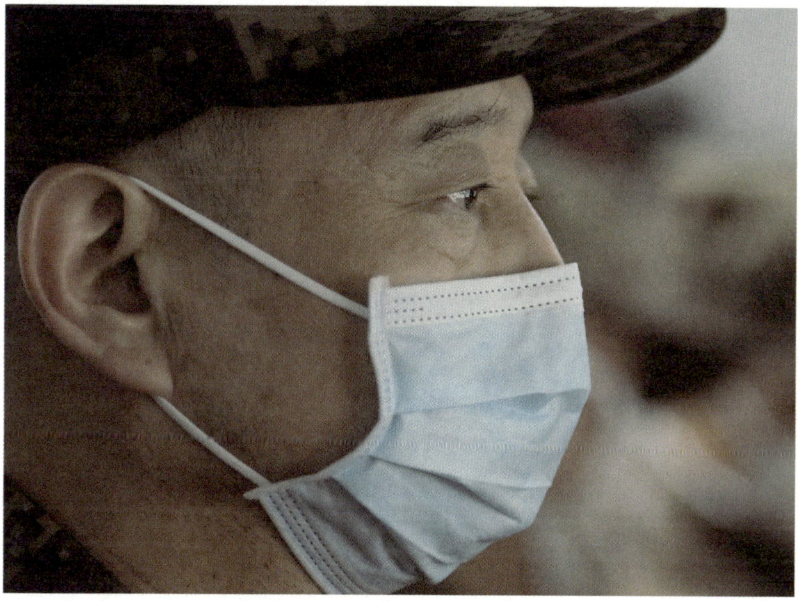

★ 解放军感染病防控专家毛青在火神山医院医生办公室内研究电脑里的病历（2020 年 2 月 26 日摄）。（新华社记者　李贺　摄）

“里面就是电脑、笔记本和口罩。”毛青一边扒拉着包，一边解释，主要是为了方便随时随地查阅一些文献，跟踪一些病情的报道，了解前沿观点，及时记下对自己患者治疗的启发。“救治，场场都是硬仗！疫情时刻在变化，我可不能在原地等着。”

挺身前沿，冲锋在前

“毛主任，请您过来下。”右髋关节的疼痛加剧，但高低不平的脚步却没有放慢。

为了挽救群众的生命，从抵达江城之日起，这位白衣战士、技术尖兵，从未停止过前进的步伐。

“大量的事情需要适应、组织和协调。”毛青说，初到武汉的时候，主要承担防控感染指导工作。“进行传染病救治，首先要构建一个完备安全的救治流程。病区结构合理、流程规范科学是实现医护人员零感染的关键。”

第一站，金银潭医院。正月初一一早，毛青和军队支援湖北医疗队队员就进了两个待改造病区，走到每一个角落。争分夺秒，48 小时内即完成实地了解诊疗环境、病区改造设置、制定工作规范流程、明确医务人员分组，并整体接手金银潭医院综合病房楼的两个病区，接手当天收治确诊患者。正式接诊后不到 5 个小时收治 72 名确诊患者。

无论是搬运物资、洗消防护，还是监督防控、救治病人，毛青总是冲冲冲。

一周后，毛青和军队支援湖北医疗队转战火神山医院。

2 月 2 日进驻医院，2 月 4 日收治首批患者。军队支援湖北医疗队从火神山医院发出的“战报”牵动人心：“批量收治病人”“首批 7 名新冠肺炎患者治愈出院”“收治第一批新冠肺炎确诊患者”“收治患者总数超过 1000 人”“病愈出院患者人数突破 200 人”……

“这背后，是毛青等专家没日没夜熬出来的。”火神山医院感染一科一病区主任李琦说，从金银潭 2 个病区，到火神山 19 个病区，难度更大。“火神山任何一个病区出问题，整个火神山可能都会受到影响。所以多亏了他在其中整体把控，不断优化流程设置，那些天，熬夜到凌晨两三点是常事。”

★ 毛青（左二）和同事在金银潭医院一线病房工作时合影（2020 年 1 月 26 日摄）。（新华社发）

疫情如火，数字不断变化，毛青时刻脚步匆匆。

“他永远不知疲倦，有一次，我和他忙到凌晨 1 点从火神山回到住的地方，刚到驻地，他又要往金银潭医院赶，当时金银潭医院对面搞了一个方舱医院，也要请教他，他又搞到凌晨 5 点才回，休息了 2 个小时，又接着去火神山。”

综合科是火神山开科最晚的科室，当时时间紧、任务重，要求在半天时间内接收患者入院。这个时候，身为医院两个专家组副组长、任务繁重的毛青再次站了出来，请战担当科主任，冲到救治第一线。

“那时他右髋关节的旧伤已经加重了，走路一瘸一拐。但新成立综合科，病区 60 个床位需要布置，还有各类器械要到位。那天毛主任和年轻小伙儿们一起搬器械，挪床。”一个战士告诉记者，那一晚，把全部患者送到病房安顿好，毛青还走到每名患者身边，耐心询问病情，写下医嘱。连续几个小时，毛青右髋关节已是疼痛难忍。

科室医护人员来自军队多个单位，很多人没与毛青一起共事过，这次亲眼见到这位知名专家毫无畏惧与患者“亲密接触”，信心倍增。

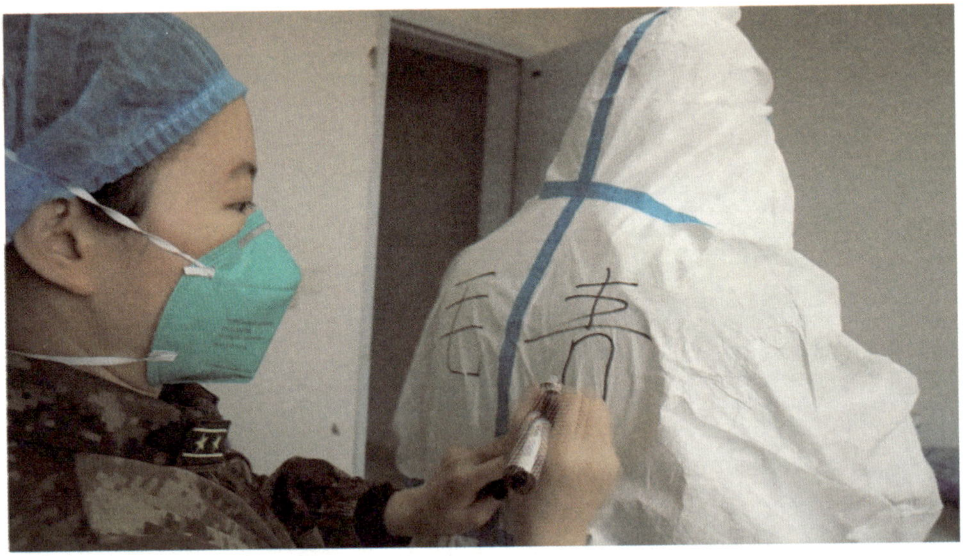

★ 准备进入病房的毛青请同事在防护服上写下自己的名字（2020 年 2 月 5 日摄）。（新华社发）

周燕在科室的微信群里看到一张照片：一个老头蜷缩在工作椅上，垂着头睡着了。科室的医疗队员从不同单位和军种抽组而来，此前互相并不认识，周燕也是后来才知道，这就是大名鼎鼎的毛青。“照片中，他刚结束了将近 24 个小时的连续工作，完成了 45 名病患的收治。”

周燕参加过在刚果（金）维和行动，对毛青的一言一行感同身受，她特别赞同毛青鼓励大家的一句话：这身军装，就是用来穿起冲锋陷阵的。

毛青总是冲在第一线，更是明确要求让自己第一个进入“红区”。

“并不是每个医务工作者都有防控传染病的经验，我们的任务就是要帮助他们避免在不知不觉中犯下错误。”毛青说，“所以，我要第一个进去，给大家信心。”

他说，“随时准备为党和人民牺牲一切”不是一句大话，是自己和战友时时刻刻需要面对的考验。

使命在肩，初心如磐

大年三十上午 10 点，是医疗队集合培训的时间。培训结束以后稍作休息，这支队伍将奔赴武汉，新冠肺炎疫情防控的一线。55岁的急诊部副主任任小宝又一次在队伍中看到自己熟悉的身影。

“他是我师兄，80年代在学校读书时，我就知道他的大名——长跑冠军。”任小宝说。

“但人和名字我一直没有对上号，真正熟悉是2014年一起去利比里亚抗击‘埃博拉’。”任小宝回忆说，包括自己在内的好多同事以前没有接触过这种传染性很强的疾病，作为医疗队感染方面的总专家，毛青想得很多、指导得很细。很多规范、流程、准备工作，他都想在前头。“不像别人拿个话筒说一说，他来实的，不玩虚的，他第一个穿防护服进病房。”

抗击“埃博拉”时，他经常挂在嘴边的一句话是“救病人是第一位，更重要的还要把自己防护好才能救人，不然害了病人，也害了整个队伍。”任小宝说。

同为抗击“埃博拉”时的队友，老年科护士长肖莉看到“毛主任”也站在出发的队伍中，就像吃了一颗定心丸一样。

“传染科的分工、防护服的穿脱流程、重症病人的治疗方案这些重要环节都必须毛主任把关。他是非常专业的专家，而且经验丰富。”肖莉说，大家都认同他的意见和建议。

这次来到武汉，对医疗队员进行监督是毛青的一项重要任务。

一旦有病人，队员们都会冲上去，尽心尽力救治病人。但最让他担心的是，有人没有按正确的方式操作。

“我的监督不是监督大家工作有没有‘偷懒’，是要提醒大家不要在救治过程中忽略了防控原则。无意中揉揉眼睛、摸了摸脸，都可能带来危险。”

火神山建设期间，他在工地内一个通道一扇门窗地检查，每天能走出两万步。流程和图纸有了疑难，大家总是第一个想到他。有人大概估算了一下，最多的一天，毛教授接到30多个电话，第一句话都是：“毛教授，您能过来一下吗？”

火神山医院开始接收病人后，所有的隔离病房毛青进去走了一遍。“你知道吗？空置的病房和住满了病人开始运行的病房是不一样的，置身其中和隔着玻璃看，也是不一样的。”毛青说，“如果不真正走一遍流程，发现不了问题。"

哪个地方该放一盒手套，哪扇门应该加一把锁，医护人员脱防护服的地方需要准备盛消毒水的喷壶，500毫升是否会不够用，5升的会不会太重？毛青都要拍板："就这样办。"

金银潭医院、火神山医院、泰康同济医院、湖北省妇幼保健院光谷院区，还有诸多方舱医院，毛青都应邀"过来一下"，当场拍板，形成最终的"毛版方案"。

抗击"埃博拉"的时候，毛青第一个进了隔离病房。这次在武汉，毛青也是第一个进去。

"进隔离病房，穿防护服时间长了就心慌，头晕，时间再长一点就头疼，想吐，全身汗湿就不提了。好多年轻人都受不了。"任小宝说，毛青负责的综合科，住满了60位患者，其中有8人的年龄超过了80岁，都属于重症患者，他每天都要进去查房，有时候一天进去二三次。

"我要做给大家看，按我说的做，才能确保安全。"毛青说。在毛青看来，当好感控专家，不光要有水平和经验，还要用实践来证明自己说过的话是正确的。"我可不当躲在人背后的专家。"

综合科病区里，老人们听力普遍都不好，又加上口罩和面屏遮挡，毛青查房时只好凑到他们耳边，大声吼。到了下午，他的嗓子就成了沙哑的"摇滚音"。

当前，湖北武汉的疫情形势依然复杂严峻，疫情防控处于最吃劲的关键阶段。战斗依然在继续，不容丝毫懈怠。

"工作一个月了，大家会形成麻痹思想，现在强调最多的是感染防控，自身防控不能松，要把每一天当第一天。"毛青说，自己每天不停地在队员们耳边念叨，要提醒大家，不能不在乎，更不能大而化之。

"我的职责除了救治患者，就是把每个队员平平安安地带回来。"毛青说，他要说到做到。

（新华社武汉2020年2月27日电　新华社记者黎云、侯文坤、廖君、王作葵、贾启龙）

王新彪：“我是党员，我不去谁去？”

从天津防疫一线紧急转战湖北恩施防疫一线，51 岁的病毒消杀专家王新彪，已在防疫一线战斗了 40 多天。

作为天津支援湖北恩施利川市医疗队的一员，他发挥自己的专长，深入利川市的卫生院、隔离点、留观点、定点医院等，指导病毒消杀和疫情防控，为当地打赢抗“疫”战贡献力量。

王新彪是天津市宁河区疾控中心消毒病媒科科长。2 月 11 日中午，他接到通知，下午 4 点就赶到天津市疾控中心报到，2 月 12 日集中奔赴位于鄂西山区的恩施州，支援当地抗“疫”工作。

由于此前一直住在单位，接到通知后，他打电话让妻子送衣服给他，并当面告诉她，要到湖北支援。看着妻子一脸惊讶，他解释说：“我擅长院感监测处置、病媒消杀，我是党员，我不去谁去？”

王新彪的母亲患脑血栓卧床 15 年了，春节前又感冒过，身体非常虚弱。“请姐姐照顾好妈妈，我出差了不要告诉她，别让她担心。”他叮嘱妻子。

12 日到达恩施，13 日到达利川。王新彪迅速投入紧张的防疫工作。

消杀是疫情防控的关键环节。他解释说，消杀分为预防性消杀和终末消杀。所谓预防性消杀，就是未被确诊患者或者疑似患者接触过的场所、环境，要进行物体表面消毒、空气消毒。所谓终末消杀，就是确诊患者或者疑似患者隔离前工作、生活的场所、环境，要进行物体表面消毒、空气消毒。

“特别是终末消杀，非常复杂，门内门外，门把手，使用过的东西等，都要严格消毒。有些东西现场不好处理的，还要带回疾控中心处理。”他说。

包括王新彪在内的天津医疗队 2 人、利川市疾控中心 2 人，共同组成了消杀组，指导全市病毒消杀工作。除了指导消杀，他们还对三区两通道的划分，单独消毒配药室的建立，各种消毒剂的配比使用，消毒物资的储备，污水的消毒，化粪池的消毒，医务人员的防护等进行督导。

每去一个点，完成各项指导督导，要一个多小时。近的地方，一天看五六个点；远的地方，一天看两三个点，马不停蹄。利川市山大人稀，去最远的乡镇单程要两个半小时，支援利川以来，王新彪跑遍了利川市的每一个乡镇。

2 月 15 日，王新彪奔赴恩施后的第三天，母亲发烧了，输液后未见好转。当晚，他给姐姐打电话了解母亲的身体状况，姐姐怕他担心，说“还好”。2 月 16 日晚，王新彪再三追问，姐姐才道出实情，他的心一下子就悬了起来。

“高龄患者，生病多年体质差，如果肺部感染了就很麻烦。”与王新彪一道来利川支援的内科专家杨涛知道情况后，立马远程诊断，开出处方。

由于人手少，任务重，到利川这么久了，王新彪未能休息过一天。对于 51 岁的王新彪来说，长期高负荷运转并不是一件容易的事情。然而，他说：“累一点不要紧，看到疫情一天天好转，心里特别高兴！”尤其是母亲的病情稳定了，精神头好了，让他放心了不少。

“他每天与消杀组一道，深入医院、隔离点等重点区域，指导科学消杀，传授经验，工作中不放过任何一个细节，提高了我们的专业化水平。”利川市疾控中心副主任丁志祥这样评价王新彪。

（新华社武汉 2020 年 3 月 6 日电　新华社记者谭元斌）

刘家敏：湖北十堰120战“疫”急先锋

“全市清零多天，但急救体系还在高度戒备，正逐步转为急危重症伤病员日常急救。”连轴转一个多月的刘家敏，仍然是随时战斗的紧张状态。

湖北省十堰市急救中心主任刘家敏，性子急、说话快，做起事情风风火火。他总有一句话挂在嘴边：在急救中心干的活儿事关人命，我们都要全力以赴。

疫情发生后，部分群众紧张焦虑，大量的发热咨询与救护车送诊需求电话涌进120。

“全市120急救要讲章法，不能打乱仗。”面对这一局面，刘家敏提出，加强120调度和应急救援调动，按市指挥部规定流程做好新冠肺炎病例转运，完成急危重症伤病员的院前急救。

面对大量来电，全市急救接线员经过分析判断后，将来电分流到网上发热门诊和心理咨询热线，避免了120被长时间挤占。

交通管制期间，重症患者如何调度转运？抗“疫”初期，传染病专用负压救护车不多，刘家敏主张把一半普通救护车改造专用，加强洗消与防护，完成了各类病例转运，没有发生一起医患之间交叉感染。

全市108家乡镇卫生院急救站，有的只有一台车，疫情期间，部分车跑坏了没地方修。急救不能背着跑。社会各界纷纷支援十堰，刘家敏把市急救中心受捐的6台负压救护车及时分赠十堰城区6家医院。近一个月来，全市新添48台负压车和标准救护车，全市已有311台救护车，提高了战斗力。

连续熬夜、保持紧张应战状态的刘家敏，双鬓斑白、双眼通红。他告诉记者，自己最心疼的是乡镇卫生院急救人员，他们半夜发来许多急救场景：向坝乡女医生累倒在救护车旁，文峰乡急救站雪夜出车，120调度员被报假警骗……

面对疫情发生以来的各种困难，十堰市 120 一直坚持分病种、分病情、分区域、分车型转运救治。刘家敏最自豪的是，截至目前，十堰市完成各类抗“疫”转运与院前急救任务 3.9 万余台次，没有出现各类急危重症伤病人缺救护车转运现象，没有出现责任事故与技术差错。

“作为急救人，就要多干事、快干事、干实事、干好事！不忘初心，充分发挥党员先锋模范作用，带领急救人科学高效抗‘疫’。”今年已 57 岁、有 34 年党龄的刘家敏说。

（新华社武汉 2020 年 3 月 15 日电　新华社记者李伟）

纸短情长：方舱医院里写下的感谢信

“有点可惜，信没能带出来，但我拍了照片，准备回去后打印出来，永久保存着。”贵州省第二批支援湖北医疗队队员宋明丽说。

宋明丽口中的“信”是武汉市江汉方舱医院48号舱的患者联名或以个人名义为她以及其他支援湖北的医护人员写下的感谢信。

宋明丽是贵州省安龙县人民医院的一名护士长，2005年8月参加工作。这是她第一次收到患者的感谢信，接过感谢信时，她不断地给他们说“谢谢”，以此来表达感激和开心。

“我一共收到了4封感谢信，有的是患者联名写的，也有的是患者以个人的名义写的。”在宋明丽看来，这些是最好的礼物，“读完后有些忍不住想哭，但害怕眼泪弄花了护目镜，又不敢哭”。

熊先生是写感谢信的提议者和执笔人之一。“她们这些逆行者给了我们战胜‘疫魔’的坚定信心，没有她们的精心呵护，我们也不会健康出院。”他说，等疫情结束，我要一个一个地去拜访那些曾给过我们帮助和希望的人。

动笔之前，熊先生先给宋明丽和其他医护人员发了微信消息，核实姓名等信息。“他很有心，怕把我们的名字写错了。”宋明丽说。

宋明丽所在的江汉方舱医院是床位数最多、累计收治患者人数最多、累计出院患者最多的一家方舱医院。3月9日，运行34天后，江汉方舱医院宣布休舱。当天晚上，宋明丽和部分队友来到这里，在门口拍了些照片留念。

“穿上防护服就像打仗一样，不停地穿梭在病房。”宋明丽说，为了少出汗，她和队友们上班前都不敢喝水，即使渴了，也只能等下班回酒店后再喝，“我们早上7点出门，下午一般3点半能到酒店”。

2020 年 3 月 9 日，江汉方舱医院休舱后，宋明丽（后排右二）和队友在医院门口合影留念。（新华社发）

有
的你

上班期间，除了日常护理，宋明丽还会抽时间在便签上写上鼓励的话，送给患者。根据患者的特点，便签上的具体内容也有所不同。“他们很开心，出院的时候都带走了，有几个甚至还装在了手机壳里面。”宋明丽笑着说。

记者在熊先生发来的便签照片上看见，宋明丽还在每张便签上画了一个笑脸。熊先生说：“她真的是将爱在传递。”

目前，宋明丽和队友们正在酒店休整。宋明丽告诉记者，虽然暂时没有接到新的任务，但她每天都会坚持早起，给自己安排了健身和学习计划。目前，她正在学习第七版新冠肺炎诊疗方案。

2008 年汶川地震时，刚参加工作不满 3 年的宋明丽也曾想要去到一线，但未能成行，这让她觉得有些遗憾。

这次，她主动请战前往武汉支援。在她发给安龙县人民医院护理部主任孔德芳的请战短信中，她说：“武汉当地的医护人员肯定不够，如果需要从我们这里抽调人员，请第一个抽我去。”

2 月 4 日凌晨 2 点，宋明丽接到了安龙县人民医院办公室主任赵荟的电话，问她是否愿意到武汉支援。“我告诉她我早就想好了，我一定要去。”当天晚上，宋明丽和其他贵州省第二批支援湖北医疗队的队员一起，乘飞机抵达武汉。

“我做的事情其实微不足道，作为一名党员和医护人员，这是我应尽的责任。”宋明丽说，支援武汉应该是她职业生涯最难忘的一次。“这次也算是弥补了一些遗憾，希望我们的国家国泰民安，繁荣富强。”

（新华社贵阳 2020 年 3 月 14 日电　新华社记者郑明鸿）

叶勇：从“非典”到“新冠”，时刻挺在一线的中医急诊人

嘀嘀，嘀嘀，这是ICU病房抢救设备传出的报警声。

但在叶勇听来，这也是医生与新冠病毒竞速的“枪声”。

2月19日深夜，叶勇从昆明赶赴武汉。有着32年急危重症治疗经验的他，被紧急抽调为国家卫健委重症中医专家组成员。在这场没有硝烟的战场，叶勇用实践证明，中医不仅能治疗轻症患者，还能在生死线上，与西医携手，挽救众多危重症患者生命。

救活命悬一线的重症者是我的使命

从3月初开始，叶勇发现，自己巡查的武汉多家定点医院重症监护室ICU科室，竟陆续有了空床。而在他刚到武汉时，这种现象想都不敢想。

叶勇是云南省中医医院急诊科主任，甫抵武汉，他与11位我国顶尖中医专家迅速集结，组成了一支中西医结合的重症专家“国家队”，奔赴多家定点医院巡诊，指导救治。

“我是一名党员、一名中医急诊人，到武汉，就是要用中医中药，帮助更多人。”叶勇说。

专家组任务明确，围绕救治新冠肺炎重症、危重症患者，对武汉的定点收治医院巡诊和指导救治，以降低危重患者死亡率。

2月，正是疫情最吃劲的时期。当看到危重症患者离世，甚至用“人工肺”

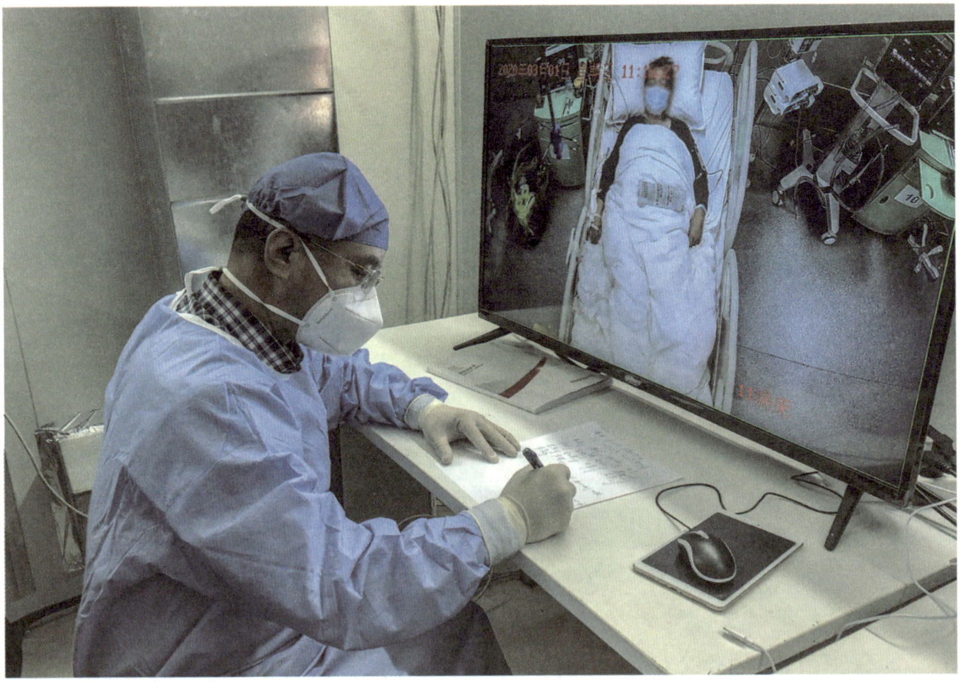

★ 叶勇在雷神山医院 ICU 巡诊危重患者时开中药方（2020 年 3 月 1 日摄）。（新华社发）

（ECMO）都难以救活，刚投入战斗的叶勇心情很沉重。“当时，所有定点医院的 ICU 都满员，需要转送的危重症患者，附着长长的名单。”

叶勇知道，救活名单上的人，是使命，更是责任。每天，他和专家团队转战不同医院，经手的病患超千人。

“时刻要关注各种监护仪、化验单上冰冷的数字，还有肉眼看不到的新冠病毒弥漫在空气中，说不怕是假的。”叶勇坦言。

担心过，又何曾退却过。叶勇所在的重症中医专家组，12 人全是共产党员，年龄都在 50 岁以上。“与死神抢人，帮患者跑赢时间，是我们急诊医生的责任。”叶勇话语铮铮。

不到一个月的时间，武汉重症患者的情况发生了根本性转变。一切都在向好：重症转轻症，轻症陆续出院，ICU 不断有床位空出来……

中西医携手抗“疫”优势尽显

“我们中国人是幸运的，有中医、西医两套医学守护生命。”叶勇说。

在他看来，这次疫情，让中西医协同治疗发挥出巨大优势，轻症患者症状很快得到改善，重症患者能够转危为安。

对于中医药救治危重病患发挥的作用，叶勇举了个例子——危重症患者大多手足厥冷；很多重症者最短三天、最长十几天没有大便，这使得肺功能恢复更加困难。

“大便不通，会破坏肠道屏障功能，肠内毒素易位，会加重病情，使治疗更困难，一定要想办法，让昏迷的患者排出大便。”叶勇说。

用上中药后，昏迷中的危重症患者都在 12 小时左右排出了大便。大便一通，患者腹压变小，膈肌下降，呼吸功能会得到改善。同时，专家组辨证施治，配合现代中药制剂，使病人的循环、呼吸很快改善，手脚渐渐暖和起来。

在这次疫情中，中西医携手显示出的威力，让叶勇很感慨。他特别赞同北京中医医院院长刘清泉所言——中西医是在打配合，新冠肺炎没有特效药，不等于没有有效治疗方案。重症和危重症患者在用中药的同时，配合西医的高流量吸氧、气管插管等治疗措施可提高临床救治效果，而当病情进入平稳期，中药继续介入，能显著改善病情、增强免疫力。

看着一名名重症患者转安，叶勇充满成就感。在查房时，他最开心的事，就是满足患者的心愿。3 月 2 日，叶勇来到湖北省人民医院东院区。一位曾经的重症患者提出想与专家组合影的请求，

视频再现

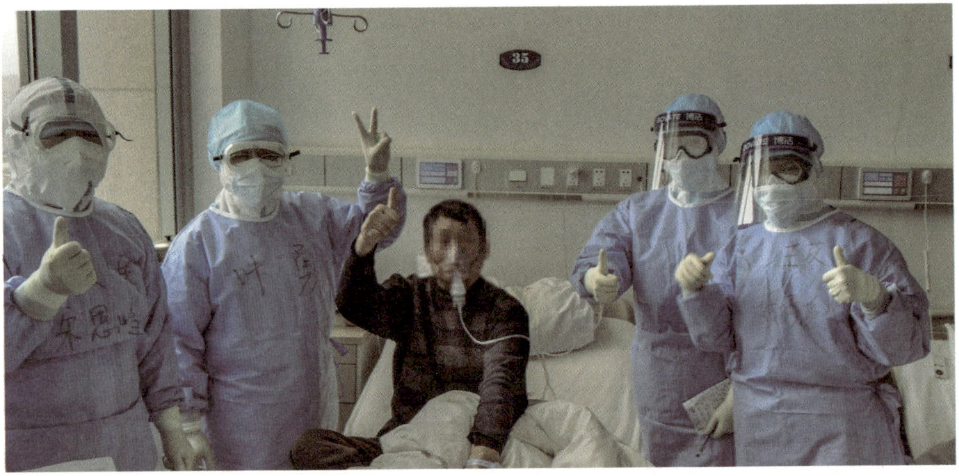

★ 叶勇（左二）与湖北省人民医院（东院）15 病区经中西医结合治疗抢救过来的患者在一起合影（2020 年 3 月 3 日摄）。（新华社发）

恢复期的他在床上挺直了腰，高高地竖起了大拇指。

继续肩扛中西医结合大旗

作为一名中医人，55 岁的叶勇参加过很多传染性疾病防控，SARS、H1N1、H7N9、甲流，包括 2019 年云南省登革热、基孔肯雅热等应急救治工作。

2003 年，抗击"非典"时，叶勇就是云南省"非典"应急医疗队的一员。17 年后，新冠肺炎疫情暴发，叶勇又在第一时间提交"请战书"，申请到湖北一线。

在他的带动下，云南省中医医院急诊科医护人员积极申请支援湖北。最终，急诊科派出了 2 名医生；而叶勇本人，也被抽调为"国家队"一员。

去武汉前，叶勇身兼数职，除了要在医院一线接诊，培训全院医护，他还在云南省卫健委、省中医药管理局、省中医医院的新冠肺炎防控专家组任职，奔波在疫情较重的西双版纳、玉溪等地。

叶勇说，有的轻症患者对中医不了解，一开始不愿吃中药，可等他们服用后，胸闷、呼吸困难等症状消除，几天后甚至病愈出院，这让他们看到了中医药的神奇，也让他们开始信任中医。

“现在还躺在ICU内的，多是2月发病，有基础性疾病、年龄较大的患者，但他们很多人已从危重型转到重症康复期。”叶勇很欣慰。

正是32年一线治疗急危重症的实践，让叶勇愈发体会到中西医结合在抢救患者生命上所起到的积极作用，“中医药救治急危重症，自古有之，如今中西医携手，更是如虎添翼。”

叶勇说，中医急诊人就是中医队伍的先锋队，“疫情面前，首战有我，战之必胜。我相信，春暖花开时，我们必将凯旋！”

（新华社昆明2020年3月15日电　新华社记者岳冉冉）

2020 年 2 月 9 日，在内蒙古呼和浩特市新城区迎新路街道如意住宅小区解除全封闭后，“如意小区疫情防控临时党支部”部分成员在小区内合影。（新华社记者　连振　摄）

三 他们，用担当书写初心答卷

铁肩筑防线　真情护万家

——基层干部书写抗“疫”的担当答卷

疫情如火，人民群众的生命健康重如泰山。

在城市的大街小巷，在广袤的乡村大地，在生产保供的第一线，有这样一群人，舍小家、为大家，用铁肩筑牢防线，守护万家平安。

他们，就是在疫情防控阻击战中奋勇担当的基层干部。

他们，坚守在城市的大街小巷

面对疫情，刘娟不改乐观——

“知道我为什么戴红帽子吗？因为它代表胜利。”

刘娟是武汉市江岸区新村街道为群社区副主任。为群社区是一个已进行拆迁登记的老旧社区，常住人口8000多，80岁以上老人400多，社区工作人员只有12人。

刘娟做完输卵管囊肿切除手术，刚刚出院不久。她说，面对疫情，拼了命也要顶上去。形势最严峻的那几天，刘娟已做好最坏的打算：现金和存折以及在农村父母的赡养都向丈夫作了交代。可丈夫放心不下她，也跑到社区做起了志愿者。

在社区这个战场上，基层干部加班加点、严防死守，许多人的眼里布满血丝。

从大年初三开始，武汉市洪山区司法局办公室主任科员杨端华的工作地点，就转移到了珞南街广八路社区，每天背着20斤重的消毒喷壶，对居民楼单元逐层打药消杀。

每个单元有 7 层，100 多级台阶，穿着防护服的杨端华为了少上厕所，水都不敢多喝。“特殊时期，我不上谁上？”杨端华说。

同样的战“疫”，也在各地打响。

九成以上是外来人口，返岗、返工、返校潮陆续来临……深圳，面临着严峻的防控形势。

春节以来，深圳组织党员干部、社区志愿者等，深入全市 700 多个社区、4800 多个花园小区、1800 多个城中村，全力投入疫情防控。

在南山区，粤海街道大冲社区的疫情防控小组成员放弃假期，把防控的各项举措宣传到家家户户；在宝安区，新安街道海乐社区居民陈女士刚从湖北回来，在家中隔离的她收到社区的暖心问候：“您在家不是隔离，而是战斗。”

既当“卫士”，又当“管家”。

上海市真如镇街道真光新村第七居民区，常住人口约 4300 人，其中外来人口 700 多。随着居民返沪并居家隔离，生活必需品的代购需求越来越大。

★ 在深圳大鹏新区坝光防疫检查点，大鹏公安分局机训大队两名党员干警在执勤中（2020 年 2 月 7 日摄）。（新华社发）

这并没有难倒党支部书记龚顺美。通过一位经营蔬菜生意的居民，龚顺美把新鲜蔬菜“送”到线上。居民们线上购买，不仅菜价不贵，还能享受免费送到小区门口的服务，既解决了居民生活的大问题，又把疫情阻断在了“家门口”。

他们，守护着广袤的乡村大地

农村是疫情防控的重要阵地。广大基层干部正以富有特色、符合实际的工作方式，守护着广袤的乡村大地。

★ 在广西柳州市融水苗族自治县杆洞乡党鸠村乌英苗寨，驻村第一书记韦桂华（中）和扶贫工作队员黄鼎业（左）、陈令贤背起消毒药桶，准备给苗寨消毒（2020 年 2 月 5 日摄）。为了打赢农村地区疫情防控阻击战，广西柳州市 2400 多名驻村第一书记和扶贫工作队员于 1 月 31 日返回工作岗位，迅速部署疫情防控工作，积极组织村干部、党员和广大群众，通过打电话、发微信、广播、发放宣传资料、悬挂警示标语等方式，进行排查、宣传、管控、防治等工作。（新华社记者　黄孝邦　摄）

60多岁的湖北省大冶市金牛镇金畈村党支部书记骆传发担任村干部多年。如今，村里出现几个确诊病例，做好密切接触者隔离观察是他的重要任务。

骆传发说，农村基层干部做的是乡里乡亲的工作，“隔离病毒，但不能把亲情隔离了。”每次去居家隔离的村民家，老骆都要和他们聊一聊家常，消除他们的孤单感。骆传发的手机里，还存着2月3日发给居家隔离村民的一条短信：没有什么紧张可怕的，要相信党和政府，相信科学，我们一起加油！

在湖北省黄石市阳新县白沙镇汪武颈村，来自黄石市机关事务管理局的驻村扶贫工作队队员正在路口值守。

汪武颈村是县里的重点扶贫村，虽然已脱贫摘帽，但脱贫不脱政策。工作队队长龚世明说，脱贫是一场攻坚战，他和同事在这里已有两三年了。

阳新县有7.2万人从武汉回家过年。疫情袭来，吹响了县里382支四级扶贫工作队、上千名扶贫干部返村战“疫”集结号。龚世明放弃家庭团聚，毫不犹豫地回到村里。村党支部书记黄朝寅说，扶贫队员带来了口罩、酒精等物资，这个当口，很是需要。

龚世明说，乡亲们看到他们吃住都在村里，就送来了新鲜蔬菜和鸡蛋，虽然工作挺辛苦，但心里暖暖的。

最近，河南省辉县市大占城村党支部书记李德平通过大喇叭喊话村民、提醒做好防控的视频，被许多人转载、点赞。

“我不想当网红，我也不知道啥是网红，我只想对我管理的这3000多口人负责。”李德平说。

担当，收获的是乡亲们发自内心的认可——

“他们可能没有警服、救援服、隔离衣，只有一只最普通的口罩；他们可能没有执法证、资格证，只有一张张村民都熟悉的面孔；他们可能没有做出惊天动地的伟业，只是为了守护好我们的村庄。”一段来自湖北省咸丰县唐崖镇村民微信群的话，在许多乡村干部的手机中传递。

他们，奋斗在生产保供的一线

能源电力、生产供应、交通运输……抗“疫”之际，基层干部奋战在生

★ 2020 年 2 月 8 日，在浙江优全护理用品科技股份有限公司防护服原材料生产车间，新入党党员在老党员的带领下进行集体宣誓。从新冠肺炎疫情发生以来，浙江省湖州市长兴县 3 万余名党员干部坚守在防控及生产一线。党员的先锋模范作用鼓舞了一线的干部职工，在此期间，长兴县疫情防控一线的工作人员共递交 329 份入党申请书。（新华社记者　徐昱　摄）

产保供一线。

"流水的队伍，铁打的老王。"

这个"老王"，是国网武汉市蔡甸区供电公司安监部主任王波。在武汉火神山医院施工现场，为在最短时间内完成送电任务，十几支队伍轮番上阵，而王波始终坚守在工地。于是，这句话不胫而走。

施工中，王波紧盯每一个作业环节。工人的安全得到保障，他却差点"挂了彩"。

那是 1 月 26 日晚，由于现场泥泞，王波不慎滑入泥浆坑，泥水瞬间灌进衣服，王波的腿冻得麻木。同事劝他回家清洗，王波却说："现在争分夺秒抢进度，不在现场我不放心。"

"疫情不退，我们不撤。"电话里，当家人问他什么时候回家时，王波这样回答。

在武汉这座英雄的城市，英雄的人民众志成城。

后方 80 米是集中收治重症患者的金银潭医院，右方 100 米是武汉客厅方舱医院——这段时间，武汉宏图大道加油站经理马婷听到了太多刺耳又揪心的救护车鸣笛声。

马婷带领全体加油站员工坚守岗位，全力保障周边医院和救护车的油品配送。"医生在为生命加油，我们也要为他们加油啊！"马婷语气坚定。

有战斗，就会有牺牲。

从大年初一起，47 岁的齐鲁交通发展集团有限公司淄博分公司收费管理部部长于正洲，就每天都奔波于 13 个高速公路收费站疫情监测点，指导着工作人员做好防控工作：拦下每一辆车、敲开车窗、测量体温……

于正洲每天天不亮就出发，等检查完回家已是深夜。同事回忆，于正洲有时深夜还在工作群里转发防疫要求。

正月初六上午，因过度劳累引发心源性猝死，于正洲倒在了一线，用生命诠释了一名基层干部的担当。

疾风知劲草，烈火见真金。

当前，疫情防控工作到了最吃劲的关键阶段。神州大地上，无数基层干部不畏艰险、冲锋在前，守护万家灯火，书写下抗"疫"的担当答卷。

（新华社北京2020年2月19日电　新华社记者王琦、曹典、孙少龙、廖君、徐海波）

奋战在首都社区防控的第一线

——记坚守岗位的北京基层党员干部

社区和乡村，是疫情防控的重要防线。

新型冠状病毒感染的肺炎疫情来袭，17 年前曾经历“非典”之痛的首都北京，从社区到乡镇，广大基层党员干部坚定站在疫情防控第一线，度过了一个极其不一样的春节假期……

疫情就是命令，基层党员干部迅速投入战斗

2 月 1 日晚 7 点多，北京市西城区大栅栏街道办事处办公楼内灯火通明，街道工委书记李婕在食堂扒拉几口面条后又回到会议室参加区里的视频会。

大栅栏街道离天安门广场仅一步之遥，是连片的胡同平房区，2.3 万常住人口中外来人员几乎占了一半，居民构成复杂。从除夕开始，李婕和街道、社区 100 多名干部一道走家串户，完成近万户家庭排查全覆盖。除了中间回家几次，李婕和不少街道干部一样，基本上吃住都在单位。

李婕的工作状态，是迎战疫情以来北京无数基层党员干部的一个缩影。

1 月 20 日，腊月二十六，北京宣布确诊 2 例病例，空气陡然凝重。

凡事预则立。北京市疫情防控工作领导小组专门设立社区防控组，明确社区防控的重点在基层一线，必须重心下移、力量下沉。

北京市委组织部副部长张革表示，社区防控组的主要职责之一就是发挥基层党组织战斗堡垒和广大党员先锋模范作用，广泛动员群众、组织群众，全面落实联防联控措施，构筑群防群治的严密防线。

★ 2020年4月1日，北京市东高地街道党员志愿者余小欢（中）在社区内了解老年居民的生活需求。北京市丰台区东高地街道辖区内以老旧社区为主，2万多名社区群众中老年人比例超过30%。新冠肺炎疫情发生以来，辖区实施了联片集中封闭管理。为解决封闭管理后老年人家庭和社区居家隔离居民的买菜、买药、收递快递等问题，街道组织社区党员成立了抗击疫情党员志愿者服务队，提供24小时服务。从1月25日逐步开始实施封闭管理后，党员志愿者服务队为居民提供各类服务450多次。（新华社记者　李欣　摄）

除了加强机场、火车站等进京“关口”的防范，防止疫情在社区扩散，成为首都疫情防控的重中之重。

——在海淀区，街镇领导班子成员带队，2606名街镇干部全部下沉一线，实行社区、村干部包片，逐户进行地毯式摸排，实现社区（村）全覆盖。

——在朝阳区，在落地排查工作基础上，6148名区级部门及街乡干部下沉社区（村），与6785名社区（村）干部一起，采取上门、电话、短信、告示张贴等方式进行疫情摸排，截至2月2日24时，全区入户走访155万户。

——在东城区，截至1月28日，从全区36家区直部门和17个街道抽调1755名干部分配到街道，参与摸排管控工作。

……

★ 2020 年 2 月 18 日，赵庆云在村子的街巷间喷洒消毒水。新冠肺炎防疫工作开展至今，北京市大兴区青云店镇西大屯村 74 岁的老党员赵庆云，已经义务为村内消毒半个多月了。大年初五，拥有 47 年党龄的赵庆云找到村党支部书记要求参加村内防疫工作，态度坚决。党支部书记拧不过他，便安排赵庆云负责村内消毒的工作。（新华社记者　彭子洋　摄）

党员亮身份，党旗在社区防控第一线飘扬

"媳妇冲在了一线，我冲在了二线，我们一起战斗！"1 月 27 日，京郊延庆区延庆镇农业服务中心副主任兼谷家营村党支部书记陈燚的一条朋友圈消息，牵动了大家的心。

陈燚的爱人是北京积水潭医院的一名护士，面对疫情，她主动请缨，随时准备赴武汉驰援。而陈燚则带着村"两委"干部、党员、村民代表 50 余人奋战在基层防控一线，仅用 1 天就完成了谷家营村 1453 人的排查工作，并且每天进行动态巡察。

一名党员就是一面旗帜，一个支部就是一座堡垒。

连日来，北京市乡镇街道、村社区党员干部坚定站在疫情防控第一线，

当好群众的贴心人和主心骨，党旗在防控疫情的第一线高高飘扬。

——海淀区北京语言大学社区有居民1100户。有着20多年社区工作经验的东升派出所民警兼社区党支部副书记丁涛比往年更加忙碌：1月28日起，北语社区采取封闭管理措施，每天早晨8点到10点，丁涛都会和社区工作人员在大门口值守。

——在朝阳区，城管执法监察局7个党支部快速行动，将人员分为13个工作组，与劲松街道各社区对接，通过电话沟通、入户走访等方式，对地区5万余户居民、1600余家非公单位进行摸排，督促超市等重点区域消毒。

疫情形势严峻，党员干部胸前那一枚枚党章，成为稳定人心的一抹亮色。

视频再现

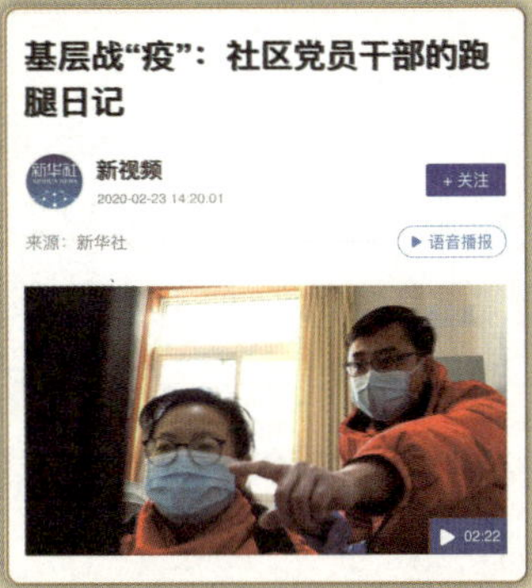

党旗凝聚力量，筑起守望相助的“铜墙铁壁”

“我是小巷管家，更是一名共产党员，在防控疫情的关键时刻，我应该做点力所能及的事情。”连日来，70岁的老党员、北京市东城区龙潭街道左安浦园社区小巷管家郭平戌在每天完成管辖街巷3次巡查工作外，还积极配合居委会走访辖区企业和门店，宣传防护知识。

连日来，无论是乡村、街道还是企业，北京市基层党组织和广大党员发挥战斗堡垒和先锋模范作用，全面落实联防联控措施……

——2月1日，记者来到北京市顺义区后沙峪镇铁匠营村，这里毗邻首都国际机场和空港经济区，流动人口11000多人，疫情防控压力巨大。村党支部书记王学文说，从大年初四起，村里由党员带头组成突击队，24小时严守进村道路。

——针对地区内居民楼、写字楼众多的特点，北京市朝阳区三里屯街道实施“大门守得住、楼门看得住、家门管得住”的“三门”工作法，还依托三里屯物业联盟微信群，整合26家住宅物业、27家商业物业组成“物业服务企业防疫专班”。

——北京春雨天下软件有限公司党支部通过“春雨医生”App，征集15000多名呼吸科、感染科、心理科医生24小时义诊，截至2月3日9时累计解答近60万次咨询，构筑起一道无形防线……

36岁的退伍防化兵、西城区大栅栏街道铁树社区党员宗成明，加入社区防控队伍，指导居民如何开展居家防护；南来顺饭庄党支部书记常宏，积极为周边3个社区加班的工作人员免费送餐……党员做示范，带着群众干，社区构筑起四方联防联控、邻里守望相助的“铜墙铁壁”。

截至2月3日24时，北京市累计确诊病例228例。随着节后人流错峰返京，疫情防控工作进入关键阶段。

“北京作为首都，开年后一系列重点工作、重大活动将陆续开启，各项工作更是容不得丝毫懈怠，出不得半点闪失。”中共北京市委、北京市人民政府2月3日发表《致全市人民的一封信》，要求各区各部门各单位压紧压实“四方责任”，充分发挥党建引领“吹哨报到”“接诉即办”机制作用，牢牢抓住社区防控这个关键环节，确保各项防控措施落实无死角……

（新华社北京2020年2月5日电　新华社记者李斌、涂铭、鲁畅，参与记者郃思聪、吴文诩）

请战！我是共产党员

——湖南广大党员投身疫情防控速写

“……我这个年龄没有任何的后顾之忧，我是不二人选，请院党委给我这个老党员、老同志一个机会吧，不计待遇，不计生死！！”

春节前夕，得知湖南省卫健委正组建医疗队支援前线，57 岁的邓立普郑重向南华大学附属南华医院党委请战，并提出五条理由，首条：我是一名老党员。

老邓没想到的是，作为衡阳市三家市级定点救治医院之一，南华医院本身救治任务繁重，这次不参与对外支援。

本医院的前线也是前线！他再度请缨，从重症医学科转战收治多名疑似病例的感染科，坚守至今。

邓立普是湖南防控疫情各条战线中广大党员发挥先锋模范作用的一个缩影。

记者从湖南各地搜集到多封医护人员、公安民警等一线工作人员的“请战书”，其中最主要的理由就是：我是共产党员。

截至 27 日 24 时，湖南省累计报告新型冠状病毒感染的肺炎确诊病例 143 例，重症病例 31 例。面对疫情蔓延的严重形势，湖南各级党组织和党员干部充分发挥战斗堡垒作用和先锋模范作用，让党旗在防控疫情斗争第一线高高飘扬。

25 日，湖南省委组织部发出《关于在新型冠状病毒感染的肺炎疫情防控中充分发挥基层党组织战斗堡垒作用和共产党员先锋模范作用的通知》，要求广大党员干部做到“六个带头”，带头站在防控斗争第一线，带头发扬无

★ 李伟的 9 岁女儿朱孟朵将自己的零食分享给志愿者（2020 年 2 月 27 日摄）。新冠肺炎疫情发生后，李伟居住的长沙市望城区新雅黄金苑小区防疫工作人手紧缺，她主动报名并带动多名小区居民成为志愿者，共同为小区筑起一道"安全防疫门"。"我是党员，也是很多孩子的'妈妈'，希望能给孩子们树立榜样，多去帮助别人。"李伟说。（新华社记者 陈泽国 摄）

私无畏精神，带头做好群众思想工作，带头落实防控措施，带头顾全大局，带头坚守岗位。

湖南各级党组织纷纷响应，广大党员更是积极参与疫情防控工作。连日来，常德市鼎城区草坪镇广大党员干部取消休假，广泛开展疫情常识宣讲，逐村逐户摸排。通过耐心细致工作，多个原定在正月举行的酒席被取消，外地返乡人员情况得到有效掌握。

"党员就是要到困难最多的地方去，到群众最需要的地方去。"草坪镇党委书记杨国军说。

广大党员用实际行动赢得了群众信任和追随。"我们跟着共产党员上抗"疫"前线，要像共产党员一样去战斗！"27 日，中南大学湘雅医院多名重症护理专家前往武汉支援疫情防控工作。临行前，4 名非党员递交了入党申请书。

在阻击疫情前线，一个个临时党组织进一步凝聚党员力量，激励他们在工作中践行初心和使命。

“我承诺：严阵以待，备战有我！担当作为，冲锋有我！休戚与共，胜利有我！”23 日，在临时设置的医学观察病房，湖南中医药大学第一附属医院抗击新型冠状病毒感染肺炎临时党支部正式成立，党员们举起右手，做出庄严承诺。

湖南省委组织部有关负责人表示，要把党的政治优势、组织优势和群众工作优势转化为防治斗争优势，统筹调动整合本地本单位各方面力量和资源，共同做好防疫排查、监测整治以及群众帮扶等工作，做到哪里任务险重，哪里就有党组织的工作；哪里有困难，哪里就有党员站在第一线。

（新华社长沙 2020 年 1 月 28 日电　新华社记者谭畅）

战“疫魔”

——天津一线党员抗击疫情速记

在防控新冠肺炎疫情的第一线，各级党组织和广大党员，面戴口罩，胸配党徽，抱着人民利益高于一切的信念，横下一条心，战“疫魔”，让党旗在防控疫情的一线高高飘扬，留下了一个个感人的故事。

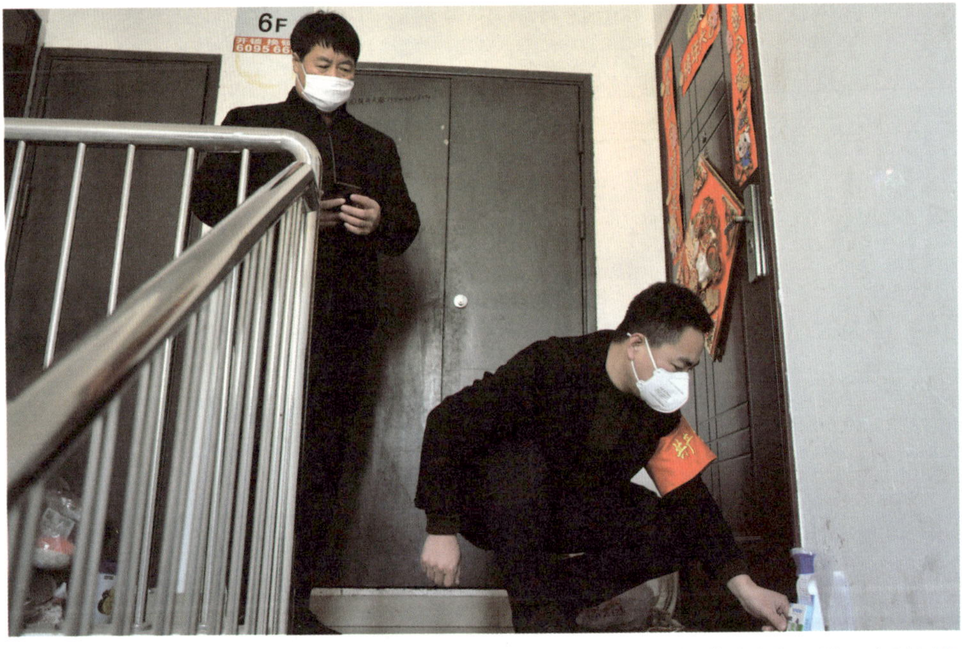

★ 2020 年 1 月 31 日，张家窝镇翠景园社区临时党支部书记胡静（右）和社区主任赵金顺一起为居家隔离户送去代买的体温计和消毒液。日前，天津市西青区张家窝镇在镇上的疫情防控关键区域，成立了第一批 23 个临时党支部，由党支部书记统一管理协调区域内的网格员、志愿者等防控力量，开展居民信息摸排、体温检测、帮居家隔离户代买所需用品等工作。（新华社记者　李然　摄）

“疫情就是命令，党员就要冲到前面”

大年二十九，39岁的董晓春在一份防控疫情请愿书上摁下手印，这份庄严让他想到2008年汶川火线入党的时刻，“疫情就是命令，党员就要冲到前面”。

董晓春是天津市疾病预防控制中心传染病科副主任医师。在这场战斗中，他和同事们的任务是“最火速地到最重的病人身边，取最多份的病毒样本”。抢时间，不能等，连续两三天不休息成为工作常态，他们累了就在桌子上趴一会儿。在天津市疾控中心，像他这样的党员有185人。

一场影响全国的疫情，冲淡了节日喜气洋洋的气氛。但各级党组织和广大党员迈前一步，冲到了防控疫情的第一线。

今年66岁的天津市胸科医院胸外科退休老党员王扩建，曾在2003年抗击“非典”时战斗在“红区”一线。面对此次疫情，他再次请缨。这是医院的党员，“不计报酬，无畏生死”。

大年三十，华润天津医药有限公司物流副总监孙茜和十几位同事，用3个小时搬空位于防控疫情定点医院附近药房，留给医院应对突发情况。这是企业的党员，舍小利为大义。

“你不要以为你上人家去，人家就很欢迎你，你别太自信了。”春节期间，天津市蓟州区东头百户村党支部书记王志春用大喇叭呼吁村民注意防控疫情。这是村里的党员，“直白、乐观”，瞬间上了热搜。

……

“哪里需要我，我就去哪里”

为了战胜疫情，天津市全面进入战时状态、落实战时机制，以病区为单位建立500个战斗方阵，组建500个医护战斗小队，实行军事化管理，召之必来，来之必战，战之必胜。在坚守阵地同时，天津持续不断地驰援疫情重灾区武汉。

大年初四，刚到武汉的天津市第一中心医院主任医师李寅和几位女同事一起，把乌黑靓丽的秀发剪短，“方便穿防护帽子”。

临行前，作为一名母亲，李寅对几个月后便要高考的儿子说：“不知道去多久，能不能平安回来。希望你在家好好学习，争取考个好学校。”作为一名党员，这位曾经抗击"非典"的老将对组织说："哪里需要我，我就去哪里。"

李寅是大年初二第一批支援湖北医疗队208人中的一员，如今已经在湖北抗击疫情的第一线忙碌起来。

2天后的大年初四，第二批支援武汉医务人员的包机起飞。这架飞机上，从飞行员到乘务长全是党员。"我不是医生，到不了一线，但作为一名民航人，我会用我的方式为这场疫情防控战倾尽自己所能，为这些最美逆行者保驾护航！"执行此次航班的机长李玉忠说。

同乘这架飞机的天津市胸科医院医生齐玉娟是"抢"到一个上机名额的。听说要支援湖北的时候，这家医院所有的医护人员报名了，最终有9名医生登上这架飞机。"我只是做了一名党员应该做的事情。"齐玉娟说。

"我们众志成城，一定能战胜疫情"

在疫情一线，党员不仅为社会散发奉献的热量，更在凝聚科学的灯光，照亮疫情战场。

32岁的党员宫艳萍是天津华大基因科技有限公司的一名技术人员，负责新型冠状病毒检测试剂盒的方案设计、规划，全程参与试剂盒的研制。这款试剂盒目前成为国内首批获准上市的抗击疫情检测产品，可以3小时检测结果。

"与'非典'时期相比，我国在科技水平、医疗水平方面有了长足的发展，我相信我们众志成城，一定能战胜疫情。"宫艳萍说。

更多的医务工作者，用他们的专业水准、科学态度，治愈患者，稳定社会情绪。"疾病出现以后，我们需要用科学的眼光和科学的方法来对待，并通过我们的工作，帮助大家积极应对。"飞赴武汉的天津市胸科医院呼吸与危重症医学科医生李毅说。

天津市科协把基层5000多个党群服务中心变成传播防控疫情知识的主阵地。"在最基层的阵地，传播最权威的声音，消除恐慌情绪，让群众用科学理性的态度看待这场疫情。"天津市科协党组成员、副主席夏秋雨说。

（新华社天津2020年1月29日电　新华社记者王井怀、刘惟真、尹思源、张建新、周润建、李亭、王晖）

冲锋在战“疫”第一线

——安徽各级党员干部抗击疫情扫描

不计报酬、无论生死，近千名医护人员请战抗击病毒；在车站防疫工作最前沿，53 名党员请缨参与防疫突击队；组织“冠状病毒战狼团”微信群……

危难时刻显本色！在新型冠状病毒感染的肺炎疫情防控的关键时刻，安徽省各级党组织和广大党员干部不畏艰险、冲锋在前，与人民群众并肩作战，合力织牢疫情“联防防控网”，确保群众生命安全和身体健康，让党旗在防控疫情第一线高高飘扬。

勇担使命：留下“最美逆行者”的身影

受疫情影响，春节期间来安徽医科大学一附院呼吸科看病的患者明显增多。头戴防护帽、身穿防护服、手戴防护手套，眼镜片不时被雾气模糊，1 月 28 日，该院医生费黎明上午在门诊坐诊，下午到医院两个病区查房，还要准备次日 24 小时的发热门诊值班。

从除夕早晨 8 点开始在发热门诊 24 小时值班，大年初一下午又在呼吸科门诊接诊患者 62 名……今年春节，费黎明在战“疫”第一线度过。

疫情防控战打响后，安徽医科大学一附院近千名医务人员主动请战，费黎明就是其中之一。“作为一名党员，国家和人民赋予的责任，我不承担谁承担！”费黎明说，抗击疫情是当前压倒一切的任务，他们一定会决战到底。

像费黎明一样的党员干部，留下“最美逆行者”的身影，扛起了鲜艳的党旗，飘扬在战“疫”第一线。

1月27日傍晚，由50名重症室护士、135名医务人员、2名领队紧急组建的医疗队驰援武汉。这些医护人员来自安徽省内15家省直医疗机构及16个市三级综合医院。来自安徽医科大学二附院的“85后”主管护师闫君丽是其中一员。

“现在是疫情防控的关键时刻，作为一名党员，我就要起到带头作用。”有着8年重症护理经验的闫君丽说，她已经做好了准备，将全力守护患者的健康和安全。

一马当先：筑起一道道“防火墙”

在防疫物资生产公司的厂区内，在火车站进站口的测温点，在巡查辖区有无来自重点疫区车辆的路上，各行各业的党员干部均一马当先，筑起一道道阻击疫情的“防火墙”。

“因为疫情，春节期间反而比平常更忙了。”1月28日下午，厂区大院内，正在清点捐赠物资的合肥高贝斯医疗卫生用品有限公司党支部书记王军说，当他接到政府防疫部门要求参加初二上午紧急会议的电话，初一当晚就连夜驾车从潜山市赶回合肥。

这家生产防护服、手术衣等医疗卫生用品的公司，原计划到正月初八开工，考虑到防疫物资保障需求，提前5天开工生产，6名党员、1名预备党员已全部返回工作岗位。

哪里任务险重，哪里就有党组织坚强有力的工作，哪里就有党员当先锋作表率。

合肥站进站口的测温点是车站防疫工作的最前沿。“我是合肥站客运车间党员吴家福。我自愿加入防疫工作，保证铁路运输秩序和旅客人身安全。病毒不可怕！我们齐心协力战胜它！加油！”1月25日早上，合肥站客运车间全体53名一线党员和117名普通职工在微信群里写下请战书。

防疫工作开始后，吴家福第一时间主动请缨参与防疫突击队。他所在的班组每天要检测近万名旅客的体温，还要随时应对可能出现的异常情况。每当听到对讲机里有发现体温不正常旅客时，吴家福总是第一时间出现在现场，控制疑似病人进行隔离，并移交医院。

团结一心：不让疫情在农村蔓延

春节前大批人员返乡探亲，农村或社区战“疫”非常关键。在这片战场上，同样处处闪现着党员干部冲锋在前的身影。

★ 疲惫的高理龙在家里带娃，就用这个姿势睡着了。（图片由高理龙的爱人提供）

“今天是我离汉第13天，体温36.4摄氏度，一切正常。”“我们离胜利越来越近了！”……在阜南县苗集镇，党组织牵头组成了一个干群一心战疫情的“冠状病毒战狼团”微信群，成员包括镇党委书记、镇长、武汉返乡群众和医生、心理疏导志愿者。

“我们不把武汉返乡群众看成隔离对象或病人，而是看成亲人。”苗集镇党委书记于旬说，通过网络延伸党组织的服务，每天发布科学防控知识和最新信息，干群团结一心，共抗疫情！

1月27日晚，一张被称为“最美睡姿”的照片在合肥人的朋友圈刷屏，一位穿着睡衣的男士，低头坐在沙发上，怀里还搂着孩子，他并不是低头在逗孩子玩，而是连日战斗在防控一线实在太累，坐着就睡着了。他是合肥市蜀山区笔架山街道党工委委员高理龙。

大年初一凌晨，高理龙将购买的4200个口罩送到街道后，和街道社区工作人员等开启“战斗”模式，通过上门走访和电话联系，实施网格化、地毯式摸排，实现防控全覆盖。

连日来，广大乡村党员干部率先垂范，用实际行动践行着初心。

（新华社合肥2020年1月29日电　新华社记者姜刚、徐海涛、程士华、张紫赟、汪奥娜、陈诺、王菲、吴慧珺）

同心战“疫” 共筑“守护者联盟”

——浙江抗击疫情一线见闻

这是一场没有硝烟的持久战，疫情就是命令，现场就是战场。

在浙江，5700多万干部群众上下同心、众志成城，为抗击疫情筑起了坚实的“守护者联盟”，誓要把疫情关在笼子里！

逆行，为了希望

“爸爸去‘打仗’了，一定会赢的！”看着儿子在视频里展示写给自己的信，浙江大学医学院附属第一医院呼吸内科副主任医师王杰笑了，他已在疫情防控一线值守了十天。

从发现新型冠状病毒感染的肺炎疑似病例开始，浙江有将近50万卫生健康系统人员毅然逆行，不分昼夜连续奋战在防疫抗病一线。

负压病房、隔离病房、发热门诊……这个春节，多少病房病床满员，多少医生护士与病患们在一起。

穿着厚重的防护服，脸上被口罩勒出了血痕，8小时不吃不喝，这些常人难以忍受的事情，却是一线医务人员的常态。

“最高峰的时候每天有接近300人到发热门诊。”浙江省人民医院感染病科主任潘红英说，“隔离病房里的医护人员非常辛苦，体能消耗是巨大的。”

还有这样一批人，每天与新冠病毒“亲密接触”。作为一名曾参与过抗击“非典”战斗的老防疫人，在杭州市疾控中心工作了36年的孙建荣，正在夜以继日地检验随时送达的病毒样本。

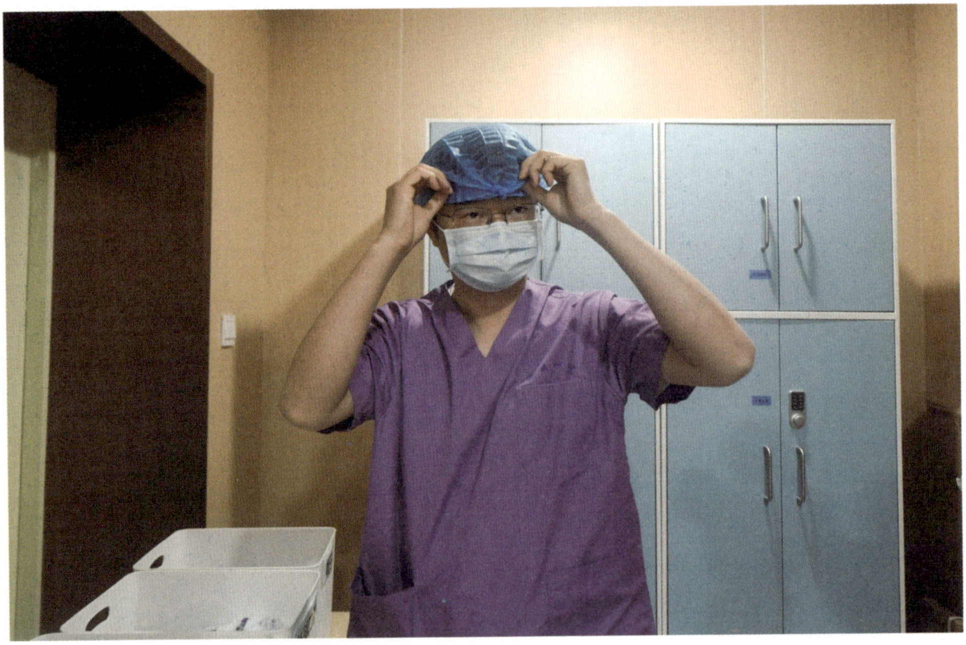

★ 浙江大学医学院附属第一医院呼吸内科副主任医师王杰准备进入清洁区，通过严格的防护后再进入隔离病房（2020 年 1 月 27 日摄）。（新华社记者　黄宗治　摄）

与此同时，1 月 25 日、1 月 28 日，浙江先后派出两批、共 300 多人组成的紧急医疗队，驰援武汉抗击新型冠状病毒感染的肺炎疫情。

让人欣慰的消息也在不断传来。截至 1 月 31 日，浙江已有 11 例治愈病例。

奋起，绝不妥协

疫情发生以来，浙江率先成立省级防控工作领导小组启动全省联防联控机制，率先启动重大突发公共卫生事件一级响应强化疫情防控，推进最严格的全面排查、最果断的隔离观察和保护措施等“十个最”防控举措。

“有了闭环管理机制，我们也就有了底气、信心和能力。”浙江省新型冠状病毒感染的肺炎疫情防控工作领导小组办公室相关负责人说。

疫情防控重在基层，也难在基层。

浙江通过充分运用“大数据 + 网格化 + 跟踪随访”的手段，下沉精准滚动排摸相关人员，落实具体管控措施。

在杭州，一方面运用“城市大脑数字驾驶舱”提升治理效能，另一方面发挥“武林大妈”等志愿服务组织群防群控的作用，“线上＋线下”相结合，织起了一张专群结合的“防控网”。

危急时刻，千千万万党员挺身而出，鲜红的党旗在疫情防控一线高高飘扬。

“每天和数字赛跑、和时间赛跑、和生命赛跑……”在宁波市北仑区，小港街道枫林社区党委书记金胜男在朋友圈记录着她的“抗疫日记”。

这些天，她不仅要每天分两次对辖区20个左右的重点对象进行上门随访，还要负责辖区内148家企业和696户居民的防疫宣传、思想工作。

在德清县新安镇新桥村，原本1月底要退休的老村医陈亩毛是一名党员，他坚持每天上门给重点人员测量体温，并主动到村民家中宣讲防疫知识。

在温岭市城西街道湖畔社区，23名网格员人人在岗，对各自划分片区的群众负责，挨家挨户上门摸排情况，通过“红色代跑”“红色代办”为居家群众提供服务。

守望，等待春天

进货、生产、调货、出单……为了能让更多奋战在一线的人员用上防护口罩，浙江省建德市朝美日化有限公司自春节放假以来，一刻没停、一刻未歇。

工人龚小程本已返回老家，看到不断严峻的疫情和厂里的号召，他为父亲斟上了一盅白酒：“爸，今年过年我不能在家过了。这杯敬您，就当年夜饭了。”随后便匆匆踏上了返工路。

浙江集聚着一批优质医疗器械企业。面对疫情，他们紧急行动起来，召回工人组织生产，并按原有价格将物资源源不断运往全省，运往武汉，运往全国最需要的地方。

这是协同的力量。而在这场社会大协同里，作为民营企业大省，浙江多家慈善组织和企业积极开展捐资捐物、募集资金，截至1月28日晚，总计捐款2.02亿元。

视频再现

在这场社会大协同里，每个人都在贡献着自己的力量，积少成多、聚沙成塔。

1月27日，湖州市吴兴区。一位穿着朴素的老人来到吉山四社区，颤颤巍巍拿出一沓整整齐齐的钞票，足有一万元。他说，国家有困难，我就要出份力！而当社区工作人员询问他名字时，他说：知恩者。

这位不愿意透露姓名的老人是一位83岁的老党员，经济条件一般，尤其老伴患病常年卧床，老人平常还会收废品补贴家用。

这是一场爱心接力，只要疫情仍在，接力就不会停止。

据共青团浙江省委统计，浙江已有超3.8万名青年志愿者通过“青春浙江”等微信公众号报名，参与到疫情防控工作中来。

连日的阴雨渐渐消散，阳光重新洒向大地，西湖边的垂柳已经吐出了嫩绿的新芽，这是春来了的讯号。

（新华社杭州2020年2月1日电　新华社记者何玲玲、商意盈、俞菀、段菁菁、张璇）

有一种力量叫“我是党员”

——海南疫情防控一线党员群像

一个支部就是一座堡垒，一名党员就是一面旗帜。

在这个特殊的春节里，在海南省抗击新型冠状病毒感染肺炎疫情的各个前沿阵地上，“关键岗位，党员顶上”“我是党员，我先上”成为海南省各地党员干部面对疫情最响亮的回答。

无论是疫情防控救治最前沿的医院，还是人群聚集的村庄、社区、码头，到处都能看到党员干部忙碌的身影。

镜头一：海口市琼山区甲子镇昌西村驻村第一书记、乡村振兴工作队长张夏龙

背着小音箱让防疫知识、政策家喻户晓

“今年春节可以窝在家里过个‘鼠年’，不要去人群密集的地方，如果出门要戴口罩，勤洗手。”

1月30日上午，琼山区甲子镇昌西村驻村第一书记、乡村振兴工作队长张夏龙戴着口罩，手里攥着一叠宣传资料，身上背着一个播放防疫知识和政策的小音箱，来到村民李松的家中开展新型冠状病毒感染肺炎疫情防控知识宣传。

“不举办‘公期’、不集体聚餐、不走亲访友……”李松一家5口人，正在家里看电视新闻直播，看到张夏龙到家里来，赶忙迎了上去。张夏龙一边给他们分发《关于暂停办“公期”“军坡”等活动的倡议书》《新型冠状病毒感染的肺炎防控温馨提示》等宣传材料，一边用风趣的语言教大家佩戴口罩的正确方法，并现场示范正确洗手的步骤。

“我们在上门做宣传的时候，一般都会用拉家常的方式开展，这样能拉近和群众的距离，引导村民正确认识疫情，消减老百姓的恐慌。”张夏龙表示，为做好疫情防控工作，村里每天还特别安排了一名村干部和特设岗位员，到各个小卖部对一些喝老爸茶和打牌的村民开展劝导和疏散。

对于身上的这个小音箱，张夏龙坦言，这是他和乡村振兴工作队员们自创的宣传方式，一边走，一边同步让防控疫情的各项政策家喻户晓。

中午，昌西村委会少了往日的热闹劲，张夏龙在村里简单扒了几口饭，小憩片刻后，就裹着大衣，和村“两委”干部及乡村振兴工作队员到昌西村委会辖区各个村民小组去开展排查工作。

“提升村民的防控意识，是目前防止疫情向基层蔓延的重中之重，一刻都不能耽误。”说着，张夏龙看了看手机，这才刚刚过了半天，身背小音箱走家串户的他，手机上显示的步数已经超过 1.5 万步。

镜头二：海口市龙华区滨海街道盐灶一社区干部欧阳霜
深夜“远程开药”，解决武汉来琼人员燃眉之急

1 月 29 日晚 9 点，滨海街道盐灶一社区干部欧阳霜正带着社区工作人员继续入户宣传防控知识，她的微信开始频繁响起，原来是来自武汉的常女士在呼叫她。

常女士一家 3 口于 1 月 18 日来到海口旅游，准备在海南过年。得知疫情严峻形势后，常女士一家积极响应号召，主动留在所入住的宾馆开始进行隔离观察。

在微信里，常女士告知欧阳霜，随行的老人和她本人此前都患有慢性病，需要一些必需药品，但现在药快服用完了，而他们正在隔离也不能出去开处方药，因此向社区干部求助，希望能够帮助解决。

“从和常女士微信沟通中，我感觉到她非常焦虑和不安。”欧阳霜说，当时的情况下，购买处方药品非常困难，但作为一名党员，在困难面前，就一定要冲在前面。收到常女士的购买处方药品求助后，她迅速将这件事上报

给滨海街道。

随后，滨海街道工委书记蔡汪立刻将常女士的情况与社区医生沟通后向龙华区卫健委协报，并向常女士承诺，当晚一定反馈购买药品的结果。

在区卫健委的指导下，欧阳霜与同事们迅速和市有关医院取得了联系，并从常女士处拿到了老人和常女士近期的病例，以及1月17日常女士从湖北开具的处方，启动市级医院电话连线确认诊断。经医生确认后，为常女士“远程开药”。

晚上10时30分许，短短一个小时内，常女士和老人确定了所需药品。1月30日一早，药品被如数交到了常女士的住处。

这让常女士感动不已，“感谢海南的街道和社区干部。”她在回复欧阳霜的微信上说。

镜头三：海南省人民医院疾控办负责人、省传染病医院副主任吴彪
“起到带头作用，是我们党员的责任！”

1月30日晚8点，海南省人民医院疾控办负责人、海南省传染病医院副主任吴彪仍然坐在办公室里。

如果不是翻看手机，这是吴彪在疫情防控一线奋战的第几个日子，他已经记不得了。

除了病人救治指导外，吴彪还承担着医院疾病控制的重担。这几天，他几乎每时每刻都保持着“把心提到嗓子眼”的状态。

“任何一个细节没有做到位，都会产生增大感染几率的可能。”吴彪举例说，患者就诊的流程，在医院里的转运通道怎么走？普通发热门诊的就诊流程怎么减少人员的聚集？医生要在接诊和治疗过程中怎样避免交叉感染？所有的细节，容不得半点马虎。

春节以来，长期奋战一线的吴彪在精神高度集中的状态下，曾经有几次出现了“崩溃”的感觉。

“我是一名党员，关键时刻，起到带头作用，是我们党员的责任！”吴彪坦言，正是这个信念战胜了“崩溃”，支持着他继续工作下去。

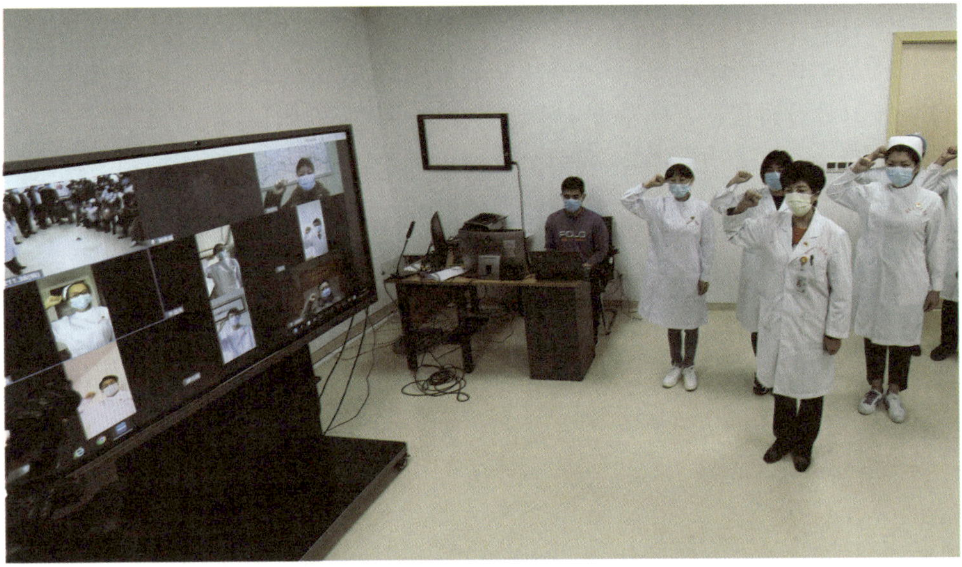

★ 2020年2月20日，海南省人民医院举行一场特殊的入党仪式，3名医护人员在领誓人的带领下，面向党旗，高举右手，握紧拳头，庄严宣誓；5名医护人员在海口医学隔离观察点同步通过视频连线的方式庄严宣誓。据了解，经海南省人民医院党委研究决定，批准第一批进入一线隔离病房，表现优秀的8名青年医护人员“火线入党”，成为中国共产党预备党员。（新华社记者 杨冠宇 摄）

吴彪告诉记者，1998年他在大学里提交了入党申请书，并正式成为一名党员。“需要的时候，冲在一线”是吴彪成为党员后一直身体力行的事情。大学刚毕业，赶上“非典”时期，吴彪二话没说就奔赴了“前线”。

面对医院门诊即将恢复，怎么样才能把医生、病人、陪护甄别出可能存在的潜在风险，成了今后几天对吴彪和同事们巨大的挑战。吴彪说：“挑战再大，也不能退缩。我和同事们将不惜一切代价，力保患者得到最及时最有效治疗，保障群众健康安全是我们的职责所在！”

镜头四：海南海峡航运股份有限公司船队副经理黄剑

“关键岗位，党员顶上”

“开水间、卫生间这种小隔间的角落要特别注意，每个死角都不能放过。”1月30日上午，当记者来到海口新海港码头10号泊位时，海南海峡航运股份有限公司船队副经理黄剑正站在“鹦哥岭”号滚装轮渡船上，指挥着防疫人员对客舱进行喷雾消毒。

在码头一线监督疫情防控工作、船舶出入安全工作，这是黄剑每天的工作职责。春节假期期间，他每天都要根据船队船舶停靠的不同位置，往返于新海港、秀英港之间。

黄剑所在的船队共有15艘滚装轮渡船，担负着琼州海峡间轮渡运输的重要任务。但滚装轮渡船船舱面积大，运载旅客多，也让黄剑和同事们深感防控任务艰巨。

黄剑说，每个航次平均900名旅客，每名旅客和司机上船前都要逐一测量体温，一天下来，每位船员要测量近万人。每逢船舶到岸，专业防疫人员都要对船舱、甲板进行全面消毒，车辆、旅客才能再次装船、上船。尽管每艘船的消毒面积近万平方米，但为了不影响下一次发船，消毒工作需要用最快速度完成。

“特别是大年三十前后，出岛旅客数量大幅上升，每天高强度的工作，紧张的情绪，让一些参加工作不久的员工压力倍增。”黄剑告诉记者。

“每名党员就是一面旗帜，这就需要每一名奋战在一线的船员保持昂扬的斗志。这个关键的时刻，在重要岗位，我们党员得顶上。”黄剑说，疫情就是命令，春节期间，包括他在内的船队109名党员，人人在岗。身为省人大代表的他，在省两会结束后，就立刻奔赴港口工作现场。大年三十晚上，黄剑赶回海口府城的家中匆匆吃了一顿团圆饭，就立刻赶回轮渡码头。

“在春运防控疫情中，我们充分发挥船舶党支部的桥头堡作用。”黄剑说，船队的党员都迎难而上，发挥先锋模范作用，为船队其他船员增添信心，鼓舞大家安全圆满地完成运输任务，保障旅客安全、快捷、舒适地过海。

中午11点，“鹦哥岭”号消毒工作进行完毕，另一艘滚装轮渡船缓缓驶入码头，黄剑一边密切关注着船员指挥车辆上下，一边组织防疫人员做好消毒准备工作，又开始了新一轮的工作。

（海南日报2020年2月1日讯　新华网海南频道2020年2月2日发　海南日报记者计思佳、马珂、李磊）

甘肃：党旗在战“疫”一线飘扬

临时党组织 516 个；

党员先锋队（突击队、志愿服务队）13764 支；

参与疫情防控工作 190720 名党员……

这组数据还可以继续列下去，每组数据背后，都有一份忘我的付出，坚强的坚守，深情的感动。

抗击新冠肺炎疫情战役打响以来，甘肃省广大党员干部把打赢疫情防控阻击战作为当前最大的政治任务，在疫情防控关键时刻，始终冲锋在前列，战斗在一线。

请战，我是共产党员！

“我志愿加入抗击新型冠状病毒感染的肺炎疫情工作中去，‘众志成城、不计报酬、不论生死’为抗击病毒战斗胜利贡献自己的一份力量。”

——申请人：中国共产党员李新鸿

支持！支持！子：李云鹏，妻：赵爱霞

1 月 28 日，兰铁集团兰州西机务段新丰镇备班地勤司机，56 岁的党员李新鸿和妻子赵爱霞、儿子李云鹏郑重决定，向单位提交了一份请战书。他们一家三口在请战书上签名。

疫情就是命令，防控就是责任。

在抗击新冠肺炎疫情的关键时刻，甘肃省广大党员义无反顾地站出来，

★ 2020 年 1 月 24 日，甘肃中医药大学附属医院医护人员在请战书上签字。（新华社发　李百龙　摄）

勇担使命。

临夏州永靖县人民医院 92 名党员和其他医护人员或以科室为单位、或以个人名义递交了 70 份请战书，请求奔赴抗击疫情最前线。

一份份请战书，一枚枚红手印，就是一颗颗勇敢的心，更是一份责任与担当！

天水市第一人民医院医务工作者 1 月 25 日接到支援武汉通知后，一个小时全院 154 名医护人员主动请缨，他们当中大多数都是党员。

“不计报酬、无论生死”“健康所系、生命相托”，请战书、志愿书上每一句庄重承诺，彰显着一名共产党员的底色和信念。

“作为有着十几年党龄的党员，在疫情紧张的形势下，我必须顶上去，冲在最前方。”金川集团职工医院感染性疾病科主任吴萍从除夕一直坚守在岗位长达 144 个小时。和她一同战斗的党员同事，都自发佩戴党徽、亮出身份、冲锋在前。

一个个共产党员成为抗击疫情的中坚力量，一面面鲜红的党旗构筑起抵

2020 年 2 月 5 日凌晨，甘肃省第二批援鄂护理专业医疗队出发前往武汉。医疗队由甘肃省 13 个市州、53 家各级医疗机构派出的 100 名护理专业人员组成。（新华社发　杜哲宇　摄）

湖 北
疗 队

御疫情的严密防线。

奋战，党组织的力量！

“医护人员冒着生命危险站在抗击疫情第一线，我们在村口值班受点冷算啥！”

“我是老党员了，力所能及为抗击疫情做点事，是党员应尽的本分。”

……

在社区、在村头、在路口，在抗击疫情需要的每个地方，都有党员的身影，都有党组织的力量。

战“疫”第一线，党员冲在前；战“疫”第一线，党组织充分发挥战斗堡垒作用，纷纷发出“抗击疫情、党员先行”倡议书，号召党员充分发挥先锋模范作用，在抗击疫情一线担当作为，在危难时刻挺身而出。

“请你自觉接受实名登记、测量体温。”在凉州区张义镇与天祝县哈溪镇交界处的防控疫情检查站，寒风凛冽，鲜红的党旗在检查站迎风飘扬，执勤的党员对每一辆过往车辆认真排查、仔细登记。

“监测点疫情一线临时党支部今天正式成立，我们要恪守职责，确保平安。”白银市会宁县公安局在平头川疫情防控监测点成立疫情一线临时党支部，把党员聚集在支部周围，积极发挥党员先锋模范带头作用，切实筑起疫情防控的安全屏障。

崇信县新窑镇470余名党员组成抗击疫情小分队，利用村级党员活动场所，用好用活“小喇叭”，指导各村加强群防群控，把党的政策和声音传播到千家万户；白银市白银区农村基层党组织组织党员“镇守”村口劝返点，拿起大喇叭劝大家不串门不聚餐……

街道、社区、村社是疫情防控的第一道防线，也是防控工作的重中之重。甘肃省充分发挥基层党组织战斗堡垒作用，组织动员全体党员，在疫情防控阻击战中“各显神通”。

党旗在飘扬，党员在行动。

各级党组织积极动员群众参与到疫情防控中，提高防范意识，落实联防联控，加强群防群控，切实做到病例“早发现、早报告、早隔离、早治疗”；引导群众通过官方渠道了解疫情进展情况，杜绝小道消息，坚决做到不信谣、不传谣，扎牢织密疫情防控网。

坚守，疫情在前我们不退！

“困难在哪里，我们共产党员就要在哪里。作为党员和人民警察，疫情防控的关键时期，我和战友们将做到‘疫情在前，警察不退’，守护好甘肃东大门！”麦积公安分局民警韩伯龙这样说。

“疫情在前，我们不退！”奋战在疫情防控一线的党员们这样说。

在抗击疫情的关键时期，奋战在一线的广大党员有着共同的名字——中国共产党员；他们有着共同的姿态——坚守；他们有着共同的信念——疫情在前，我们不退！

他们在抗击疫情一线忘我奋战，为全面打赢疫情防控阻击战筑起一道坚实的屏障，他们用实际行动为党旗增辉、为党徽添彩，极大地提振了群众信心，形成防控疫情的强大合力。

（原载《甘肃日报》2020 年 2 月 4 日第 01、02 版　新华网甘肃频道 2020 年 2 月 5 日发　甘肃日报记者崔亚明）

他们用坚守筑起一道道防线

——记江西战"疫"一线的基层党员干部

在江西抗"疫"战场上，有这样一群人，为换来群众的平安，用坚守、奉献甚至牺牲，筑起一道道防线。他们，就是战斗在阻击疫情一线的基层党员干部。

★ 在南昌抗"疫"指挥部，工作人员在加班加点工作，桌上的盒饭还没有打开（2020 年 2 月 3 日摄）。指挥部成立于 1 月 22 日，下设 12 个工作组共 300 余人，协调组织南昌市各级党员干部 14 万余人奔赴抗"疫"一线。每日定期召开专家组会议，分析研判疫情防控最新形势。（新华社记者　彭昭之　摄）

“相比家人，抗‘疫’前线更需要我！”

萍乡市湘东区白竺乡，曾宪荣又在给村民测量体温。

他和弟弟曾宪春，一个是乡卫生院党支部书记，一个是乡里党员干部。疫情发生后，兄弟俩一直奔走在抗“疫”一线。而此时，他们的父亲正病危在床。2 月 1 日，曾宪荣刚下班，噩耗传来：“父亲没撑过去！”

瞬间，曾宪荣泪流满面，拨通了仍在一线值守的弟弟电话。

危急时刻显担当。面对突如其来的疫情，一大批党员干部和曾宪荣两兄弟一样，舍小家为大家，奔赴抗“疫”一线。

大年初三一早，上饶市玉山县，“90 后”医生方腾龙就出现在疫情留置观察点。他是一名党员，前一天晚上他的孩子刚刚出生。“这个时候我也想多陪陪妻子孩子，但相比家人，抗‘疫’前线更需要我！”他说。

取舍之间见品格，抉择背后是职责。

他们是党员，也是丈夫、妻子、父母、子女；他们不是不想守着病危的父亲、产后的妻子、刚出生的孩子；他们只是在小家与大家之间做出了取舍。

在永新县，有这样一对党员父女：父亲尹小文是永新县澧田镇双江村村支书，连续多年被评为优秀党员，最近一直没日没夜奋战在抗“疫”一线；女儿是县人民医院护士，瞒着家人进了隔离病房。

接到医院慰问电话后，尹小文才知道女儿的去向。他给女儿写了封信，随信一起寄出的还有两枚党徽。

“对女儿的选择，我既担心又欣慰。”尹小文说，给女儿寄党徽，是肯定也是勉励，在关键时刻她做出了党员应有的选择。

“我也怕被感染，但我必须冲在前面！”

雨夜，一个披着简陋雨衣的人坐在自家院子里，大口大口地扒着冷饭……

他叫金望明，是萍乡市莲花县琴亭镇金家村村支书，十多天来一直奋战在抗“疫”一线，回到家经常是深夜。村里有一名确诊患者，他不知自己有没有被感染，但工作不能停下。他叮嘱家人，收拾出一个单独房间，准备一套单独餐具，自己一个人在院子里吃饭。

他说：“我也怕被感染，但我必须冲在前面！”

在疫情来临时，一大批党员干部挺身而出、舍己为人，用实际行动践行党员的初心使命，为群众筑起一道道坚实防线。

他们虽然年轻，但初心坚如磐石——

“你家人没口罩怎么办？”

“我让他们尽量不出门，如确实需要可到村里领。”在横峰县葛源镇溪畈村，1992年出生的年轻党员徐凯不仅冲在抗“疫”一线，还动用各方力量购买了1万多只口罩，捐献给县卫健委、妇幼保健院和村里，家里却没有口罩。

他们中有的已年过花甲，但退休不褪党员本色——

“2003年，我们老年协会参与过抗击‘非典’的战斗。今天，我们再次申请加入战斗！”在南昌市西湖区广润门街道，78岁的街道老年协会党支部书记张春和带领18名老党员主动请战。

他们中有的虽不能一线冲锋，却依然倾力奉献——

2月1日，永新县澧田镇收到一笔1万元的特殊党费。

它来自镇里91岁高龄、有着67年党龄的抗美援朝老战士尹圣庆，一生生活节俭。他说：“我从报纸和电视上看到消息，疫区防护物资紧张，我是党员，理应出一份力！”

“日夜奋战的不止我一个人！”

许飞已经在隔离病房奋战了10多天。

他是南昌大学第一附属医院呼吸与危重症医学科副主任，也是医院隔离普通病房临时党支部书记。春节前，由于连续加班，许飞偏头痛的老毛病又犯了。疫情发生后，他二话不说，只是让爱人送来强力止痛药，吃完继续投入战斗。“在疫情面前，日夜奋战的不止我一个人！”他说。

“自抗击疫情以来，让人泪目的故事太多了。”江西省医疗救治专家组组长、南昌大学第一附属医院院长张伟说，医院党委在1月29日发布《致一附院全体共产党员的倡议书》之后，全院55个党支部共1192名党员主动请战。

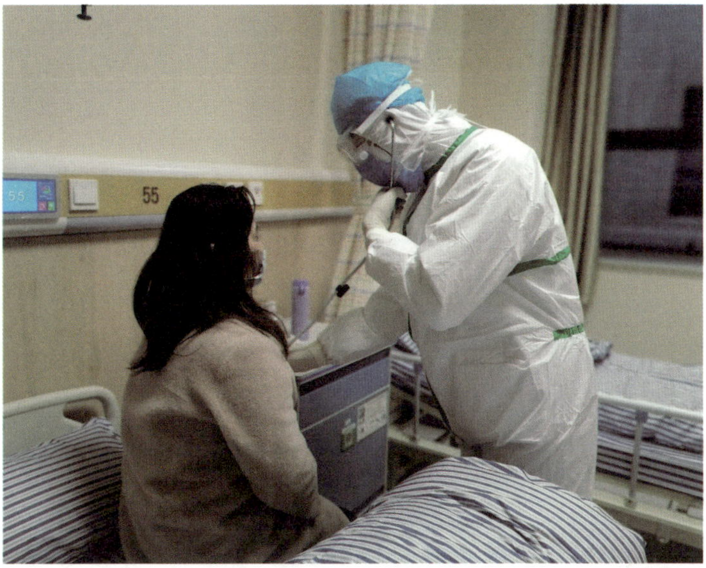

★ 在南昌大学第一附属医院，呼吸与危重症医学科副主任、党员许飞在给患者做检 查（2020 年 1 月 28 日摄）。（新华社记者 彭昭之 摄）

这是一场没有硝烟的战争，却有着生与死的考验。危难之中，一大批党员干部舍生忘死，冒着被感染的风险，日夜奋战在抗击疫情的前线。

曾榆 40 岁的生日是在医院急诊科的病床上度过的。

他是定南县龙塘镇的一名干部。大年初二，眼看着疫情越来越严重，已回外地老家过年的他载着一家老小回到镇里，登记来往人员、量体温、劝返疫区人员……

5 天后，两天一夜没合眼的他因过度劳累昏倒了。

在抗“疫”一线，党员干部舍生忘死的故事不胜枚举：他们有的没日没夜地连轴转，有的甚至把生命永远定格在抗“疫”一线。

他们的事迹感染了身边人——

2 月 2 日，在抗击疫情的最前线——武汉，趁着一丝空隙，江西省第一批援助武汉医疗队队员、南昌大学第二附属医院呼吸与危重症医学主管护师黄琳、胡晶向医疗队临时党支部递交了入党申请书。

“此时此刻，在武汉，在疫情最前线，我志愿申请加入中国共产党，随时准备为党和人民牺牲一切！”黄琳在入党申请书中这样写道。

（新华社南昌 2020 年 2 月 10 日电 新华社记者李兴文、郭强、赖星）

别怕，我在！

——陕西基层党员一线抗“疫”记

陕西省铜川市印台区塬圪塔村村口，68 岁的张德科正背着药箱为过往车辆消毒。这位 32 年党龄的老党员，自大年初三起就志愿在此服务：“党员就是要冲在前面，告诉群众，‘别怕，我在！’”

新冠肺炎疫情发生以来，陕西广大基层党员干部坚定地站上抗击疫情第一线，在病床前、在隔离区内、在群众身旁，在任务最艰巨、群众最需要的前沿阵地，树起了一面面鲜红的党旗。

“我是党员，我上！”

他们是离危险最近的逆行者。

“主任，我是党员，我上！”“我立刻返岗，请求支援一线！”疫情袭来，西安交通大学第二附属医院“最美逆行者”微信群中，一条条请战信息刷屏。

请缨者中，83 岁的老党员杨德昌掷地有声：“我是医生，也是党员，在这个非常时期，我没有理由颐养天年。”这位曾参与抗击“非典”的呼吸病学专家，十几天来始终奋战在一线，听汇报、议方案、指导治疗。

进入隔离区一周，铜川矿务局中心医院党员护士长周华（化名）瘦了 5 斤。身着厚厚的防护服，她每天要工作 10 小时，为确诊患者输液、雾化、处理大小便……至今，父母仍不知情。

“最高兴的事，就是从武汉来的一家三口出院了。”脱下护目镜，她的脸上布满勒痕。“我不知道何时能走出隔离区，相信会是胜利的那一天。”

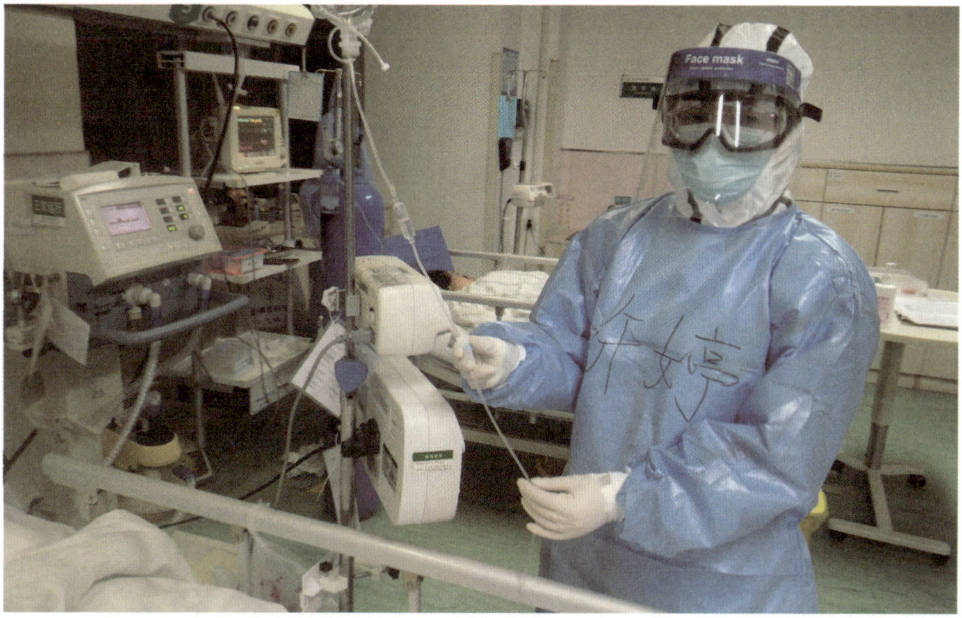

★ 在武汉市第九医院重症监护室，共产党员、西安市胸科医院 ICU 主管护师许婷在工作（2020 年 2 月 1 日摄）。（新华社发）

最美逆行，也向着武汉前线。截至 2 月 8 日，陕西省已派出 10 批 964 人的医疗队支援湖北。首批 137 名队员中就有 50 名党员，医疗队在武汉成立临时党支部，已收到 60 份入党申请书。西安市胸科医院 ICU 主管护师许婷是其中一位。

“我愿在没有硝烟的战场上，接受党组织的考验。”作为第一批进入武汉市第九医院重症监护室的医护人员，许婷在这里度过了 34 岁生日。她说，最好的礼物，是患者病情好转后向她竖起的大拇指。

“疫情不退，我们就不退”

经过一番思想波动，湖北游客刘丽娟终于搬进西安一处留观宾馆。单人单间、定制菜单、送餐上门……工作人员细致的照料令她感到温暖。

由于宾馆普通员工害怕，西安曲江新区城管、公安、防疫等部门和宾馆的 16 名党员主动请缨，负责观察点的医疗、饮食、后勤服务。曲江新区城管执法局干部张沛说："现在各个环节都理顺了，一日三餐都是送到房间门口。"

在陕西各地，数不清的基层党员勇敢向前，在群众身边筑起安全防线。

逼仄的列车卫生间里，一米九的大个子孙磊蹲在地上，戴着口罩和护目镜，手持镊子检修集便器。疫情期间，本就脏累的工作更成了高危岗位，孙磊带着党员同事承担起更多工作。

"疫情不退，我们就不退。越是危险的场所，越要做好清洁让乘客放心。"这位中铁西安局西安客车车辆段集便器检修突击队队长语气坚定。目前，西安客车车辆段共成立疫情防控党员突击队和党员服务队29个，应对各类急难险重工作。

为冲到防控一线，西安市公安局新城分局民警俞茜经历了现实版的"人在囧途"：除夕才回到新疆木垒县家乡，第二天一早就接到返岗通知。尽管单位允许她晚回几天，但俞茜立即拒绝了。

客车因疫情停运，俞茜便自驾300公里赶往机场。到了检查站，又被告知无法通行。情急之下，她赶往属地公安机关求助，才开出通行证顺利登机。回到西安后，俞茜立即参加"党员先锋队"上一线排查，几乎再没回过家。

"只要我们在，生活就不会停"

透过车窗向外看，城市像被按下了慢放键。

"从来没见过这么清冷的西安。"43岁的西安公交三公司驾驶员法晓芳手握方向盘，深吸一口气。"群众只要有需要，坚守就是值得的。"

公交车不再熙熙攘攘，一天下来，常常只有几十名乘客。但法晓芳和同事仍丝毫不敢大意：给车辆消毒、测量乘客体温、实名登记……"说不怕，那是假话。但我是党员，我不上谁上？"

西安地铁三号线小寨站内，站长刘其真脚步不停。疫情发生后，全站11名党员主动停止调休，坚守在消毒、防护、安检等岗位。作为西安客流量最大的地铁站，疫情期间小寨站每日进出和换乘乘客仍超过1万人次。

"只要我们还在，生活就不会停下来。"刘其真说。刘其所在的这个地铁站，全站党员平均年龄仅26岁，面对疫情，无一人退缩。

★ 共产党员、公交车驾驶员乌少华在西安公交“医护专线”上等待医护乘客（2020 年 2 月 6 日摄）。（新华社记者　李一博　摄）

疫情发生以来，西安组建起 700 多支党员服务小分队、500 余个党员宣传小分队和 2000 多支党员协查小分队，全面承担起社区、农村的排查、宣传和生活保障任务。

白菜一个、葱一捆、眼药水一瓶……西安市长安区五台街道东甘村的退伍老兵王谋谋，认真记下每位村民的购物清单。自 1 月 27 日加入村“党员先锋队”以来，他每日除了巡逻值守，还为 157 名村民代买日用品。

“群众有需求，党员先锋队有求必应。”村民谢鹏辉说，非常时期，大家难免焦虑恐慌，但有党员在身边，心就是安的。

（新华社西安2020年2月10日电　新华社记者陈晨、蔺娟、李华、李亚楠）

在火线上检验“真金”本色

——聚焦内蒙古战“疫”一线基层党员干部

一场突如其来的疫情让人们的家园变成没有硝烟的“战场”。在这场疫情防控阻击战中，一名又一名共产党员冲在最前面，一个又一个临时党支部在火线上成立，鲜红的党旗在疫情防控最前线高高飘扬。

党员动起来　民心聚起来

“面对 17 位没有任何大战经验的战友，我的内心紧张到了极点。”内蒙古呼伦贝尔市人民医院护理部主任吕金艳说。1 月 23 日，内蒙古首例新冠肺炎病例在满洲里市确诊，有着 22 年医疗护理经验的老党员吕金艳主动请战，带领医疗队第一个进入隔离病房。入驻病区当晚，她细心监督指导着每个班次、每个人防护服的穿脱，一夜没有合眼。她说：“我是党员，必须冲在最前面，尽最大力量保护战友、完成使命！”

哪里有战“疫”需要，哪里就有共产党员。吃的是方便面，住的是简易帐篷，面对天寒地冻、防控条件简陋等困难，内蒙古基层党员主动亮身份、当先锋、日夜坚守。开鲁县 82 岁老党员单凤明身着志愿者红马甲坚守在疫情防控一线；乌拉特前旗党员薛小红主动担任村民“代购员”；乌拉特中旗“90后”党员乌仁高娃放弃休假，第一时间投入防疫最前线……从战斗打响到现在，在内蒙古大地，交通要道、村头巷尾、街道社区，处处是党员冲锋在前的场景，成为群众的“贴心人”“主心骨”。

巴彦淖尔市临河区乌兰图克镇养殖户王东主动报名参加党员先锋队，在做好疫情防控、服务群众的同时，还通过互助配种、猪苗供应、技术传授，帮助周边贫困户增收脱贫。当地村民说，身边有王东这样的共产党员心里热乎乎的，相信一定能渡过难关。

临时党支部　作用不临时

“我志愿加入中国共产党……”20名驰援湖北的医护人员面向党旗重温入党誓词。1月28日，在简单而庄重的临时党支部成立仪式后，内蒙古医科大学附属医院医疗队赶赴湖北荆门市。在临时党支部的领导下，援助荆门医疗队的队员们争分夺秒与疫情竞速，一个班次下来衣服湿透、浑身瘫软，但没有一个人退缩。“我们虽然是临时党支部，但党心不临时、作用不临时。”

★ 2020年2月9日，在如意小区解除全封闭后，“如意小区疫情防控临时党支部”部分成员在小区内合影。1月28日，内蒙古呼和浩特市新城区迎新路街道如意住宅小区确诊了两例新型冠状病毒肺炎患者，随后如意小区进行了全封闭管理，并于1月29日在该小区成立“如意小区疫情防控临时党支部”，由呼和浩特市纪委监委的纪检监察干部和该小区居住的在职党员组成志愿服务队，有100余名党员加入其中。“如意小区疫情防控临时党支部”定期向居民发送口罩、消毒液等防护用品，并多方协调帮助小区居民解决日常生活困难，保证居民生活物资充足，引导和鼓励群众发挥群防群控作用。（新华社记者　连振　摄）

临时党支部书记李莉说。

而在千里之外的内蒙古疫情防控一线，一个又一个坚强战斗堡垒也构筑起来，仅呼和浩特市就已建1458个临时党支部。临时党支部不仅激励共产党员充分发挥先锋模范作用，也把广大群众团结、组织、发动起来，尽己所能投身这场生命保卫战。个体诊所护士自愿加入体温监测工作，商户捐送发热贴和口罩，普通市民偷偷在检测点帐篷外放下整箱的牛奶、方便面……从城市到农村到牧区，共产党员冲在最前面、出现在人民群众最需要的地方。

在巴彦淖尔市临河区八一乡，263名党员干部组建多个临时党支部，他们不仅活跃在各个村组、路口做疫情登记排查，还为养殖户解决饲料不足的燃眉之急，为农户协调化肥、种子等春耕备耕物资。"关键时刻有党在，心里觉得温暖踏实，战胜疫情的信心和决心更坚定了。"八一乡丰收村村民张卿说。

党纪"零容忍"　一线锻"真金"

2月10日，因对疫情防控严峻性认识不足、工作举措落实不到位、管理上存在漏洞等问题，呼和浩特市卫健委主任冯小红被免职。此次被呼和浩特市纪委监委点名通报批评的有包括区政府领导、3家医院领导在内的11家单位26人。此前，因为防控疫情工作不力，内蒙古自治区纪委监委已点名通报批评40余名党员干部，各盟市也处理一批公职人员。

为给疫情防控工作提供纪律保障，1月29日，内蒙古自治区纪委监委公布举报电话，全面受理在疫情防控工作中的违纪违法问题线索举报。同时，内蒙古自治区党委组织部对基层党组织和党员干部在打赢疫情防控阻击战中进一步发挥先锋模范作用提出7项具体要求，树立起严管厚爱的导向。"注重在疫情防控一线考察、识别、评价、使用干部，对不担当不作为的干部严肃问责。"内蒙古自治区党委常委、组织部部长杨伟东说。

有火线问责，更有火线表彰。因抗"疫"工作表现突出，在内蒙古各地，一批批集体和个人被通报表扬。清水河县城关镇花园社区党总支书记、居委会主任侯利平，累倒在疫情联防联控第一线，清水河县在通报表扬中说，她"以实际行动彰显了‘党员本色’”。

把党的关怀温暖及时传递到战“疫”一线，内蒙古各级各部门纷纷行动，自治区党委组织部紧急下拨600万元专项党费，用于慰问战斗在疫情防控斗争一线的医务工作者和基层党员、干部，支持基层党组织开展疫情防控工作，包括购买疫情防控有关药品、物资等，补助因患新冠肺炎而遇到生活困难的党员、群众，以实际举措解决实际问题、凝聚党心民心。

（新华社呼和浩特2020年2月13日电　新华社记者张洪河、勿日汗、李云平）

“我是党员，我先上！”

——记燕赵战“疫”一线的共产党员

“我是党员，我先上！”面对突如其来的新冠肺炎疫情，河北省各级党组织第一时间积极动员，广大共产党员迅速进入战时状态，冲锋在战“疫”最前线。记者近日走近他们，了解他们用行动坚守初心、勇担使命，带领群众群防群治的故事。

燕赵连荆楚，同心抗疫情。

★ 河北省第一批赴鄂抗“疫”医疗队的几名党员在出发前为自己的队伍加油鼓劲（2020年1月26日摄）。（新华社记者　牟宇　摄）

“选择医学也就选择了奉献，要学会笑着迎风而动、逆风而行，把笑容留给患者和家属。”像过去抗击“非典”、迎战“甲流”一样，共产党员、河北医科大学第二医院呼吸与危重症医学二科主任袁雅冬再一次主动请缨，担任河北省首批援鄂医疗队队长。

医卫系统白衣战士尽锐出战，写下一封封摁着红手印的请战书，用行动诠释着共产党员“关键时刻站得出来、危急关头豁得出来”的光荣使命。

在没有硝烟的抗“疫”战场，医务人员谱写了一曲曲舍小家顾大家的壮歌。

“我们是共产党员……守初心、担使命，全力以赴，抗击新冠肺炎病毒，不畏生死，不计得失！”河北医科大学第三医院2000多名医护人员面向党旗庄严承诺；河北医科大学第二医院党委组织团队昼夜施工，两天改建完成隔离病房；在石家庄市人民医院，1700多名党员写下请战书……

大年初一，走出隔离区，摘下护目镜，脱下湿透的防护服，看到女儿微信发来的祝福，共产党员、保定市人民医院检验科副主任王浩，才想到当天是自己生日。在河北省胸科医院、廊坊市第三人民医院等定点医院，白衣战士们全副武装，口罩勒破脸颊，汗水浸湿双手，昼夜奋战。

年逾60岁的老党员孟庆华，主动请缨担任沧州市定点医院疫情防控救治工作指挥长，因过度劳累，两次晕倒在岗位上。廊坊市人民医院检验科副主任陈玉兰，河北省人民医院感染性疾病科党支部书记牛占丛，他们都在老人去世时没能守护在身旁，看上最后一眼。

防控做表率，支部党旗红。

面对疫情，河北省委组织部印发《关于在肺炎疫情防控工作中充分发挥基层党组织战斗堡垒作用和党员先锋模范作用的通知》。从城市到农村，从企业到社区，基层党组织和党员冲在一线，成为带领群众抗击疫情的主心骨和带头人。

“今晚，我跟大家一起守灵。”石家庄市鹿泉区铜冶镇南甘子村党支部书记任占华，除夕夜与村民一起为逝者守灵，要求大家戴口罩保持距离，劝说村民主动退掉了40桌酒席；山尹村镇西郭庄村党员王立功，主动将自家的农家乐21间客房用作隔离观察点。

这是基层党员干部勇做表率的小小缩影。

★ 2020 年 2 月 16 日，桥西区曹演庄社区党员左志民在清洗地面。近日，河北省邢台市桥西区在辖区设立 579 个“党员先锋岗”，充分发挥共产党员先锋模范作用。党员们在小区门口执勤，为来往居民测量体温，宣传防疫知识。（新华社记者　杨世尧　摄）

在燕赵大地，一个党组织就是一座战“疫”堡垒，一名党员就是一面鲜红旗帜。

面对疫情，各地基层党组织带领群众对城乡社区进行封闭式管理，开展疫情监测、排查，利用微信群、大喇叭广播宣传防控知识，义务照顾孤寡老人，构筑起群防群治防线。

在新河县，近 3000 名党员干部深入一线，对辖区每栋楼、每一户开展“过筛子”排查。在磁县，党员勇当服务员，为群众代购防疫物资和生活必备品。在廊坊，社区干部全部在一线轮岗执勤，4000 多个党员先锋岗带动数万名热心群众戴着红袖标、小红帽，穿着红马甲执勤。

热血熔铸初心，生命践行使命。

柏乡县城阳村村干部李增运，保定市清苑区委党校副校长薛国杰，涿州市松林店镇苍牛屯村治保主任王永田，广平县供电公司办公室主任岳金栋等人，因连续奋战过度劳累，倒在疫情防控第一线，以身殉职。香河县看守所所长李向国突发脑溢血，累倒在岗位上……

面对疫情，河北坚持党建引领，将区域、部门、行业、基层和单位治理有机结合，凝聚成万众一心抗疫情态势。

医用口罩、防护服等物资紧缺，消毒酒精需求猛增。全省口罩、防护服、消毒剂等生产企业，开足马力生产；霸州市海洪金属制品有限公司紧急生产上千吨钢构镀锌板材，支援应急医院建设；以岭药业捐赠上千万元连花清瘟胶囊，华药集团向武汉捐赠多批急需药品……

疫情就是集结号。公安、交通、市场监管、城管等各部门党员干部总动员，全面加强一线执勤和应急值守，打击哄抬物价、制假售假，保障防控物资运输畅通，开展公园广场、车辆场站等场所消杀。

视频再现

战“疫”仍在继续，有序复工正在展开。

燕赵大地上，哪里有需要、哪里最艰险，哪里就有党员冲锋队和志愿服务队的身影。飘扬的党旗、闪亮的党徽，成为群众最可信赖的标志，带领群众人人参与，汇聚成众志成城抗击疫情的磅礴力量！

（新华社石家庄2020年2月17日电　新华社记者孙杰、张涛、齐雷杰）

筑一座堡垒，守一方平安

——山西基层一线抗疫“尖兵连”扫描

他们坚守抗“疫”最前线，不记得日子，“忘记”了家人，却把责任铭记于心。新冠肺炎疫情发生以来，定点医院、城市社区、农村地区的一线党员干部、工作人员充分发挥“尖兵连”作用，筑起一座座战“疫”堡垒，全力守护着一方平安。

“病人一天天好起来，我们所有的付出都值得”

“家里放的红薯都发芽了。”被安排轮休后，太原市第四人民医院应急一病区护士长张磊才知道自己已在病区坚守了28天。

太原市第四人民医院被称为山西的“小汤山”，除了收治太原市的患者，还负责集中收治全省的重症、危重症患者。“我们病区负责重症、危重症患者救治，责任大，护理要求高。”张磊说，她带着47名护士24小时分班值守，没有昼夜、日期概念。

护士们穿着防护服4到6小时一班，不吃不喝不上厕所，还要高频率说话、干体力活，从病房出来后衣服上的汗渍一层叠着一层。“虽然很累，但看着病人从刚进来时的坐立不安、喘不上气，到一天天好起来，我们觉得所有的付出都是值得的。”张磊说。

自1月21日收治首个病例起，经受过“非典”、甲流等多个疫病考验的医护人员就全部进入战时状态。在医院的发热门诊、留观病房、应急病区，党员干部、业务骨干冲锋在前，与时间赛跑，与病魔斗争。“战‘疫’时期，没人退缩，更何况我还是一名党员。”在一线坚守了20多天的发热门诊护士温旭华说。

在山西省汾阳医院等其他定点医院采访，记者也听到许多感人故事：医生张耀武的父亲生病在床，护士长张小娟把独生女送回老家10天仅通话2分钟，哺乳期的妈妈果断给孩子断奶，还有人取消婚礼……

截至2月23日17时，山西累计确诊病例132例，累计治愈出院86例，治愈率达65.15%；有90%以上的危重型和重型病例转为普通型病例，其中16例已治愈出院。

视频再现

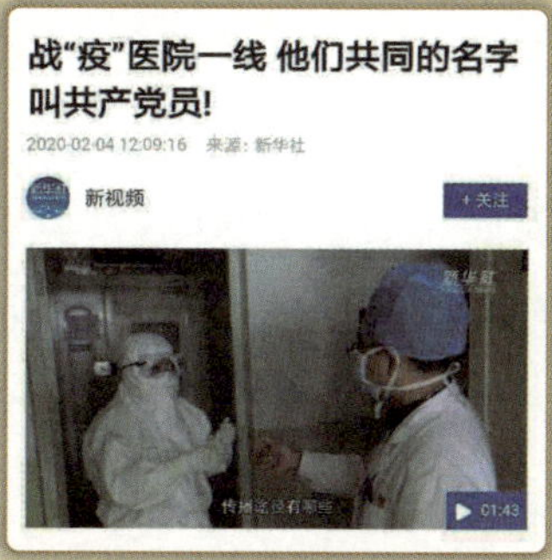

“保一方平安，就是我们的职责”

在太原市尖草坪区南寨街道办事处兴安社区的一个卡口，记者一行下车登记、量体温，联系上社区主任王俊花后才被放行。旁边一个人行通道上，居民还需核验出入证。

兴安社区辖内有94栋居民楼、30多家非公企业，住着1.1万余人。不久前，这个社区确诊了两例新冠肺炎患者。王俊花说，除做好隔离管理服务工作，社区干部还加强了人员摸排和进出管控。“近期返工人员增多，不能有任何马虎。”

兴安社区设置了4个卡口，并设立党员先锋岗，由社区、街办和区直单位下沉的党员干部以及退休党员、大学生志愿者等带头24小时值守。春节前至今，社区13名工作人员从未休息。“再难也要坚持。保一方平安，就是我们的职责。”王俊花说。

社区是城市疫情防控的最前沿。众多像王俊花一样的社区党员干部，用细致工作和辛苦付出，在城市里筑起一道道“铜墙铁壁”。

摸排3557户、9465人，张贴告知书1002份，悬挂条幅65条，发送各类微信、短信近万条……这是太原市杏花岭区三桥街道办事处柳溪街社区统计的自1月27日以来的工作数据。

柳溪街社区内老旧小区多，物业近乎瘫痪，社区干部的一项重点工作是摸底排查。“90后”党员网格长张统帅负责的网格内有533户居民，从春节前开始挨个打电话问情况。“到现在光电话费就交了700多元。”他说。

2月20日晚间开始，社区书记薄震霄带着工作人员和志愿者，对一个弃管小区进行地毯式排查。“底数不清、隐患没排除，我晚上睡不好觉。”薄震霄说，她已经20多天没见着即将参加高考的儿子和生病的公婆。

“老百姓不出门，我们得出门”

阻断疫情传入和传出，是农村地区防控的重要抓手。一些地区直接把战斗堡垒驻扎在路口一线。

晋中市平遥县是山西新冠肺炎疫情防控的重点区域。该县杜家庄乡苏家堡村自1月25日出现第一例确诊病例后，便严格管控人员进出。“村民们在家隔离，生活保障不能断，消杀工作也得干。这时候党员干部不上，谁上？”村党支部书记刘兴平说，村两委成员分别负责物资、医疗、垃圾清运等6个组，每天进村开展工作。

苏家堡村村主任张国祯每天两次汇总上报村民的体温情况，协调分配到村的生活、防疫物资，解决村民困难，几乎没有闲下来的时候。他说：“关键时期，老百姓不出门，我们得出门。”

香乐乡是平遥县疫情防控的3个重点乡镇之一，当地6000个院落，有一半被居家隔离。“我们成立了由党员干部组成的‘便民服务小哥’队伍，第一时间满足群众的日常生活需求。”香乐乡乡长梁建云说。

吕梁市下辖的汾阳市则在11个道路监测站点、4个超市检测站点等抗“疫”一线，成立了20多个临时党支部，由县处级领导干部担任支部书记，带头执勤。在汾阳高速口临时党支部担任副书记的汾阳市自然资源局局长李树盛说："我们 24 小时执勤，就是要把外来人员情况全部摸清，筑牢疫情防控防线。"

（新华社太原 2020 年 2 月 23 日电　新华社记者晏国政、孙亮全、王学涛）

冲“疫”线 淬真“金”

——福建推动党员干部一线“应考”记

新冠肺炎疫情发生以来，八闽大地上，党旗飘扬处，就有党组织的一线考察、关心关爱，成为有力推动广大党员干部在一线“应考”，打赢疫情防控阻击战、助力复工复产的坚强组织保障。

★ 党员志愿者朱嘉希（左）和福州市鼓楼区五凤街道龙泉社区书记高玉芳在福州市鼓楼区崎上路的一处居民楼张贴《致广大居民朋友的一封信》，宣传做好新冠肺炎疫情的防控工作（2020 年 2 月 1 日摄）。（新华社记者　林善传　摄）

力量沉到一线　精准识别干部

“哪些疫情防控措施成效最明显？谁在这次疫情防控中行动迅速、敢于担当作为、靠前指挥？……”25 日，当福建南平市委组织部干部一科科长吴昆山详细向市大督查组各组组长、挂钩联系乡镇领导了解完有关情况，已是深夜 12 点了。

“像这样的场景，每天都会上演。党员干部在一线‘冲锋陷阵’，我们在不干扰、不妨碍疫情防控工作的前提下，采取实地走访、干部‘夜谈’、电话访谈等多种形式，全方位多角度精准考察识别干部。”南平市委组织部部长林旭阳说。

为避免考察干部与推进工作“两张皮”，福建各地都采取了部门协同、上下联动的方法，派出工作组下沉一线，通过实地走访、列席会议、督查暗访、电话访谈、干部“夜谈”、参加专项工作等方式，既指导推进各地疫情防控和复工复产工作，也了解掌握干部实际表现情况。

疫情形势不断变化，根据福建防疫指挥部不断更新的疫情“风险地图”，组织部门也随时动态调整考核侧重点。对低风险地区，重点考察干部在全面推进复工复产、全面恢复群众正常生产生活秩序的实际表现情况；对中风险地区则考察疫情防控和有序推进复工复产的情况。

“老黄牛”不吃亏　“渎职者”受处分

2 月 13 日，福建省疾控中心传染病防治所所长邓艳琴在抗疫“火线”上提任省疾控中心副主任。“疫情阻击战打响以来，身为病原生物学专业医学博士的邓艳琴就发挥专业优势，每天工作超过 12 小时，体现了一名共产党员强烈的责任和担当。”福建省卫健委党组书记黄如欣说，让这样的干部在关键时刻“挑大梁”，体现的是鲜明的用人导向。

八闽大地抗“疫”一线，一批默默付出的干部有了更大的平台。1 月 22 日，连江县确诊福建首例新冠肺炎患者。县疾控中心主任蒋后秋始终冲在最前线，坚持深入病区开展流行病学调查，在全省率先提出“确诊病例活动轨迹”流调、发布等防疫举措。他胃肠炎发作，却坚持不下“火线”。鉴于防疫一线表现突出，组织部门经研究，提名他任连江县马鼻镇副镇长。

防疫一线表现突出的干部大胆使用，与此同时，福建省对不担当不作为、失职渎职的党员干部进行严肃问责。连江县坑园镇象纬村党支部书记谢茂峰，未按照上级部署要求对本村武汉返乡人员谢某某进行居家医学观察，仅每天测量其体温，期间还默许谢某某擅自与其家人一同前往其他镇村的亲戚家中聚餐，在社会上造成不良影响。谢茂峰受到党内严重警告处分，被免去村党支部书记职务。

据统计，截至23日，福建省共表扬表彰干部5700名，提拔重用176名，职称优聘132名，问责268名。

火线就是发现、考验入党积极分子的“检验场”。按照程序从简、标准不松、质量不降的原则，福建省对表现突出、符合条件的，及时发展入党。福建省驰援武汉医疗队成员中，一批优秀医务工作者和干部光荣地加入党组织。目前，全省共有4084人在疫情防控一线递交入党申请书，培养入党积极分子935名，确定发展对象217名，吸收预备党员102名。

“组织要求你不得带伤作战”

“你已经连续工作近一个月，工作虽重要，但家人也需要陪伴，组织要求你强制休息一天，即刻执行！”24日，宁德福鼎市前岐镇不少干部收到一纸“强制休息令”。

为关心关爱防疫一线人员，保障他们的生命安全和健康，前岐镇制定出台了《疫情防控一线人员轮休方案》，下发“强制休息令”，原则上保证防疫一线人员每周每人轮休1天。

“近段时间，宁德市各级干部夜以继日奋战在防疫一线，个别干部因劳累过度，病倒在工作岗位。对此，我们要求连续加班、身体不好的一线干部尽可能调休。‘强制休息令’也是‘关爱令’。”宁德市委组织部部长郭学斌说。

福建各地也相继出台“硬核”举措，关心关爱一线干部和医护人员。

对防疫一线表现突出的，在职称评聘上予以倾斜，职称已评未聘的可优先聘任，已聘任的可在专业技术职务内优先晋升一级岗位细分等级……厦门市思明区围绕政治激励、容错免责、关心关爱等方面，明确了17条干货十足、实操性强的措施。

南平市从党费中划拨专项资金166万元，用于支持购买疫情防控有关药品、物资，慰问战斗在新冠肺炎疫情斗争第一线的医务人员、驰援湖北医疗队队员家属和党员干部群众660人。

福州市为疫情防控一线医护人员及家属“护航”，教育部门对一线医务人员子女实行“一对一”温情陪伴。

“‘疫’线党员干部付出很多，需要更多硬核关怀，我们从方方面面让他们体会到组织的温暖。”福建省委组织部负责人说。

（新华社福州2020年2月28日电　新华社记者康淼、陈弘毅）

五天五夜顶风冒雪万里奔袭

——援藏干部吕智勇自驾青藏线向阿里运送防疫物资

“你不要命了吗？”

“普兰县医疗条件较差，防疫物资相对短缺，一旦有疫情就会出大事。我是援藏干部，我不去谁去？”面对家人的责备、眼泪与担忧，吕智勇陪着笑，但语气坚定。

几天前，这位陕西省第九批援藏干部、阿里地区普兰县委常委、副县长决定：自筹防疫物资，自驾汽车万里奔袭“雪中送炭”。

风雪交加、高寒缺氧、行车劳顿、吃不好睡不好……这趟非常时期的艰难旅程，“足以让人铭记一生”。

出发，向“世界屋脊”

“沿途饭馆没有营业，早上灌的开水没多久就凉了，只能啃方便面就火腿肠。”吕智勇说，“我开车从没跑过这么远的路，但心有普兰，我就不怕。”

从位于关中平原的陕西省渭南市潼关县驾车到“世界屋脊”的西藏自治区阿里地区普兰县，不仅有万里之遥，还要翻越海拔5200多米的唐古拉山口。

冬春时节，这是一条让所有司机都害怕的路。

“我深知偏远的阿里地区缺医少药，医疗物资储备相对较差，如果发生新冠肺炎疫情，后果不堪设想。”年仅44岁的吕智勇是一名“老西藏”，自2011年至2016年连续两届援藏后，2019年又重回普兰县开启了新一轮援藏历程。

新冠肺炎疫情发生时，他人在陕西。得知普兰防疫物资缺乏后，吕智勇

★ 吕智勇驾车翻过唐古拉山口后，在西藏那曲安多县拍摄的自驾车（2020年2月18日摄）。（新华社发）

通过朋友多方联系、想方设法，筹集到消毒液、口罩、防护服等一线急需物资，总计价值 15 万多元。拿到物资之后，他马上联系了 4 家物流公司，但最快也要 25 天才能送达。

“这是急需物资，晚一天都可能影响使用。”他心里着急，于是决定找车亲自送上去。

“吕副县长给我打电话，听着很焦急。他向我说明了开车回普兰县的意图和紧迫性后，我赶紧收拾行李，第二天就出发了。”在渭南市蒲城县休假的普兰县公务员张杨说：“两人同行轮换驾驶有个照应，虽然家人很担心，也曾含泪劝阻，但这是防疫物资，作为一名公务员，我义不容辞。”

2 月 16 日 10 时，吕智勇从陕西省韩城市出发，开车 120 多公里到蒲城县接上张杨，又开了 140 多公里到潼关县城办理运输证，装上防疫物资，马不停蹄，当天 16 时出发，踏上远赴西藏的征途。

心系群众　无惧风雪

出陕西，经甘肃，半夜到达兰州加满油，继续西行穿越青海。

“青藏线夜间不让通行，宾馆不能住，只能在车上休息一夜。第二天跨入昆仑山正式踏上青藏高原腹地，傍晚到达唐古拉山口，风很大，气温非常低，张杨着了风寒，感冒了。”吕智勇说，到西藏那曲市安多县时天黑了，他们加上油继续赶路。

“翻越唐古拉山口过程中，路过数十处冰雪路段，真叫人胆战心惊。”吕智勇印象深刻。

日夜兼程，风雪无阻。然而，经过那曲市班戈县检查站时，张杨出现发热症状。“按规定我必须返回那曲市人民医院发热门诊复查，吕副县长是亲密接触者，尽管不发热，但也得同去复查。于是我俩再折返150公里，凌晨2点多才到。”张杨说，检查后被告知天亮才能出结果。

19日中午，医院告知张杨需要隔离留观14天。“可普兰急需防控物资。”于是，吕智勇决定独自驾车赶赴阿里。从那曲到阿里车程1300多公里，行驶在“世界屋脊的屋脊”上的317国道，穿越无人区，着实考验一个人的勇气和智慧。

“困了累了找个背风的地方睡一会儿，但车上带的氧气用完了，没有地方补充，睡不好。”吕智勇终于在20日下午到达阿里地区行署所在地——狮泉河镇，给阿里地区分了一些消毒液、对车辆进行维修检查后，21日一大早又出发赶往350公里外的普兰县。

越是着急，天公似乎越不作美，但恶劣的天气反倒激发了吕智勇的精气神。“路过阿里昆莎机场后开始下雪，路上冰雪不断，为了物资安全，只能小心翼翼，300多公里路程足足开了8个小时。”

西藏公路的险，只有去过的人才知道。行驶途中一弯道处，吕智勇看到路边翻了一辆车。“停下来查看，发现人还在车上，是县上的干部，于是和其他同志一起把他们救出来，抬上车子一起赶往县医院。”途中他电话联系县医院，让急诊做好准备。“路上雪很厚，为了不发生二次事故，我在前面谨慎行驶，一个多小时后，将伤者送到医院。”然后，吕智勇才回到了宿舍。

党员就要有党员的样子

“跑累了，就停在路边背风处睡一两个小时，之后继续赶路。”吕智勇说，“党员就要有党员的样子！”

★ 吕智勇（左）与普兰县县长曲次交接防疫物资（2020 年 2 月 22 日摄）。（新华社发 甲措 摄）

2 月 22 日上午，吕智勇把消毒液、口罩、酒精、消毒机、防护服、医用手套、体温计等全部交给县疫情指挥办，当天就分发给一线工作人员，确保藏历新年前疫情防控物资保障到位。

普兰县县长曲次说："春节期间，智勇同志每天都与县里联系，了解疫情防控情况。特别是这次开车运送防疫物资，解了燃眉之急，让大家都很感动。作为一名援藏干部，他尽职尽责，用行动诠释了一名党员的职责使命。"

"作为一名三届援藏干部，我本就应该冲在前面，路上的所有艰险困苦都不算什么。"吕智勇的谦逊与坦诚，让人钦佩。

"广大军地医务工作者冒着生命危险冲锋在战'疫'一线，随时都有牺牲的可能，和他们相比，我这点经历真的不足挂齿。"他说，"关键时候群众都看着干部，党员就要有党员的样子，困难的时候你不上谁上？更何况疫情如此严重，党员干部怎能退缩不前？"

"不忘初心，牢记使命，归根到底是要落实在行动上。"吕智勇言谈朴实，却铿锵有力，"作为援藏干部，我的初心使命就是投身党的事业，在人民需要的地方奋斗，为党和国家贡献绵薄之力！"

（新华社拉萨 2020 年 2 月 29 日电　新华社记者沈虹冰、多吉占堆、刘洪明）

“关键时刻见真章”

——宁夏筑牢战“疫”党组织堡垒纪实

早春塞上，从北部的贺兰山脚下，到南部六盘山腹地，到处是党员干部为防疫、复产奔忙的身影：老支书、老党员、预备党员、入党积极分子，冲锋在防疫一线……新冠肺炎疫情发生以来，宁夏回族自治区各级组织部门积极谋划抓落实，引导广大党员干部深入基层解难题，为百姓办实事；出台暖心激励政策做后盾，为担当者撑腰，为奋斗者鼓劲。

站出来 顶上去

“57岁的彭阳县老党员海明贵背着喇叭，一路走，一路就把防疫声音传遍山村”“同心县新华社区党支部书记马勇，刚做完手术，又毫不犹豫返岗”……这样感人的故事在疫情防控一线屡见不鲜。宁夏各级党组织设立党员责任区、组建党员突击队，党员干部迎“疫”而上，关键时刻见真章。

新冠肺炎疫情发生以来，宁夏共有1.8万个党组织、30多万名党员勠力奋战在疫情防控各条战线。银川市金凤区长城中路街道宝湖社区有7个居民小区6000余户居民，年前因发现一例确诊病例隔离了37户居民。“关键时刻我不能退，带着一帮‘娘子军’连轴转，送吃送喝送安慰。”声音嘶哑的宝湖社区党支部书记李红彩边忙边说。

“共产党将为人民服务的誓言放在心尖上，这是我在疫情防控中深刻的感受。”宁夏建发物业技术管理部副经理梁燕军在他的入党申请书上写道。疫情期间，他毅然担负起隔离区内服务的重任，对党的先进性有了更深刻的认识。

★ 2020 年 1 月 30 日，宁夏盐池县妇幼保健所派驻王乐井乡郑家堡村的第一书记米峰（左）向农户郑清宣传防疫信息并了解他家的滩羊养殖情况。连日来，为应对新型冠状病毒感染的肺炎疫情，派驻宁夏盐池县王乐井乡各村庄的第一书记纷纷放弃春节休息，坚守岗位做好农村疫情防控工作。由驻村第一书记、村支书等组成的疫情防控党员志愿先锋队，在各村口设置党员先锋岗，对出入村庄的车辆人员进行排查、登记、消毒，并发放宣传单、张贴条幅、悬挂横幅、广播宣传防疫知识，提高村民对疫情形势和防控措施的知晓率，保障村民健康安全。（新华社记者　冯开华　摄）

“这次抗‘疫’是对各级领导干部政治担当、领导能力、工作作风的特别考察，组织部门通过看政治素质、看驾驭能力、看担当精神等聚焦干部表现。”自治区党委组织部部务委员、干部一处处长白学贵说。

宁夏各级党组织在抗“疫”火线识别考验干部。对在疫情防控一线表现突出、堪当重任的优秀干部果断提拔重用；对不敢担当、作风漂浮的干部严肃问责。

两场硬仗 践行初心

固原市西吉县偏城乡曹垴村驻村第一书记席国宁，年前和驻村工作队刚刚办妥了建设扶贫车间的手续，正准备年后大干一场，却被突发的新冠肺炎疫情打乱了工作节奏。

1月28日接到通知后，席国宁立即返岗，他所在的“驻村工作队”也旋即变身“疫情防控队”。“疫情防控肯定是第一位的，但脱贫攻坚工作也决不容松懈。”席国宁告诉记者，脱贫的关键在于增收，这几天正在加固扶贫车间的地基，群众外出务工事宜也在加紧协调中。

防疫情是一场硬仗，抓复工复产、经济社会发展同样要啃硬骨头。宁夏脱贫攻坚主战场固原市提出，进一步发挥好驻村工作队员担当宣传员、排查员、协调员、引导员、信息员、帮扶员的“六员”作用，使其真正成为农村防疫、战贫的中坚力量。

在抓好农村扶贫和春耕春播工作的同时，宁夏精准施策，稳步有序推进经济恢复。上下一盘棋，宁夏明确由21位省级领导深入基层，督导23个经济技术、高新技术产业开发区等，及时反映和尽力协调解决复产有关困难；各地各部门多措并举，全力协调金融贷款、确保电力供应、畅通生产原料供应……企业的需求在哪里，群众的呼声在哪里，共产党人的身影就出现在哪里，想方设法排梗阻、解难题。

企业复工复产，员工及时安全返岗是关键。2月21日以来，银川经济技术开发区及时派出专车到固原、中卫等地，“点对点”接回企业返岗人员。“经开区帮扶干部还积极为企业购买防疫物资、货物运输提供帮助，减轻了企业复产稳产的压力。”宁夏小巨人机床有限公司办公室主任周东锋说。

为担当者保驾护航

“与病魔战斗，很多逆行者的身影让人落泪。我们就是要为战‘疫’一线的党员干部解除后顾之忧、保驾护航，要让他们在方方面面感受到组织的温暖。”自治区党委组织部副部长刘成孝说。

为此，自治区党委组织部第一时间划拨600万元党费，用于慰问抗“疫”一线的医务工作者和基层党员干部，激励广大党员、干部奋勇争先；支持基层党组织有力开展疫情防控，补助因患新冠肺炎而遇到生活困难的党员、群众。

一系列“硬核”政策的出台，充分体现了对一线医务人员的尊重和关爱。

自治区党委组织部、人才办日前专门出台7项“含金量”颇高的措施，在休假天数、子女入学等方面对防疫一线医务人员给予政策倾斜。同时，对在疫情防控工作一线作出突出贡献的医务人员，防控工作经历可作为职称评审的重要业绩……

今年39岁的银川市妇幼保健院护士李婷2月5日被抽调到银川市临时急救医院后，就再没回过家。“我入党20年了，上一线时真没想太多，但组织上的关怀让我感动，有这样的坚强后盾，我对战胜疫情充满信心。”李婷说。

（新华社银川2020年3月4日电　新华社记者曹健、邹欣媛）

上海：非凡“战疫力”来自强大组织力

春光里万物复苏，上海正重现往日的活力。党建，始终是破解各类难题的“金钥匙”，同样是统筹推进疫情防控和经济社会发展工作的引领力量。

战“疫”中，上海完善市、区、街镇、居村党组织四级联动机制，数万干部“一竿子插到底”下沉基层；充分发扬基层的首创精神和实干精神，把“绣花功夫”做足做透；打通服务群众和企业的“最后一公里”，为高质量发展保驾护航。

★ 2020 年 2 月 14 日，党员志愿者唐晓双（右二）在走访过程中与村民交流，告知即将实行的隔离措施。在抗击疫情的工作中，上海奉贤海湾旅游区的志愿者们坚守在各自的岗位上，每天深入海湾旅游区的大街小巷，宣传疫情防控知识和相关防控政策。（新华社记者　方喆　摄）

上下左右联动，“一竿子插到底”

打破体制、隶属、级别等束缚，探索资源整合型党建模式，是上海城市基层党建的优良传统和宝贵经验。这些扎实的“日常工作”，在战“疫”期间发挥着“非常之力”。

位于静安区的上海火车站，东南、西南、西北出口现有三个临时党支部，成员来自公安、城管、静安区机关等互不隶属的单位，他们驻守“铁路大门”，完成出站旅客的测温、健康信息登记、人流引导等工作。“我们平时就通过区域化党建把工作任务放在一个平台上分享、相互补台。战‘疫’打响，我们的队伍直接拉出来就能上。”铁路上海站地区管理委员会办公室党组书记、常务副主任黄翔说。

疫情面前，上海发挥市、区、街镇、居村党组织四级联动体系优势，进一步提升防控战斗力。上海市市级机关工作党委建立了机关党员干部下沉顶岗工作机制，先后选派三批次 55 家单位、3100 余名机关党员骨干，深入街镇居村、高速道口、火车站地铁站、机场等一线，顶岗开展社区防控、商铺巡查、道口管控、人员疏导等一线任务。与此同时，上海各区共组织 2 万余名机关、事业单位干部下沉社区。

让上海市教育考试院网络信息中心项目主管郑煜印象最深的，是他下沉社区顶岗做垃圾收集工的经历。当时，他与同事一起去社区内 9 个隔离户家收集垃圾。“那是我第一次穿上严密的防护服，戴上防护手套和眼罩，一瞬间心里确实感觉忐忑。”隔离户多住在没有电梯的多层楼房上，最高的在 6 楼，不断地上下楼让穿着密闭隔离服的他大汗淋漓。这样的经历，让他内心里多了一份对社区工作者的理解、敬重。

下足“绣花功夫”，基层有的是好办法

超大城市的基层治理必须下绣花功夫。在防疫工作中，上海依托党建网格，压紧压实街镇居村属地责任，统筹群防群治力量，运用精细化、法治化、智能化手段，做到早预防、早发现、早解决。

长宁区江苏路街道岐山村居委会办公室内，25张A4纸拼接起来的“六色战疫挂图”几乎占了一整面墙。辖区内2000多户、6000多位居民，是一直在沪、近期返沪还是境外归来，是否需要隔离观察，这些信息都用赤橙黄绿蓝紫六色分别标识出来，并根据每日情况变化进行更新。距岐山村几百米远的江苏路街道办事处一楼大厅内有一幅电子“挂图”——街道城市运行管理中心的防疫专页，疫情防控各方面的实时数据清清楚楚。

“我们既要下网格化、地毯式排摸的硬功夫，也要充分运用大数据后台，不让社区干部当‘表哥’‘表姐’。这样，社区才能守好门、管好人。”江苏路街道党工委书记郑立锋说。

在闵行区，“红色物业”响应机制充分发挥党组织领导下的“三驾马车”协同效能，444个居民区党组织、1073个社区、948个业委会、271家物业服务企业的干部群众携手并肩、群策群力。

为做好居民口罩预约登记购买工作，梅陇镇中海寰宇小区党支部书记朱宝祥召集居委会、物业公司相关负责人及16个楼栋的楼组长在手机微信群里开了一次视频会议，有了好点子：将小区一直使用的网上报修平台临时改建为口罩预约登记平台，1194户居民通过该平台线上预约登记，工作效率大大提高。

统筹战“疫”与发展，打通“最后一公里”

疫情当前，上海建立健全“街道党组织—楼宇（园区、商圈）党组织—企业党组织”三级响应机制，把楼宇、园区、商圈党群服务站作为“一线指挥部”，由楼宇、园区、商圈党组织会同物业和企业党组织、党建指导员、街道疫情联络员、党员志愿者等组成联合工作小组，设立党建责任区，因地制宜创新防控举措，有序推动复工复产复市。

“面对疫情，基层当然有压力，所以更要把每一个能团结的企业、人员都凝聚起来，共同战‘疫’。”徐汇区虹梅路街道党工委书记蒲亚鹏说，街道辖区内有漕河泾开发区的20多个园区、200多幢楼宇、4000多家企业，高峰时区域内职工人流量近30万人次。通过布点划片，对园区每一个企业、每一幢写字楼、每一个可能涉及人员进出的通道、车库、走廊和聚集场所都做到“问题到格、责任到人”。

而在备受瞩目的上海自贸区临港新片区，管委会党组推出“企业复工防疫服务专员制度”，近300名服务专员提前对接园区企业，“一企一策”帮助解决实际困难，并协调特斯拉上下游8家企业加快复工，推动区内产值在5亿元以上的企业全部复工。

（新华社上海2020年3月9日电　新华社记者杨金志、郭敬丹）

武汉市汉正街石码社区党委书记兼居委会主任韩小琴（右一）带领社区工作人员向步行街旁的居民宣传防疫知识（2020 年 2 月 13 日摄）。（新华社记者　王毓国　摄）

四 他们，用行动为群众守好“大门”

守严守牢疫情防控的关键防线

——全国城市社区党组织和广大党员全力打好疫情防控人民战争

疫情防控，关键在治，基础在防。社区是城市的基本单元，是人民安居乐业的家园，也是疫情防控的第一线。把社区这道防线守严守牢，就能有效切断疫情扩散蔓延的渠道，保卫群众的生命安全和身体健康。守好社区，就是守住城市，守护人民！

一座不垮的大厦，必有坚实的基础。面对社区疫情防控的艰巨使命，社区党组织和广大党员干部没有犹豫彷徨，他们坚守岗位、日夜不息，英勇奋战在疫情防控一线，越是艰险越向前，团结带领广大群众，凝聚起众志成城、齐心战“疫”的磅礴力量。

党建引领　主动作为
把社区疫情防控各项部署落到实处

病毒，挑战人的免疫机能；疫情，考验城市的“免疫系统”。对各级党组织和广大党员干部来说，突如其来的新冠肺炎疫情，是一次危机，也是一次大考，如何有效发挥社区在疫情防控中的阻击作用，是一项艰巨的任务，也是一个巨大的挑战。

疫情发生以来，习近平总书记多次作出重要指示，提出明确要求，强调基层党组织和广大党员要发挥战斗堡垒作用和先锋模范作用，广泛动员群众、组织群众、凝聚群众，全面落实联防联控措施，构筑群防群治的严密防线。

总书记还特别指出，社区是疫情联防联控的第一线，也是外防输入、内防扩散最有效的防线。把社区这道防线守住，就能有效切断疫情扩散蔓延的渠道。全国都要充分发挥社区在疫情防控中的阻击作用，把防控力量向社区下沉，加强社区各项防控措施的落实，使所有社区成为疫情防控的坚强堡垒。

总书记的重要指示，既是强大思想武器，更是科学行动指南，为做好社区疫情防控工作指明了正确方向、提供了根本遵循。

船的力量在帆上，人的力量在心上。组织力量是我们战胜艰难险阻的坚实支撑。为贯彻落实习近平总书记重要指示精神，中组部 1 月 29 日印发通知，2 月 3 日在京召开电视电话会议，明确要求充分发挥基层党组织战斗堡垒作用和党员先锋模范作用，社区党组织要切实担负起属地防控的重要责任，引导党员冲锋在第一线、战斗在最前沿。2 月 27 日专门电话通知湖北等地尽快抽调党政机关和企事业单位党员干部充实社区一线。

时间就是生命，开战就是决战！各地组织部门闻令而动，立足职能职责，对全力打好社区疫情防控阻击战作出安排部署。

★ 武汉市永清街道沈阳社区党委书记雷莉华（右二）在社区办公室为同事分配工作任务（2020 年 2 月 12 日摄）。（新华社记者　李贺　摄）

——31个省区市和新疆生产建设兵团印发通知，对社区党组织在疫情防控中的属地职责予以明确。

——北京、天津、广东等地由组织部门牵头成立社区疫情防控工作协调机构，“一盘棋”指挥社区防控工作。

——湖北、湖南、河南等地下发通知，积极组织抽调党员干部下沉社区，参与疫情防控工作。

——浙江、河北、云南等地出台具体措施，综合采取政治激励、组织激励、工作激励、精神激励等多种形式，切实做好对街道社区工作者和党员干部关心关爱。

各地还注重总结近年来加强城市基层党建、基层治理的成功经验，及时把区域统筹、条块协同、上下联动、共建共享方面的有效做法运用到社区疫情防控中，不断优化党建引领社区疫情防控体系，推动党中央各项部署在社区落实落地。

筑强战斗堡垒　抓实网格管理
打造社区疫情防控“安全墙”

战斗堡垒聚人心，中流砥柱抗疫情。疫情之下，每一个社区、每一个网格，都是一个微型战场。在战“疫”的最后一公里，社区党组织责任重大。

关键时刻，危急关头，党组织就是主心骨。堡垒无言，却能凝聚强大力量；旗帜无声，却能鼓舞昂扬斗志。

开展地毯式排查，不落一户、不漏一人——

2月17日晚，武汉江岸区桃源社区党总支组织社区党员干部全部下到楼栋，挨家挨户“数电灯”。有的住户亮着灯，但人不在名单里，社区就把他们纳入名单。有的人在名单里，但家里灯不亮，社区就打电话询问是不是回了老家，把他们一家人的体温登记了，以备再查，真正确保无遗漏。2月17日至19日，一场前所未有的大排查在武汉上演。全市社区党组织紧急动员，3天时间，72个小时，排查7148个小区，近1000万人口，摸清情况底数，为打赢武汉保卫战奠定了坚实基础。

★ 2020 年 3 月 6 日，四川省成都市锦江区狮子山街道佳宏路社区党委书记高丽（中）在向狮子山街道办事处工作人员汇报社区防疫情况。（新华社记者　刘坤　摄）

浙江宁波、云南昆明、辽宁沈阳等地广泛发动社区党组织全面摸排走访，精准掌握疫情，对重点人员随时关注，实施疑似人员密切接触者隔离观察，及时将有关人员送至发热门诊接受治疗，真正做到早发现、早报告、早隔离、早治疗。

严格网格化管控，外防输入、内防扩散——

“我们小区一密切接触者的家人要驾车出门。”“我们网格有一个居民从武汉回来已经第四天了，目前体温正常。”……一条条信息通过网格员迅速反馈到社区。福建宁德天湖社区党支部白天组织网格员在社区巡逻，宣传疫情知识，劝导居民戴口罩、不聚会、讲卫生，晚上挨家挨户上门走访、核实对比相关数据，每天工作超过 15 个小时。“疫情来了，困难来了，没啥说的，党组织牵头抓实防控，让群众少一分担忧，多一分安全”，社区党支部书记陈秀慧说。

“组织在，防线就在！”海南三亚针对现代小区、老旧小区、开放式街巷等不同类型，将小区划分成若干网格，网格党组织牵头，全面采集外来人员、车辆、发热病人信息，将防控措施落实到户到人。内蒙古通辽25个街道、22个社区党组织依托网格成立疫情防控小组181个。湖北黄冈、襄阳建立支部+网格+居民的防控模式，社区网格员走进千家万户，成为疫情防控的信息员、宣传员、战斗员。

疫情发生以来，广大社区党组织切实加强网格党建，广泛开展宣传引导、监测预警、应急处置等防控工作，为一个个小区打造起抗“疫”的铜墙铁壁，让居民群众暖心安心放心。

做好精准化防控，保安全、促复工——

每栋楼按楼门和楼层绘制表格，备注返京人数、隔离时间，社区“疫情地图”让防疫重点一目了然；组建临时指挥部，做好人员调配、及时公布信息、加强服务保障；抓好建筑工地、宾馆酒店、群租房、城乡结合部租住房、“五小”行业等薄弱区域管控，落实防控要求……连日来，伴随着复工复产，大量人员返京，北京各个社区党组织都积极行动起来，为有序恢复生产生活秩序打牢基础。

上海浦东新区潍坊新村街道党工委，发动社区党组织成立楼宇防控小组，兵分六路，深入辖区82个楼宇巡查督导疫情防控工作，要求1647家企业做到“一口罩、二询问、三测温、四登记”，落实轮班上岗、一米排队、打包送餐等举措，确保安全复工。

社区既是疫情防控第一线，又是复工复产第一线。各地社区党组织力所能及为企业提供防疫物资保障，优化健康证明、返城登记、居家观察等方面服务，协助企业尽快复工复产。同时，帮助企业做好测温、消杀、防护等各项工作，防止复工复产期间出现聚集性疫情，切实做到疫情防控和经济发展两手抓、两不误。

既当指挥员　又当战斗员
勇做社区疫情防控“领头雁”

在社区这个战场上，扎紧安全网，守好门、看好家，社区党组织书记肩负着重要责任。

为打赢社区疫情防控阻击战，广大社区党组织书记身先士卒、率先垂范，以舍我其谁的气概和铁肩担道义的胸襟，争当逢山开路、遇水架桥的先锋，闯关夺隘、攻城拔寨的闯将，将坚定的初心使命书写在社区防控最前沿，书写在居民群众心坎里。

——默默坚守无私奉献，用脚步丈量大街小巷

2 月 19 日深夜 11 点，已准备上床休息的山东济宁息马地社区党委书记孙法泉却心事重重：社区疫情防控点上还存在哪些问题？最容易出现的漏洞在哪里？对了，与市场毗邻的监测点是最大的隐患，最不放心也最容易出问题的就是市场周边了。想到这，他又披上大衣去了他最牵挂的“点”上。担任 20 多年社区书记的孙法泉已年近七旬，但他仍每天工作 10 多个小时，步行达 3 万余步，有时还通宵蹲守值班点。

谁都不是生而英勇，只是他们选择了无畏。湖南长沙浏阳河社区党委书记汪硕是一名“80 后”新晋宝妈。接到抗击疫情任务后，放下嗷嗷待哺的孩

★ 2020 年 3 月 7 日，四川省成都市高新区芳草街街道元通社区的党委书记黄秀琴将横幅系紧。（新华社记者　李梦馨　摄）

子就投身工作。有人劝她，你正在哺乳期，伤风感冒都不得了，更何况这么可怕的肺炎，不为自己考虑也要为孩子着想啊。没想到汪硕说：“我作为社区书记，有什么理由不上前线呢？”

这样的例子还有很多。湖北武汉江欣苑社区党委书记胡明荣曾做过两次癌症手术，近日来多次咳血，仍坚守一线。吉林长春长山花园社区党委书记吴亚琴带头住进社区，吃住在办公室。河南开封曹门社区党支部书记文娜不小心摔伤了腿，可她坚持说，“就是借‘腿’也要到社区卡点去”。黑龙江伊春朝阳社区党总支书记王婧日夜连轴转，几次路过家门都没时间进去问候一下父母，同事都称她“忙”书记。疫情面前，他们用自己的辛劳和坚守，战斗力“满格”地释放光热，让疫情期间的城市更有温情。

——隔离病毒不隔离爱，用真情帮助隔离人员

疫情来袭，有居民确诊后，以症状较轻为由，拒绝前往医院。湖北武汉水岸星城社区党委书记彭婧反复与居民沟通，无数次上门、问询、安抚，磨破了嘴皮、说哑了嗓子，最终说服居民去医院接受治疗。

封闭楼栋，不封闭服务；封闭小区，不封闭温暖。个别居民居家隔离以后，容易出现情绪波动。广大社区书记及时变身“心理治疗师”、“政策宣传员”、“病毒消杀员”等多个角色，用行动践行爱心，帮助社区居民顺利度过隔离期。安徽马鞍山新风社区一位返乡隔离人员因为思想压力大，突然冲进社区疫情调度会现场，引起大家恐慌，社区党委书记邢春桂冒着密切接触的风险，耐心劝导并亲自护送其回家。问及此事，她淡淡地说：“我是社区书记，我不上，谁上？”一字一句发自肺腑、映照初心。

——民有所需我必有应，用爱心关怀邻里街坊

疫情发生后，社区居民出现“买菜难”，河南荥阳索河湾社区党支部书记陈新东奔西走，协调设立了社区生鲜服务点，推出平价蔬菜，并采取线上预订、线下配送的方式，为每家每户送上新鲜蔬菜。“过年买的菜吃得都差不多了，出去买菜又怕添乱，蔬菜进社区太周到了，真的太感谢陈书记了！”社区居民张阿姨赞不绝口。

“阿婆，这是我们社区为您准备的急救包，里面装有体温计、口罩、酒精等急需物品。咱平时注意防范，尽量少出门，外出时记得戴口罩，有啥困

难可以给咱社区打电话……”2月11日，广西北海茶亭路社区党委书记杨海春走进困难群众家中，逐户开展帮扶慰问，耐心讲解疫情防范知识，贴心为他们提供防护用品，帮助他们安全度过疫情。

头雁引领，群雁高飞。面对千家万户、千头万绪、千难万难，广大社区工作者在社区书记的带动下，无私忘我、负重担当，用奉献和汗水为群众排忧解难。上海静安区陕北社区干部沈怡敏接到疫情管控宣传摸排任务以来，一直没有休息过。她走街串巷、上门走访，敲门把手都敲肿了，被戏称为“敲门干部”。安徽合肥磨店社区干部张效虎在疫情防控点一干就是一个多月，整天戴着口罩风吹日晒，脸成了黑白分明的“口罩脸”。湖北武汉惠民苑社区网格员丰枫为居民代购药品，箱子装不下，就把药袋子挂在身上，被网友戏称为“药袋人”……群众感动地说，“也许社区工作者有很多不足，可不要忘了，他们对病毒也不免疫，完全是拼着命来帮助我们。至少现在，他们就是社区的英雄！”

尽锐出战　应下尽下
充实社区疫情防控一线工作力量

当前，防控正处于最吃劲的关键阶段，特别是社区，疫情形势依然严峻复杂，防控任务繁重艰巨，既需要社区党员干部顽强拼搏、连续作战，也需要上级部门火速驰援、鼎力支持，及时输入“新血液”，充实“生力军”。

号角起，点兵忙。各地积极抽调精兵强将下沉社区，自觉接受社区党组织领导和统一指挥，主动承担疫情防控任务，勇于完成最艰难的工作，彰显党员干部政治本色和过硬作风。

广泛抽调干部夯实社区——

“局长、科长成了咱们小区的守门员。”最近，这条暖心消息刷爆了湖南攸县群众的朋友圈。为有效防控疫情，攸县54个部门单位的党员干部下沉一线，结对130个城区小区，协助社区党组织做好小区封闭管理、有关人员排查核查、居民需求代买代办等工作。截至目前，湖南省、市、县三级已先后选派12万名干部下沉到城乡社区。

★ 2020 年 2 月 21 日，在合肥市经开区芙蓉社区一小区，党员干部志愿者在公共区域进行消杀作业。近日，为应对新冠肺炎疫情，合肥市直单位党员干部积极报名，主动下沉到防控一线，与社区工作人员等共同筑牢基层防控线。（新华社记者　曹力　摄）

这只是各地下沉干部工作的一个缩影。近期，湖北全省 1.1 万家机关企事业单位包保联系 2.7 万个城乡社区，抽调 58 万余名党员干部下沉社区。北京 7 万多名干部奔赴社区，在党组织统一领导下，编入工作团队。天津 137 个部委办局，由局级干部带队，带领 1.3 万多名党员干部下沉社区一线，有效缓解了社区人手不足、任务量大等突出问题，实现关键区域有党组织把着、关键时刻有党员顶着、关键岗位有党徽亮着。“干部下沉很及时、很管用。他们来了，我们的底气更足了。”社区干部们纷纷点赞。

广泛组织在职党员到社区报到——

大事难事见担当，危难时刻显本色。疫情面前，居住在社区中的在职党员没有“宅”在家里当旁观者，而是主动走出家门，亮明党员身份，在社区党组织领导下积极参与疫情防控、开展志愿服务。

广西桂林推动在职党员到居住地社区报到，积极为社区筹集争取防疫物资，先后捐赠口罩 1.8 万个、消毒酒精 2306 斤、消毒液 4338 斤、手套 8375 副，缓解了社区的燃眉之急。

山东泰安实施“到一线、肩并肩、战疫情”专项行动，市委书记带头以普通党员身份到所在社区报到，带头在社区疫情防控点值守。青岛开展在职党员“三报到”活动，区级领导到居住街道、部门负责人到居住社区、机关党员干部到居住网格报到，形成“不分一线二线都是火线，不分职务高低都是战士”的抗“疫”格局。潍坊组织在职党员承诺做到疫情防控、信息报告、宣传引导、抵制谣言、维护稳定“五带头”……截至目前，山东共有113万名在职党员到社区报到参与疫情防控，用党员的“辛苦指数”换取居民的“安全指数”。

心往一处想　劲往一处使
打好社区疫情防控人民战争

疫情肆虐，举国赴战，全民皆兵，没有人能置身事外。疫情发生以来，广大社区党组织发挥强大政治功能和组织力，及时把党的政治优势、组织优势、密切联系群众优势转化为疫情防控的工作优势，广泛组织动员居民群众，充分调动整合社会力量和各方资源，党员干部群众齐上阵，拧成一股绳，齐心协力共克时艰。

社区党员站了出来——

退役军人程科意是滴滴武汉公司社区保障车队的一员，大年三十就向公司党委递交了出车申请，“我是武汉人，这个城市是我的家，在车队里，我是党员，应该积极站出来，把我们共同的家维护好”，“我可不仅仅是个司机，送需要透析的病人去医院、接新生儿和产妇回社区、搬运防控物资、给困难户送菜，等等，只要能做的，我都能去搭把手”。

江苏南京健园社区疫情防控登记点，一位有着40多年党龄的维吾尔族老党员一直忙碌着。她叫热亚娜，今年已经71岁了，从1月24日至今，热亚娜每天都坚持工作，她还发挥自己的语言优势，及时将党组织的号召和疫情防控知识传达给社区的每一名维族群众。

“咱们是党员，其实很平凡。柴米油盐上下班，苦乐常相伴。咱们是党员，

★ 图为深圳大鹏新区坝光防疫检查点设立的党员先锋岗（2020 年 2 月 27 日摄）。（新华社发）

其实不简单。红旗下面宣过誓：人民就是天。”一首《咱们是党员》，唱出了社区党员关键时刻冲得上，危难关头豁得出的光辉形象，也感染着周围的广大群众，许多人向社区党组织递交了入党申请书，纷纷表示，“感受到党员身份就意味着责任、付出、奉献，我想要加入到他们的队伍中去”。目前，全国共有 800 余名社区干部群众在抗“疫”一线光荣加入了党组织。

辖区单位党组织动了起来——

一人拾柴火不旺，众人拾柴火焰高。各地积极依托区域化党建工作平台，及时将“共建共治共享”治理常态转为“联动联防联控”战时状态，把系统建设整体建设的合力转化为社区抗击疫情的合力。

南京南站位于雨花台区农花社区，是华东地区最大的交通枢纽，日均客流量达 13 万人次，周边物流、资金流、信息流高度集聚，疫情防控任务异常艰巨。社区党委会同南京南站综管办党组织，以区域党建联盟为载体，组织 200 多家驻区单位党组织共同排查酒店、宾馆，人车都“不放过”，消毒“不留死角”，全方位核查人员信息，编织起全员抗“疫”同心圆。

“阿姨，我们测个体温再进院子嘛，这是对大家负责”，“叔叔，要减少出门，出门的话也要戴上口罩”，这是川油物业成都分公司保安队长杨楷每天都要说上百次的话。在河北邯郸南辛街社区浴新南大街99号院门口，由“红色物业”工作人员组成的服务队，已不分昼夜地在此值守了一个多月。湖北武汉“红色物业”到岗率达到85%，远远超过行业平均水平。通过社区物业党建联建，广大“红色物业”企业党组织和党员主动参与到社区疫情防控工作中，他们24小时值守在户外，为进出小区的人员和车辆登记测温；他们忍受着刺鼻的消毒水味，每天为辖区内的公共空间、楼道内外开展消杀；他们分小组巡逻，不间断守护小区居民的安全和健康。一群人一条心，温暖一座城。北京麦子店街道一名德籍居民拿着自己亲手折叠的千纸鹤，送给社区物业工作人员，感谢他们的辛勤付出，“我们大家携起手来，一定能早日战胜病魔”。

居民群众跟了上来——

一个党员一面旗，唤起群众千百万。在这场全民共同战“疫”的过程中，在各个社区，都可以看到这样一群人：他们在社区党员的带领下，戴着“红

★ 在南京市江宁区秣陵街道牛首社区一处小区，社区网格员陶慧（左）和王俊（中）等为居家隔离的居民送上代购的物品（2020年2月5日摄）。（新华社记者　季春鹏　摄）

袖章”、穿着“红马甲”，值守在防控点上，巡逻在小区里，他们中的很多人都是社区普通居民。“要向党员一样去战斗”，是他们最真挚的愿望，也是最坚定的决心。

新疆福海县环城西路社区个体工商户肖景光是一名社区志愿者，在他随身携带的小本上，记满了居民的“订单”，“老肖，我家没电了，麻烦给交个电费吧”，“肖大哥，我爸的降压药吃完了，需要买药”……只要居民的一声招呼，肖景光就会立刻动身，骑上三轮车开始奔波，被居民亲切地称为社区“最靓的仔”。

浙江舟山组织“东海红渔嫂”，江西南昌成立“社区妈妈团”，积极开展“守护幸福最美家”行动，轮值当好因疫情影响独自在家老人的“临时女儿”、孩子的“临时妈妈”，送餐、送教、送物资，成为大家心里最美的“铿锵玫瑰”。

居民志愿者、巾帼志愿者、青年志愿者、文明志愿者、民兵志愿者……通过社区党组织组织动员，居民群众迅速聚拢在党的旗帜下，根据自身特点，发挥各自优势，睦邻相助，在社区疫情防控战场上做着力所能及的事。每个人虽然只是平凡的微光，但却汇聚起光芒万丈！

每一份助力，都在增添抗击病魔的力量；每一次拼搏，都在驱散疫情的阴霾；每一次奋起，都在加速战局的推进。目前，全国新增新冠肺炎确诊病例大幅下降，党的领导和中国特色社会主义制度优势充分彰显。国际社会对我国的疫情防控工作给予高度评价。其中，凝结着广大社区党组织、党员干部、居民群众的辛勤汗水。

莫道春光难揽取，浮云过后艳阳天。我们相信，在以习近平同志为核心的党中央坚强领导下，广大社区党组织冲锋在前，广大党员干部拼搏奋斗，广大居民群众众志成城，社会各方力量守望相助，就一定能把社区这道防线坚决守住，胜利必将属于我们！

（新华社北京 2020 年 3 月 10 日电）

从机关下沉小区变身“送菜员”之后

——一位武汉干部的社区战“疫”记

57岁的唐金山是土生土长的武汉人，身为武汉市财政局金融（国际）处处长、支部书记，他曾在当地基层社区挂职。新冠肺炎疫情来势汹汹，他带领支部党员再次下沉到社区，在那里打响战“疫”，保卫这座他深爱的城市。以下，是唐金山的口述——

2月1日清晨，我来到自己曾经挂职过的琴断口街给社区居民送菜，那是疫情最严重的时期，满城风雨，愁云惨雾。

作为一个土生土长的武汉人，看到她受伤了，我的心口疼得要命。病毒似乎无处不在，作为一个普通人，要不要下沉社区做防控工作，我也曾彷徨恐惧过。

然而，只犹豫了片刻，我便整理好行装。我出生在武昌，工作在汉口，战斗在汉阳。那天，我以一名机关党员的身份，义无反顾冲向了抗“疫”战场，惟愿用点滴行动保护我们深爱的城市和人民。

此时此刻，战斗还在持续，回顾下沉社区的40多天，很多场景历历在目，令我不能忘怀。

让战友们吃上一口新鲜菜

让战斗在一线的战友们能吃上一口新鲜菜，这是我最初的心愿。春节期间，当得知广大基层党员干部为抗击疫情放弃休假、坚守岗位、连轴工作，很多社区工作者忙得顾不上买菜甚至不能回家的时候，我的心已飞出家门，我决定找点理由，为战友们做点事情。

那个时间段买点菜可真不容易，我四处找人找菜源，又雇了几辆小车拉菜，2月1日一大早，终于把10多个品种300多盒近4000斤精选蔬菜，逐一送往琴断口街10多个社区、环卫工作片区和部分特困群众家中。

送完菜，我要下社区的决心更加坚定了。

我看到社区不断有志愿者加入，有的负责守门登记，有的负责送吃的喝的，有的负责买药，大家彼此都不熟悉，都不怎么说话，默默地干着工作。

晚上，我感慨地发了个朋友圈：“这是一场战争，这是前沿阵地，你们勇敢逆行，你们负重前行，你们淡定自若，你们举重若轻，你们深深地感染着我、教育着我。今天，我也决定要加入你们的队伍，成为和你们一样的战士！”

认领疫情最严重的网格

2月3日，属于我们的战役开始了，在组织安排下，我带领支部全体党员下沉到汉阳区建桥街显正街社区，正式投身社区保卫战。在完成社区各网格小区封闭后，我们主动认领了疫情最严重的第一网格，全面启动小区封控管理。

我们所服务的这个社区，被汉阳区重症最集中的市五医院及家属区包围，大家都感觉很紧张。因为不知道这个诡异的病毒隐藏在哪里、会不会侵入自己的身体。

作为支部领头雁，我带领支部其他4名党员，每天坚守、战斗在这里，社区工作者累、病倒了一大半。我们几个也很害怕，我不停地嘱咐自己和我的每一个同事，在完成工作的同时一定要注意保护好自己、安全第一。

说真的，我很担心，我怕他们任何一个人出现问题，那我将永远无法原谅自己。我默默地祈祷，祈祷苍天保佑大家，保佑每个人都好好地回来，平安回来！

2月15日，雨雪交加，由于头一天晚上封闭管理的围挡板全被狂风刮倒，我带领党员与市政工程人员冒雨抢修、加固，忙完后鞋子已被雨水浸透。中午时分，一位热心人士给我们送来两大包一次性雨衣，想到社区物资匮乏，我便转送了一部分给社区工作人员。

匆匆返回的路上，因地面冰雪湿滑，我重重地摔了一跤，一时动弹不得。我想，这下完了，就算没骨折也得卧床。我忍着疼爬了起来，庆幸自己还能缓步行走。我没有回家，更不敢告诉家人，一直咬着牙坚持到傍晚。这一天，我们浑身淋湿，冻得发抖，变成雪人；这一天，我们赤手空拳，迎着困难，坚守在只有风雪、没有遮掩的阵地。

第二天早上，我艰难地从床上爬起来，又来到了值守阵地。这一天，我想方设法搞到一顶简易帐篷，有了属于自己的“哨所”，大家也有了归属感。后来，我们又把临时支部建在了值守点上。

特殊的生日与特别的党日

我们在社区的统一安排下，遵循“服从命令、听从指挥、当好参谋、主动作为”的原则，边工作，边琢磨，摸索出一系列管理措施，并通过开展“底本核对、电话核查、上门核实”，精准掌握辖区住户和人员数据信息，实现对社区居民的全面帮扶和对特困群体的重点关爱。

在刚刚封闭管理不久，我们就把社区和下沉干部服务居民生活保障的事项进行梳理归集，制定了 10 个方面的“便民服务公约”，送到每家每户，让居民待在家里踏实安心、生活无忧。

在我们上门排查时，发现一位离预产期还有半个月的孕妇，她成为我们重点关注的对象。2 月 22 日，孕妇发作待产，拨通了求助电话，我们把她连人带行李送上社区安排的专车送往妇幼医院。

一周后，社区又派专车将母子及家人平安接回，一下车，我们大伙都迎了上去，女同志负责搀扶产妇和婴儿，男同志帮着扛行李，这个小生命的到来令人开心，大家边走边聊，当得知小家伙还没有名字时，一个个来劲了，有的说，叫冠生；有的说，叫运生；我说：就叫强生吧，只有强大的祖国，这孩子才能顺利出生。大家一致认可，大名强生，小名强强。这个年轻的母亲一个劲地说，好！好！

2 月 28 日，是我的生日，但这一天，没有蛋糕也没有蜡烛。晚上回到家里，老婆把一直舍不得吃的一点面条煮了碗长寿面，为我庆生。由于一直忙于社区帮扶工作，家里都快弹尽粮绝了，能够吃上一碗生日面条，我已心满意足。老婆让我默默许个愿，我说，今天要把愿望说出来，我最大的心愿是：早日战胜疫情，大家平安回家。

3月8日，国际妇女节，下午5：30，我们在值守点的集装箱里，挂起鲜红的党旗，举行了一次特别的主题党日活动。大家面对党旗，举起右拳，我作为领誓人，带领全体党员重温入党誓词，此时此刻，党员的使命感油然而生！一位年轻的党员说，刚来到社区时，有抵触情绪、有恐惧心理，通过在火线上摸爬滚打，感觉自己成长了，被居民需要了。

一定要并肩把困难扛过去

小区里有很多困难家庭，对他们来说，疫情无异于雪上加霜。为了能帮帮他们，在我的倡议下，支部党员主动捐款，一名在家休产假的党员积极捐款1000元，她说，我不能同你们一起上战场，但我的心与你们在一起，请收下我对困难群众的一份爱。

我们用大家的捐款买了54份猪肉和蔬菜，送给辖区的孤寡老人和困难群众，有的居民接到我们送上门的菜，感激地问：“这菜多少钱？”我说是我们值守人员看望慰问大家的，不要钱。知情后，有居民要拒绝我们，“你们每天为我们站岗放哨、购物送菜，还自己掏钱买菜送上门，这个我们不能要！”我们一再说服，居民才肯收下。

3月9日，86岁的独居老人陈佩玖特地写了一封感谢信送到值守点，表达了对社区和支部党员的感激之情，她写道：你们每天给我打电话、查体温、送问候、发爱心菜和生活物资，让我一个患高血压和多种疾病的老人看到了希望，你们还安排人送我去医院看病，真是我的恩人啊！

看着泛黄的信纸、不算规范的字迹，我们心里暖暖的。多么善良的老人啊，咱们一定要并肩把困难扛过去啊！

刚刚下到社区时，居民对我们的工作，也有怀疑和不解，但经过这段患难与共的日子，怀疑与不解变成了信任与依赖。居民拿我们当亲人，我们把居民当家人。

一位叫陆静的社区居民体谅值守干部的艰辛，每天都会送来自己磨制的新鲜豆浆，她的热情和执着令人无法拒绝。豆浆捧在手里热乎乎的，而更热乎的，是群众的一片热心！

早出晚归的路上，看着高耸的建筑、空荡的马路、安静的城市和窗口的人影，我的心还是疼痛难忍。直到有一天，我忽然发现路边的草绿了，高立挺拔的紫玉兰树上，开满了鲜艳、饱满的玉兰花，美丽而充满生机。我的眼前一下就亮堂了，我深信，战胜疫情的那天不远了，这座城市很快就会恢复她的烟火气。而我，一定会坚守到胜利的最后时刻！

（新华社北京 2020 年 3 月 20 日电　口述：唐金山，整理：新华社记者张丽娜）

社区来了“新面孔”

——北京战“疫”一线“增援”干部纪事

面对汹涌而至的疫情，一个多月来，北京市启动党建引领“街乡吹哨、部门报到”机制，派出 7.4 万余名机关企事业单位党员干部参与社区（村）值守，18.9 万名在职党员主动到社区（村）报到，与社区工作者、物业、保安、楼门长、志愿者、热心群众同心携手，共铸首都疫情防控的“铜墙铁壁”。

全北京 7000 多个社区（村）出现了一张张“新面孔”，给人们带来希望、信心，记者走近其中几位……

日行 3 万多步的半拉“社区人”

打开姜真的微信朋友圈，最近一个多月全是在社区站岗、消毒的图文记录，用他自己的话说“我现在也已经是半拉社区人啦！”不同的是，他晒的照片构图、用光都透着一股专业劲儿。

1 月 20 日，北京首次确诊新冠肺炎病例，疫情防控阻击战打响！

长期在西城区融媒体中心工作的姜真第一时间递交请战书，之后迅速来到天桥街道香厂路社区报到，成为北京市西城区首批主动“请战”下沉社区的机关党员干部之一。

每个社区（村）至少有一名区直机关干部、一名街道乡镇干部、一名社区卫生服务专业人员，全天候派驻——数以万计的干部下沉，实现北京全市 7120 个社区（村）全覆盖。

★ 北京市西城区下沉干部姜真（左）在香厂路社区值守，负责为居民测量体温、检查出入证（2020 年 2 月 7 日摄）。（新华社发）

登记测温，重点区域消杀，入户排查……战“疫”至今，姜真每天不停地在香厂路社区 0.2 平方公里的面积里“打转”，穿胡同、爬楼梯，一天能走 3 万多步：“17 年前‘非典’时我刚参加工作，党员干部冲锋在前，给我留下深刻印象。现在，到我贡献力量的时候了。”

香厂路社区内设有便民菜站，服务附近 8 个社区的居民。每天上午买菜高峰时间，人流不停出入，测温工作量骤增。8 个社区都有不同的出入证，给防疫人员查验带来不小压力。

“尽量将各种出入证都识记在心里，同时打印出来贴在出入口方便识认。最近我值守时发现有人使用伪造出入证，及时交警察处理。”姜真说。

零下 4 摄氏度冒风顶雪的社工、79 岁还坚持和年轻人一起站岗的肖老爷子、为准确测温给测温仪织毛衣套保暖的老党员……下沉社区，姜真也没忘了老本行，在做好防疫工作的同时用手机拍摄下一个个动人瞬间，通过微信公众号、抖音等平台传递温暖。

最近，姜真正忙着给居民更换需要张贴照片的新出入证。“真希望这批出入证派不上多久的用场，希望疫情赶紧结束。”

真岗位真干活儿的“急先锋”

面对疫情，北京海关组织 10 名党员干部下沉八里庄街道远洋天地、红庙两个社区，全脱产派驻，由社区党组织定岗定责。

“十万火急的事儿，就要由急先锋来办！”北京海关机关党委专职副书记苑玉梅说。

北京海关的 10 名党员干部，是北京市级机关企事业单位 2040 名“下沉干部”的缩影——到社区（村）充实基层防控力量。

随着复工复产，外地人返京数量持续增加，社区防控压力不断加大。在区级单位前期下沉的基础上，2 月 26 日，北京市委组织部、北京市直机关工委等部门组织动员市级机关企事业单位选派干部下沉社区（村），协助 61 个未返京人员超过 1000 户的社区（村）、238 个城乡接合部人口倒挂村，以及

★ 2020 年 3 月 5 日，北京会展中心海关副关长刘天乐（左二）带领海关党员干部到商务楼宇督导企业复工途中，与社区工作人员一起讨论工作方案。（新华社发　宋春添阳　摄）

首都核心区“无物业、无安保、无封闭开放式”的“三无小区”做好疫情防控工作。

“下沉不是走过场，是真岗位真干活儿。我们以两个社区为单位，建立两个临时党支部，将红旗插在防控一线，将党建引领作用带到百姓中间。”亦庄海关副关长王少华在检疫战线历练多年，下沉红庙社区后又拿起了测温枪，“测温、识人，都是我们海关人的看家本领，我们要在社区站好岗，当好社区守门员。”

复工复产后，商务楼宇成为疫情防控的重点、难点。北京会展中心海关副关长刘天乐带领海关党员干部在远洋天地社区的商务楼宇反复巡查，督导检查企业复工复产情况。

“目前已将8栋商务楼宇摸排了两遍，检查督导企业近500家。”刘天乐说。

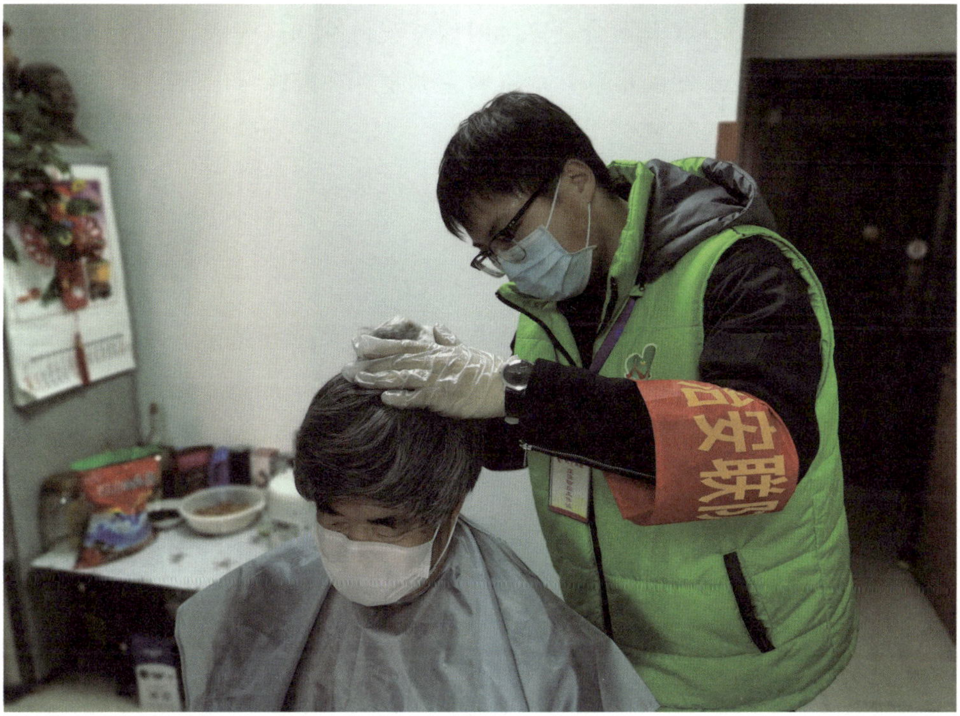

★ 2020年3月7日，北京市门头沟区住建委工作人员、刚刚“火线入党”的刘玉峰上门为社区居民义务理发。（新华社发　唐琦　摄）

穿绿马甲的“火线党员”

3 月 7 日，星期六，北京市门头沟区城管委工作人员路珊珊和区住建委工作人员刘玉峰这两名刚刚“火线入党”的年轻人佩戴党徽，穿上绿色的“门头沟热心人”马甲，来到龙门新区六区报到。

当天，北京市门头沟区 13 名来自不同岗位的“火线党员”全部到社区（村）报到，积极参加“党员顶岗一日、社工轮休一天”活动。截至目前，北京市火线发展党员 162 人。

除了参与值守测温、检查出入证，路珊珊和刘玉峰还充分发挥个人专长，尽自己所能服务社区百姓。

“能在入党第一天到社区参与疫情防控，非常有意义。”路珊珊将在单位处理 12345 来电诉求时了解到的群众关心的热点问题反馈给社区，提示社区提前做好相应工作，做到“未诉先办”。

“我手艺一般，哪儿不合适您随时说，我再给您修一修。”为帮助居民解决疫情期间理发不便的难题，刘玉峰主动发挥在家练习出的理发技能，到居民家里，为老人免费理发。

连日来，北京本地新增确诊病例为零！疫情向好的背后，有着“增援”干部的默默奉献、守望相助……

（新华社北京 2020 年 3 月 17 日电　新华社记者李斌、王君璐）

“我们多跑跑，居民更安全”

——直击新疆基层社区疫情防控

“家里还缺啥不？我们一会儿给你送过去。”每天上午 10 点 30 分，聂慧会准时打电话给居家隔离的伊力扎提·阿不力克木，在了解他身体状况的同时，全力提供生活上的帮助。

聂慧是新疆乌鲁木齐市天山区二道桥片区管委会宽北巷社区党支部副书记，为了给居家隔离人员提供更多帮助，这个春节，聂慧和社区干部每天一

★ 2020 年 2 月 1 日，乌鲁木齐市宽北巷社区志愿者服务队队员给辖区居民送蔬菜。（新华社记者　丁磊　摄）

★ 2020 年 2 月 1 日，乌鲁木齐市宽北巷社区工作人员在进行消毒作业。（新华社记者 丁磊 摄）

个暖心电话、每天一次生活慰问、每天一次心理疏导，“我们通过电话、微信与居家隔离人员联系，把他们需要的生活物资列个清单，采购后送上门。每天通电话，安抚情绪，帮助排解压力。”

基层社区是防控新型冠状病毒感染的肺炎疫情蔓延的第一道防线。二道桥片区宽北巷社区位于乌鲁木齐市解放南路，旁边就是有名的旅游景点乌鲁木齐国际大巴扎，也是乌鲁木齐市老城区。不久前，社区了解了从外地陆续返回人员的情况后，要求其中 12 人居家隔离生活一段时间。同时为了劝导疏离民众尽量少出门，社区干部把肉、蛋、菜、米、油盐酱醋等搬进小区，为民众提供方便。

“社区干部都在每家每户跑，我们多跑跑算什么。”看着每天社区工作人员为大家忙前忙后，一向热心肠的苏来曼·买合买提和小区不少年轻人组成志愿者服务队，帮助小区居民办理家务事，谁家电或者天然气没有了，志愿者就会第一时间帮助小区居民办理，甚至为了给居民买药，志愿者跑了大半个城区，“每天我的微信要到晚上11点多才消停，社区干部比我还要晚。”

社区干部和志愿者们细致入微的关心关爱，让居家隔离人员既觉宽心又觉暖心。在乌鲁木齐市经济技术开发区（头屯河区）丝路社区的雪莲花民族团结大院内，从甘肃老家回来不久的徐光荣居家隔离后，原本还有些顾虑的他在社区干部第一次上门后不再发愁，“社区干部为我们跑腿，我们看在眼里，感动在心里，我们一定积极配合做好居家隔离。”

“我们隔离的是病毒，但不会隔离关爱。”丝路社区“访民情、惠民生、聚民心”工作队队长姚刚说，疫情面前，最重要的是保障居民的生活需求，由于居家隔离的居民比较分散，社区干部和志愿者们每日3次电话问询，每日见面1次，代买生活必需品，尽量做到“有求必应”。

视频再现

目前，新疆近8万个基层党组织、142万各族党员干部坚守在疫情防控第一线，把各项措施落实到每一个单位、街道、乡镇、社区、村庄、网格和家庭，构筑起群防群治群控的严密防线。

（新华社乌鲁木齐2020年2月6日电　新华社记者顾煜、丁磊）

"标兵举党旗，跟我一起上"

——吉林"小巷总理"战"疫"记

2006年，一部名为《小巷总理》的电影全国上映，故事原型是吉林省长春市一位社区党委书记谭竹青，"小巷总理"也成为社区负责人的代名词。在吉林省，还活跃着一批知名的"小巷总理"，他们冲锋在疫情防控一线，让党旗在社区战"疫"中高高飘扬。

"看到你们在，我就不害怕"

在吉林省延吉市，园辉社区党委书记林松淑家喻户晓。全国劳动模范、全国"三八"红旗手……荣誉背后，是她20年如一日的付出。

疫情阻击战打响以来，林松淑一天未休。丈夫做了心脏手术，这段时间也只能自己照顾自己。"我只能叮嘱他小心点儿，实在忙不过来。"林松淑说。

宣传、消毒、测温、登记……一线"战场"，闪现着林松淑的身影。园辉社区一半是朝鲜族居民，许多人远赴国外打工，独居老人很多。

林松淑带头，给社区干部们加了任务：党员包片，每天打电话给独居老人。吃穿缺不？身体怎样？心情如何？一遍遍电话，暖人心窝。打几次不接，或是听到声音不对劲儿，党员们就上门察看，确保万无一失。"见到他们，心里就踏实。"李淑子说。

"压力大，但我们有信心。"林松淑坦言，"最近有句话怎么说的？没有一个冬天不可逾越。"略带朝鲜族口音的普通话，铿锵有力。

“你是主心骨，我们跟你上”

在长春市，宽城区团山街道长山花园社区党委书记吴亚琴远近闻名，居民们把她比作谭竹青。

疫情当前，吴亚琴带头，大家吃住在办公室。“我们拧成一股绳。”吴亚琴嗓子有些哑，脸色疲惫，但干起活来劲头十足。

吴亚琴走路快，每天都要在社区转几圈，边走边说：“外省回乡人员要及时登记，楼道每天两次消毒。”虽然隔着口罩，群众也会远远地和她打招呼：“您辛苦啦！”

长山花园社区老旧楼房多，出入口多，防疫压力很大。随着疫情发展，集中出入、定点测温的举措迫在眉睫。前两天，社区党委召集群众开了议事会，集中进出、戴口罩、登记测温……一条条规定顺利出台。

“人手紧张，我们需要志愿者。”会议快结束时，吴亚琴向居民们求助。话音刚落，几个70多岁的社区老党员举了手。“算我一个”“我行”“我能上”……回应铿锵有力，吴亚琴湿了眼眶。“这么多年，你是大家的主心骨，我们跟你上。”老党员史方锦说。

“有风险的事，党员先上”

优秀共产党员、优秀党组织标兵——在吉林市丰满区泰山街道华西社区，“80后”社区党委书记王雪是大家的贴心人。30栋楼，是她的防疫战场。

春节前，社区里有5人从武汉归乡，入户测温的任务落在社区党委，谁去？“我是书记，我领队”“我是党员，我随队”，只用几分钟，“突击队”就建了起来。15名社区工作人员，无人后退。

49岁的党员于萍，家离得远。这段时间，公交车班数减少，即便如此，于萍依然是最早来，最晚走。“哪能打退堂鼓？早起会儿晚睡会儿，啥都有了。”话音里，透着不服输。

冒着严寒，王雪和工作人员每天奔走在社区，群众看在眼里。十几个居民找到王雪：“我们也得做点啥。”进出口测体温交给了他们，零下25摄氏

★ 2020 年 2 月 10 日，吉林省吉林市丰满区泰山街道华西社区党委书记王雪（右）在登记住户信息。（新华社发）

度的天气，一站就是三四个小时。

50 岁的居民安丽给社区办公室送来十几个口罩，扔下就走，边走边说，“楼道消毒我们自己整，你们太辛苦了！”

在吉林省，每一栋楼，每一户人家，都有成千上万个“小巷总理”在守护。一个社区党组织，就是一个战斗堡垒，在这场没有硝烟的战斗中，党员干部们正在同时间赛跑。

（新华社长春 2020 年 2 月 11 日电　新华社记者褚晓亮、段续）

社区“女汉子”书记高丽抗“疫”记

“愿疫情快点结束，去看山花烂漫。”

“三八”国际妇女节临近，成都市锦江区狮子山街道佳宏路社区党委书记高丽收到了街道办事处送来的鲜花。

爱美、喜欢拍照的高丽是同事眼中的“女汉子”，做工作总是雷厉风行。

“社区防疫工作特别烦琐，既要完成上级的要求，也要随时处理居民的

★ 2020 年 3 月 6 日，高丽（左）在某小区门口查看小区保安对人员进出登记的情况。（新华社记者 刘坤 摄）

各种需求。现在是特殊时期，居民见着我们，他们才踏实。”高丽说。

“有天晚上将近9点，我们正准备下班，接到了一位居民的电话。内容是这位居民在乘电梯时，同他一起乘坐电梯的人没戴好口罩，而且一直在咳嗽，把他吓得不行。”高丽讲述防疫工作中遇到的一件事。

挂了电话，高丽迅速带人锁定范围，挨家挨户走访，找到了被“投诉”人，了解其只是感冒，已去医院做过检查，并无大碍后，高丽又立刻给“投诉”人反馈信息。

“防疫工作无小事，不能有死角、漏洞，要对每一位居民负责。”高丽说。

“联合社区家庭医生上门为居家隔离群众测体温这种‘高风险’工作她主动去，企业复工复产她去送消毒液，看见老年人口罩没戴好她会上前热情地说‘婆婆，口罩往上提一下哦’，我们都觉得她干工作特别有激情。”佳宏路社区干部刘兰介绍说，“其实我知道她很累，社区防疫那么多工作要做，她女儿今年又要高考，父亲最近又病重，高书记确实很不容易！”

2月3日一早，高丽接到了母亲的电话，通话内容是她父亲肝腹水病情恶化，让她赶紧回家。正在给社区干部分配当日入户任务的高丽说：“我马上打120，您陪老爷子去医院，我这边忙完了就过去！”

原来，早在几天之前，高丽70岁的父亲就感觉身体不适，直到卧床三天不吃不喝，母亲这才给女儿打了电话。

当晚临近11点，高丽发了一条微信朋友圈：此时此刻还在加班的我们，已整整熬了12天，没在家吃过一口饭，现在腿跑肿了，声音嘶哑，精疲力尽的小伙伴儿们依然在坚持！不知道老爷子情况怎么样了？愁……

佳宏路社区辖区面积不大，仅有5个院落，但高层建筑多，人口密度大，是典型的城市社区。

面对突如其来的新冠肺炎疫情，为让佳宏路社区成为疫情防控的坚强堡垒，高丽带领佳宏路社区干部、志愿者开展了扎扎实实的工作：对社区内全部5152户居民进行了四轮入户全面排查、为居民宣传防疫知识、为居家隔离群众提供便民服务、走访社区内企业、整理出租户信息……

锦江区狮子山街道办事处党工委副书记余姣说：“从年前接到全员在岗命令开始，高丽就一直奋战在防疫一线。”

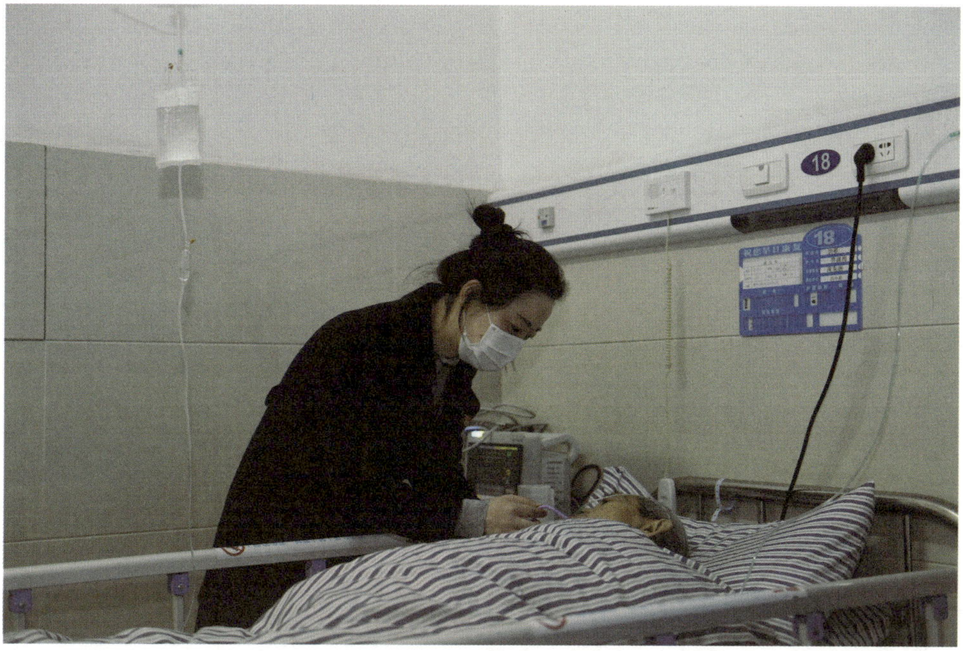

★ 2020 年 3 月 6 日，高丽下班后在医院照顾住院的父亲。（新华社记者　刘坤　摄）

工作干练的高丽，在家人面前内心柔软起来。“这两天成都有点降温，我晚上值完班去医院陪我爸，我爸搓着我的手说‘我幺女的手好凉哦，我来搓暖和’。听我爸这样说的时候，我觉得特别温暖，眼泪当时就快要‘溃坝’了。”高丽说。

“武汉加油！中国加油！我家老爷子要加油！我也要加油！没有一个冬天不可逾越，没有一个春天不会来临！”

社区是疫情联防联控的第一线，也是外防输入、内防扩散最有效的防线。新冠肺炎疫情发生以来，我国近 400 万名城乡社区工作者奋战在防控一线，守护着 65 万个城乡社区。其中包括了成千上万像高丽一样的妇女社区工作者，她们巾帼不让须眉，在疫情防控阻击战中，始终冲锋在前！

（新华社成都 2020 年 3 月 7 日电　新华社记者刘坤）

“硬核”村支书李德平的硬与暖

最近，河南省辉县大占城村党支部书记李德平火了。网络上，一段他通过大喇叭喊话村民、提醒做好疫情防控的怒吼视频，被许多人转载、点赞。

“有些人把党支部、村委会的号召当耳旁风……刀都架到脖子上了，还不知道厉害！”听到这段“硬核”喊话，不少网民纷纷表示“话糙理不糙”“简直想把这个村支书偷走”……

然而，李德平自己却有点懵。“我不想当网红，我也不知道啥是网红，我只想对我管理的这3000多口人负责。”李德平说。

大年三十，大占城村，这个豫北小村庄的人们像往年过春节时一样，街上有走亲戚的，也有小孩在玩闹。“当时还没有人意识到已经出现疫情。”李德平回忆说。

一场会让李德平的心一下子紧了起来。“乡里突然开会，要布置疫情防控工作。不仅要求各个村对所有外来人员进行排查，还要劝诫村民注意防护。”

微信通知、喇叭喊话，回到村里的李德平，立马开始落实相关工作。“一开始的效果很好，大部分人都到村委会报到登记了，大家也都不再聚堆，我慢慢就没那么着急了。”

大年初一的晚上，李德平连夜带领村干部在各个进村路口设置了路卡，“干完已经夜里12点，我让其他人都回去，我值第一天的班。”

新年第一天，李德平在他那辆小汽车中卧了一宿。

让李德平没想到的是，第二天他再去街上查岗时，竟然又发现三两个人在聚众交谈。“当时我就急了，吵了他们几句——小孩子不懂事，你们大人难道也不懂事吗？”

李德平决心再在全村开一次广播会，于是便有了那段火爆网络的喊话视频。对很多人来说，这段喊话也许只是茶余饭后调侃的段子，但对李德平来说，却是他当时必须承担的责任。

火了以后的李德平心情很沉重，他不知道自己是对是错。他曾把自己关在村委会里一下午，“我压力很大，但没有办法。我是村里的党支部书记，大家信任我，把我选到这个位置上，我要对大家的健康负责啊。”

当李德平再去村里查岗时，他“意外”地发现村里没有人再走动了，“大家确实把话听进去了”。“特殊时期，不说狠话，镇不住人。”大占城村里的村民很理解李德平的举动。村里的老党员赵发栋对李德平说，“如果你这次没有说这样的话，你不配当这个村党支部书记。”

面对疫情来袭的李德平很强硬，但他其实也是一个暖心的人。

大年初五，李德平又在村里的喇叭上喊话了，这次是苦口婆心地喊。“我在广播上给大家道歉，之前的话说得重了。这几天天气暖和，大家可以走动走动，但仅限于自家的院子里、大门前。咱们前期做了那么多努力，可不能一下子白费了！”

大占城村一共排查出 8 户从武汉回来的人家，隔离期间，李德平主动帮他们代购生活必需品，解决他们基本的生活问题。挂横幅、测体温、挨家挨户消毒，大占城村的防疫工作，在李德平的带领下越做越扎实。

“我做村支书的时间虽然不长，但我知道老百姓心里有杆秤。遇事不干事，怎么让老百姓服气？只要能把疫情防控好、能让我的村民安全，我不在乎网络上怎么评论我。”李德平说。

（新华社郑州 2020 年 2 月 4 日电　新华社记者翟濯）

守护大山的乡村医生

覃老平现在不给人瞧病了。上门的病人，隔着好几米远，被他一一“赶”走。

受新冠肺炎疫情的影响，从腊月二十九开始，村医覃老平主动请缨，帮着乡镇卫生院的医生一起，一天两趟，为当地的湖北返乡人员测量体温。20多天下来，居家隔离人员情况正常，并陆续解除隔离，覃老平却把自己和村民隔离起来。

像他这样的村医，分布在中国的广大农村中。“我接触了太多湖北返乡人员，虽然我身体暂时没问题，但担心自己是带菌者。”覃老平说，最近村民来看病，都让他们去卫生院了。在家隔离期间实在觉得闷，就戴上口罩，到自家田埂上走一走。

他所在的湖南省张家界市永定区茅岩河镇青安坪，与永顺县和桑植县交界。这个边远乡镇地广人稀，山高路远，而青安坪卫生院仅有在岗医生3名。得知这一情况，老党员覃老平主动承担起为安坪村、胡家坡村的14户湖北返乡人员家庭测量体温的工作。

通往胡家坡村的路并不好走。交通封闭后，覃老平和卫生院的医生只能靠着一双腿，翻一座山头，从山上的羊肠小道入村。山区的居民住得分散，每家每户离得远。为了完成测量体温的任务，他每天6点就要起床。一天两趟跑下来，到家时天都黑了。

一件白大褂、一个口罩、一双手套、一支体温计、一张登记表，是覃老平那段时间每天出门的标配。20多天的工作没间断过，他也没有说过累。

“这是村医不可推卸的责任，我不上谁上呢？我也害怕，也有思想杂念。但从大多数群众的利益和人身安全出发，个人都是小事，大多数人的平安才

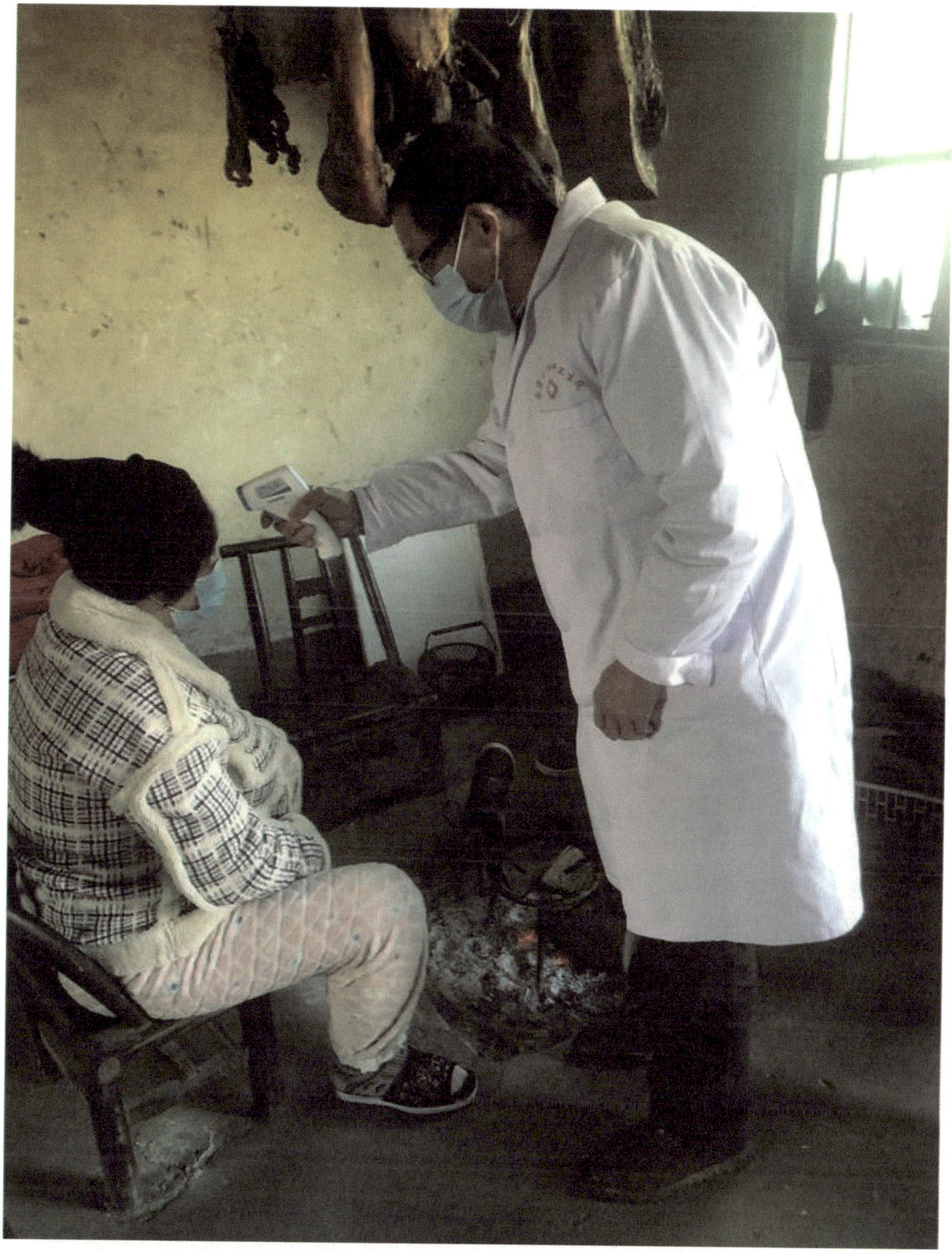

★ 村医覃老平主动请缨，帮着乡镇卫生院的医生，一天两趟，为当地的湖北返乡人员测量体温。（受访者供图）

是大事。”他说。

而在几百公里外的新晃侗族自治县，侗乡的村村寨寨中，也穿梭着村医的身影，他们为山民的身体健康编织起一道防“疫”安全网。

石马溪村卫生室有一块村医蒲玉屏自制的“黑板报”，上面写满了“新冠肺炎个人防护常识”，黑板报的内容十天一换，为来诊的百姓普及卫生健康知识。

“蒲医生，麻烦帮我带点药进来！”“你们辛苦了，进来喝杯茶。”“今天太晚了，在我家吃完中饭再走吧。”……今年大年初二开始，蒲玉屏的工作地点从村卫生室换到了各家各户。大山里的农户住得分散，疫情防控工作开展以来，“微信运动”的记录里，蒲玉屏每天要走接近两万步。热心、负责、专业，这些是山民们对蒲玉屏的评价。

每天和她一起在疫情一线早出晚归的，还有丈夫姚沅广。夫妻俩随村支

★ 在湖南新晃侗族自治县石马溪村，村民正在看村医蒲玉屏自制的“黑板报”。（受访者供图）

两委、扶贫队入户，做量血压、测体温、宣传防疫知识、摸排返乡人员等工作，每天要跑50多户。村里缺啥东西，夫妻俩主动开车采购，时常带点蔬菜、早餐，帮村部搞搞卫生，帮卡点捡点柴火……“夫妻档”奋战在一线，也在后勤保障上出一份力。

“我很支持她，能帮一点是一点，这些宣传资料早一点到村里，老百姓就早一点知道如何防护。”姚沅广说。

晚上6点多，结束一天的工作后，夫妻俩回到家中，吃晚饭、看会儿电视就早早休息了。“现在累一点没关系，村民们身体健康就行。”蒲玉屏说。最让夫妻俩感动的，是村民们听劝导，不出门不聚集，很理解、支持自己的工作。

“一周下来才能跑完一个村，在这个非常时期，作为医生帮得上老百姓，我累得心里舒坦。”蒲玉屏说。

（新华社长沙2020年2月16日电　新华社记者阮周围）

坚守在抗“疫”一线的“癌症书记”

大年三十，张文波就一手扶着挂在腰边的外置胆汁排泄袋，拖着蹒跚的脚步来到村委会，召集村两委班子开会，研究应对严峻的新冠肺炎疫情。这个倔强而又让人心疼的村书记，在抗“疫”一线奋战到正月廿五，住进了医院。

张文波是黑龙江省绥化市北林区东富镇腰房村党总支书记，今年刚刚50岁。他在村里工作30多年，2017年8月当选村党总支书记。一上任，他就给村民办了三件大事：为22户村民要回了17年前在建设腰房村大市场过程中抵押出去的房照；要回了村里被拖欠的10万元征地款；解决了村里与房地产商多年的经济纠纷。在他带领下，村子很快实现了硬化、绿化和亮化。

2018年11月，张文波被确诊为肝癌晚期。在先后做了9次手术后，他仍然顽强地站了起来，继续为村民奔忙。“别大惊小怪的，我知道自己死不了”，每遇到村民劝他休息，他都这样“顶”回去。

腰房村位于城乡接合部，疫情防控任务重，村里第一时间成立了防控工作领导小组，张文波任总指挥，村两委班子成员全部到岗，挨家挨户下发防控知识宣传单，出动四台宣传车辆，在各条街用大喇叭广播，党员、村民的微信朋友圈也被广泛利用。张文波带着村治保主任房立志等人建了几个防疫卡点和检查站，率先开展对村民的全面排查，还直接封了村民的麻将馆。

春节期间，腰房村异地返乡人员达到327人，在缺少防护物资的情况下，张文波一直顶在最前面，每个返乡人员是何情况、有无感染风险，他都要心中有数。

村里共有8位与确诊病例或疑似病例密切接触的村民被隔离。张文波与医务人员一起穿上防护服，戴上口罩，对被隔离村民一天四次测量体温。累得走不动路了，他就在村委会的床上躺一会儿。遇到对防疫工作不配合的村民，他立马冲上去。

一位村民1月17日从北京返回，值班医生向文华打电话要到他家去测体温，这位村民当时就“炸了锅”：“我啥事没有，你不用来，我不欢迎。”“走，我带你去，看他给不给我这个病支书面子”，张文波说着起身就走。看到张文波来了，那位村民乖乖接受了测温。

由于连日劳累，这段时间张文波的病情明显加重了，他站一会儿就得躺下。由于胆管阻塞无法排出胆汁，只能外挂一个胆汁外排袋，每天要排出800到1000克，而且每隔几小时要冲一次排放袋，那种病痛是常人无法忍受的。

“快，老王家有人感冒了，立志你快带医生去看看怎么回事。”张文波接完电话立刻布置工作。直到回来的人说没事，就是普通感冒，张文波才又躺回床上。

“疫情结束后，还有三件事要趁着我能动时都做完。”张文波说：“一是村里有一公里的路不行了，得重修；二是要修三个垃圾转运点；三是依托旧学校，建一个篮球场和一个图书馆。”

2月18日，正月廿五，张文波累倒在战“疫”一线，乡亲们一边把他送进医院，一边偷偷地哭了。

（新华社哈尔滨2020年2月21日电　新华社记者程子龙）

“零病例”村的那些“守门人”

初见大源村第一书记洪润苗时，他正满楼道扯着嗓子安排工作，忙活了好一阵子才进屋跟记者搭上话。洪润苗黑、瘦，口罩上的一双眼睛透着精干。这位昔日的派出所所长，仍保持着从警20多年来的雷厉作风。

大源村，广州第一大城中村，25平方公里辖区内电商、物流等行业发达，20万流动人口中，湖北籍9000余人。新冠肺炎疫情发生至今，村里一直保持着“零病例”的纪录。

“年三十就觉得情况不对劲了，初一一早就往回赶。”回忆过去50来天的抗“疫”工作，洪润苗打开了话匣子。20多年来，这是他第二次回雷州老家过年，一个往返有1000公里，他只待了一天半时间。

汹涌的疫情让洪润苗“一开始很蒙，不知道怎么下手”。理了理思路，他先写了封公开信给村民交个底，号召科学防疫。

接下来的排查工作更复杂。25平方公里、6000多栋楼、10万套房屋，靠村社百十来个党员干部一间间查，显然不现实。而随之而来的填表工作，更耗费了太多人力。

“所有人都去填表了，填不完不说，谁去实地排查了解情况啊？”洪润苗声音越来越高，每天填表、等上级数据到凌晨三四点，再安排好工作天都亮了。

过了几天，洪润苗转过弯来。村里去年曾用微信问卷的方式向村民普及垃圾分类知识，现在咋不用问卷收集信息呢？

“这次多亏了我们村里捡到的一块‘宝’。”洪润苗说的“宝”，是来村里锻炼的公务员肖治军。肖治军2018年从中国人民大学计算机专业毕业，在这次抗“疫”中，他与另外8人组成大源村信息化作战中心，负责起问卷调查、门禁系统数据分析、防疫定制软件开发。

专业对口，自然得心应手。一夜时间，肖治军拿出了问卷，做好了软件。1月28日，洪润苗就发布通知：“今天开始停止一切填表！”

问卷共25个题目，每个村民都要填。经过数据分析，每天下午4点，一张最新的防疫态势图就到了洪润苗手中，对风险进行精准分级。

“其实研发难度并不大，主要是问题导向，出现了什么问题，我就改进功能，解决什么问题。”肖治军说，现在一个人半个小时就可以完成数据收集和分发处理。

现在，在大源村每个路口，都可以看到一个检测点。党员干部、社工和志愿者每天三班倒，对进村人员进行温度检测，并查看电子通行证。

“现在复工了，进村的人越来越多，我一个班多的时候能测2000多人。”42岁的余丹是第七经济社检测点志愿者，在大源村做生意近16年的她算得上是半个“村里人”。春节期间，经济社招募志愿者，她没多想就来了。

“没觉得累，咱农村人，习惯了。”余丹从2月4日至今，每天在岗8小时，一天没歇过。

像余丹这样的志愿者，村里最高峰时有263个，分布在33个检测点，他们熟练地测温、指导村民填问卷，风雨无阻、昼夜交替。

现在，大源村逐渐恢复了往日的繁忙：临街的店铺都开门了，82家“四上”企业复工75家，5000家电商企业基本上都营业了。

“针对企业受疫情影响情况，村里给企业免了2月份的150多万元租金。”洪润苗说，目前他的心事是滞留湖北的6000多人返回后如何安置好，以及将村里耽搁下来的改造开发工作抓紧补上。

（新华社广州2020年3月16日电　新华社记者毛鑫、黄垚）

北京大学第三医院
医疗救援队

五 他们，彰显青春的蓬勃力量

彰显蓬勃力量　交出合格答卷

——习近平总书记给北京大学援鄂医疗队全体“90后”党员的回信激励广大青年勇挑重担、继续奋斗

“在新冠肺炎疫情防控斗争中，你们青年人同在一线英勇奋战的广大疫情防控人员一道，不畏艰险、冲锋在前、舍生忘死，彰显了青春的蓬勃力量，交出了合格答卷。”

习近平总书记15日给北京大学援鄂医疗队全体“90后”党员回信，向他们和奋斗在疫情防控各条战线上的广大青年致以诚挚的问候。谆谆嘱托，激励着广大青年勇挑重担，为打赢疫情防控阻击战贡献力量，让青春在党和人民最需要的地方绽放绚丽之花。

北京大学第三医院神经外科主治医师吴超是北京大学援鄂医疗队“90后”党员中的一员。自2月7日驰援武汉以来，他与同事们奋战在华中科技大学同济医院中法新城院区，承担着危重症患者的救治工作。

“总书记说我们‘交出了合格答卷’，这是对我们最大的肯定。”他说，“在这场没有硝烟的战斗中，‘90后’党员们一直以实际行动践行着入党时的初心与誓言。这段特殊的经历，也将成为我人生的宝贵财富，激励我在今后的工作中不惧艰险、勇挑重担！”

在抗击疫情的斗争中，以“90后”为代表的青年一代挺身而出、担当奉献。在4.2万多名驰援湖北的医护人员中，有1.2万多名是“90后”。

习近平总书记的回信让第三批江苏援湖北医疗队队员李娟娟对接下来的工作充满信心。配药、打针、换药、消毒、核对、记录……在华中科技大学同济医院中法新城院区重症科E组工作了一个多月，这位全组年龄最小的护

习近平给北京大学援鄂医疗队全体“90后”党员的回信

北京大学援鄂医疗队全体“90后”党员：

来信收悉。在新冠肺炎疫情防控斗争中，你们青年人同在一线英勇奋战的广大疫情防控人员一道，不畏艰险、冲锋在前、舍生忘死，彰显了青春的蓬勃力量，交出了合格答卷。广大青年用行动证明，新时代的中国青年是好样的，是堪当大任的！我向你们、向奋斗在疫情防控各条战线上的广大青年，致以诚挚的问候！

青年一代有理想、有本领、有担当，国家就有前途，民族就有希望。希望你们努力在为人民服务中茁壮成长、在艰苦奋斗中砥砺意志品质、在实践中增长工作本领，继续在救死扶伤的岗位上拼搏奋战，带动广大青年不惧风雨、勇挑重担，让青春在党和人民最需要的地方绽放绚丽之花。

习近平

2020年3月15日

新华社发

士与其他人相比毫不逊色。

李娟娟说：“身为医务工作者，我要咬紧牙关、为打赢疫情防控阻击战再立新功；回到江苏后，我也要用自己的专业知识用心照顾每一位患者，继续在救死扶伤的岗位上拼搏奋战。”

“读完习近平总书记的回信，一种使命感和责任感油然而生。”一直忙碌在战“疫”一线的湖北省咸宁市公安局“90后”民警徐持璇说，“很多‘90后’民警报名参加党员突击队，在一线日夜值守，为抗击疫情贡献力量。曾经，我们在大家眼中还是孩子；而今，我们接过接力棒，在这个特殊的战场和父辈们一样去战斗，展现青春最美的样子！”

年轻的脸庞朝气蓬勃，青春的力量一往无前。

“为奉献者奉献，与逆行者同行。”武汉大学经济与管理学院2017级博士研究生陈曾说，作为一名青年志愿者，他和小伙伴们发挥各自专长，坚持为一线医护人员子女进行线上学业辅导、心理疏导和亲情陪护。“我们将牢记总书记对广大青年的要求，肩负时代赋予我们的使命，用实际行动唱响新时代青春之歌。”

云南省昆明市东川区乌龙镇园子村包村扶贫干部肖华龙一直关注着疫情防控的动态。那些奋战在一线的同龄人的感人事迹，也激励着这位大学毕业后便投身脱贫攻坚的年轻人。

“‘在为人民服务中茁壮成长、在艰苦奋斗中砥砺意志品质、在实践中增长工作本领’，习近平总书记回信中的这句话令我深受启发。青年医务工作者用扎实本领与病毒作斗争，我们用苦干实干带领大家脱贫致富，园子村218户、874名贫困人口已全部实现脱贫。”谈起工作，肖华龙充满干劲，“现在的工作重心是帮助村民巩固脱贫成效，2020年全面建成小康社会，我们不能落后！”

青春，总会在党和人民最需要的地方绽放绚丽之花。

23岁的黄子高去年从北京大学毕业后，选择来到西藏拉萨中学支教。“能够成为支教团的一员来到雪域高原，既是一份光荣，也是一份沉甸甸的责任。”黄子高说。

自学校线上教学开展以来，黄子高每天都要花费数小时进行备课，力争为雪域高原的孩子们提供更高质量的教育。“虽不能去前线抗‘疫’，但我可以在教书育人中贡献力量。我一定会牢记总书记的嘱托，与奋战在抗‘疫’一线和各条战线的青年一起，用奋斗书写无悔青春。”

青年一代有理想、有本领、有担当，国家就有前途，民族就有希望。

通过电视和网络了解战“疫”一线前辈们的故事，已经成为这段日子里北京大学口腔医学院学生赵虹乔的习惯。“他们以国家和人民的需求为己任，不畏艰险、舍生忘死，是我学习的楷模。”赵虹乔说，“作为一名医学生，我要努力学习专业知识，锻炼过硬本领，时刻准备着，将青春的光彩挥洒在党和人民最需要的地方！”

视频再现

（新华社北京 2020 年 3 月 16 日电　新华社记者施雨岑、王鹏、高蕾、林苗苗、邱冰清、李伟、梁建强、庞明广、李键）

青春的力量　时代的脊梁

——记抗“疫”一线的“90后”“00后”年轻人

过去，有人说他们是娇滴滴的一代；如今，他们成了抗疫一线的主力军。

正如习近平总书记回信勉励北京大学援鄂医疗队全体“90后”党员中所指出的那样：“在新冠肺炎疫情防控斗争中，你们青年人同在一线英勇奋战的广大疫情防控人员一道，不畏艰险、冲锋在前、舍生忘死，彰显了青春的蓬勃力量，交出了合格答卷。”

一大批在抗疫一线的年轻医护人员，践行责任、担当和使命；千千万万个“90后”“00后”奋战在工地、社区、工厂以及运输保障等各条战线……广大青年用行动证明，新时代的中国青年是好样的，是堪当大任的！

青春信念：越是艰险越向前

在4.2万多名驰援湖北的医护人员中，有1.2万多名是“90后”，其中相当一部分还是“95后”甚至“00后”。

近日，北京大学援鄂医疗队的34名“90后”党员给习近平总书记写信，汇报了在抗“疫”一线抢救生命的情况，表达了继续发挥党员作用、为打赢疫情防控阻击战贡献力量的决心。

4批驰援湖北医疗队，3家附属医院，426人，这是北京大学驰援湖北的阵容。

这些人中，有刚满24岁青春活泼的护士，有推迟婚礼的准新郎，有刚当上父亲的青年医生，有刚刚给孩子断奶的妈妈，覆盖了医院的呼吸内科、重症医学科、感染管理科等科室。

出征前，有母亲一夜没睡，凌晨3点就开始蒸馒头为即将上前线的儿子送行；有人自始至终都没告诉父母，母亲从电视上看到新闻，哭着打电话过来；有人向三岁半的儿子解释，自己是去一个叫武汉的地方“打怪兽”……

在抗击疫情的最前线，一大批“90后”甚至“00后”，他们初生牛犊不怕虎，越是艰险越向前。

用压舌棒固定舌头、用拭子越过舌根，为了黏膜细胞收集精准，还得用拭子在咽部后壁反复擦拭，这样的操作常常让人感到不适，点点飞沫也会随之喷溅而出……

这是由武汉大学中南医院护士组成的发热门诊咽拭子采样队日常工作的场景，他们是离病毒最近、暴露风险最高的一群医务工作者。

战斗在与病毒较量的最前线，这支队伍的7名组员中，5人是“90后”，小组累计采样7000余例。

这群年轻的“90后”男孩、女孩，戴上口罩、护目镜，穿上防护服，向险而行，他们说：“对得起职业，对得起患者，我们无悔！”

“我不想哭，哭花了护目镜就不能做事了，对不起……”

一句朴实的话，让全国人民记住了这位大眼睛的姑娘——广东省支援湖北医疗队队员、中山大学附属第三医院内科ICU护士朱海秀。

除夕那天，朱海秀收到护士长发来的消息：“海秀，你愿意去支援吗？”朱海秀没有犹豫：“如果国家需要我的话，我一定会义无反顾，所以当时就报名了。”

在武汉，她要面对的是很多前辈都没经历过的挑战。因为穿着几层防护服，哪怕再渴，朱海秀和同事不喝水也不吃东西，为的是不想浪费防护服，为的是多些时间和精力照顾患者。

与疫魔的较量，没有硝烟，但生死的考验真真切切。对朱海秀和更多她的同龄人而言，这都是一段刻骨铭心的青春记忆。

“穿上防护服，我就不是个孩子了。”20岁的刘佳怡随广东医疗队驰援湖北，在武汉客厅方舱医院悉心照料患者。

2020 年 2 月 6 日，北京大学国际医院 20 名医护专家组成的支援湖北医疗队乘坐火车驰援湖北。这是医疗队队员在北京西站合影。（新华社记者　张玉薇　摄）

2003
大學国际医院
sity International Hospital
沙

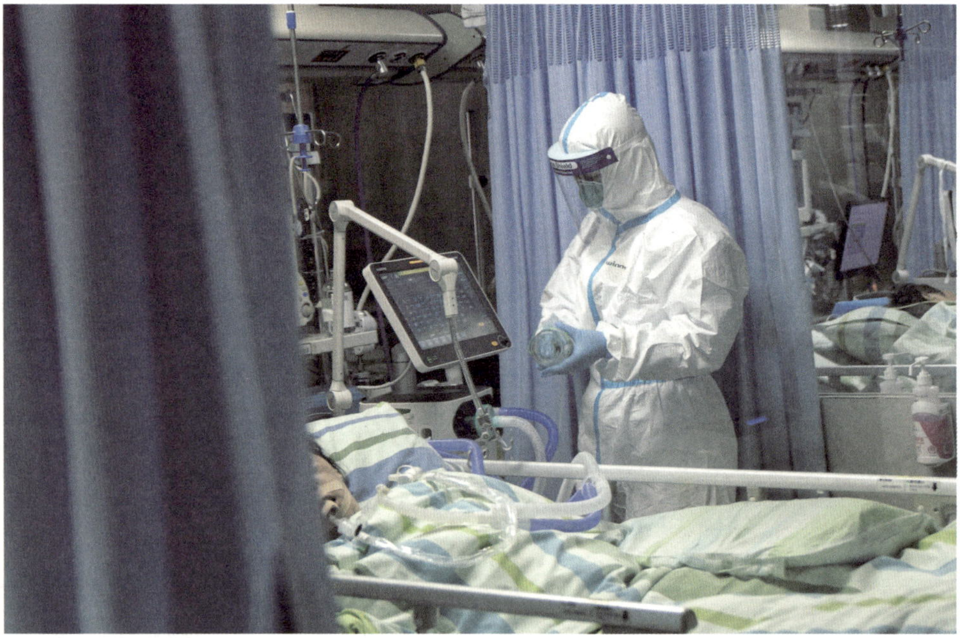

★ 武汉大学中南医院重症隔离病房的医护人员对病人进行治疗（2020 年 1 月 24 日摄）。（新华社记者　熊琦　摄）

“没有生而勇敢，只有选择勇敢。”同样才 20 岁的谢佳慧是福建支援湖北医疗队中“最小的娃”，临行前弟弟问她去哪儿，她答道：“去救人！”

“90 后”“00 后”已经长大，他们听过先辈们奋斗的故事，见证或听闻汶川地震、抗击“非典”的危急时刻。现在，轮到他们挺身而出，在抗击疫情一线谱写自己的青春之歌。

“战友们，你们在没有硝烟的战场上抗击疫情，守护健康，在灾难面前，挺身而出，你们是新时代最可爱的人！”

96 岁的战斗英雄张富清，近日为奋战在疫情一线的“战士”们送上祝福。笑称自己也是“90 后”的老英雄，由衷赞叹青年一代在疫情中的表现。

青春力量：战“疫”前线筑长城

小小的年纪，大大的担当。奋斗是青春最亮丽的底色。

他们是抢救生命的战斗员、是疫情防控的宣传员、是交通卡点的守门员、是物资转运的勤务员……

在与疫情较量的各条战线上，广大“90后”“00后”中国青年走在时代前列，勇做奋进者、开拓者、奉献者。他们不畏惧艰难险阻，用青春和汗水让世界刮目相看。

“这个时候，我们不上谁上？”“90后”刘宜是武汉经济技术开发区沌口街枫桦苇岸社区的党支部书记。疫情暴发后，她和社区工作人员与党员、群众、志愿者一直守在第一线，很久没有睡过一晚好觉、吃过一餐好饭。在她的带领下，社区成立防控工作小组，商议防控方案，细化防控责任，领着社区工作人员、党员和居民志愿者承包楼栋单元、商铺门店，疫情防控几乎成了这段时间她生活的全部。

居民一句“有她在，我们宅在家里，不发愁”是刘宜最大的动力。

“自觉加入突击队，不计报酬，不讲条件，无惧生死，履职尽责，保证完成各项工作任务。”

1月下旬，武汉市公安局硚口区分局成立由民警和辅警组成的“抗击疫情突击队”，两名“95后”女民警乐翥、朱新年写下请战书，主动请缨。

到方舱医院巡逻，在定点医院执勤……一个多月来，1996年出生的内勤民警乐翥和战友们冒着被感染的风险，对39个重要点位进行支援。

突击队中年龄最小的队员，1996年出生的朱新年第一时间从黄石老家赶回武汉，同样奋战在防控疫情、维护稳定最前沿。

“青年民警就是要往前冲，我们要在疫情中贡献自己的力量。”朱新年说。

在一些人眼中，年轻人没吃过什么苦，经不住风浪，挑不起重担，但在危难关头，他们不退缩、不彷徨，从挫折中不断奋起、永不气馁，一心为战“疫”“做点什么”。

“这次，换我们来！”“90后”武汉姑娘华雨辰，在志愿者队伍中当过司机、搬运工、播报员，哪里需要就奔向哪里。

作为一名“武汉伢”，20岁的北京航空航天大学学子余汉明寒假在家主动报名做起志愿者，为空巢老人、社区居民忙前忙后。他说：“我们是年轻的一代，更是代表希望的一代。”

一张张面孔虽稍显稚嫩，一双双眼睛却坚定认真。年轻的身影逆行而上、敢打敢拼，在战“疫”前线筑起青春的长城。

当疫情来临，27岁的温瑞决定留在武汉，他是中国铁建中铁十五局的一名现场安全员，负责武汉长江二桥的亮化维护保养。

尽管现在没有多少人来观赏，但每到夜晚“武汉加油、中国加油、致敬抗疫英雄”这样的灯光字样，都在温瑞的注视下亮起。

这些夜空的“星”，闪烁着城市的“光”，正如同青年一代，涌动着国家的青春力量。

青春中国：挺起新时代共和国的脊梁

在这次抗击疫情斗争中，人们看到了更多“90后”“00后”刚毅果敢的身影。

“撒娇、卖萌、宝宝”……类似这些词语是部分“90后”“00后”身上的标签，很多人曾经担心年轻人能否扛起未来的重担。

就在今天这场没有硝烟的战场内外，人们看到，年轻人用自己的肩膀扛起了责任，描绘了“大写的青春”。

他们，在战“疫”里“绝不缺席”——

彭银华、夏思思，用生命交出了属于“90后”医生的奋斗答卷。

更多像彭银华、夏思思一样优秀的“90后”“00后”们，仍然义无反顾地冲向了抗“疫”最前线……

一寸山河一寸血。疫情期间，新一代青年绝不做“不知有汉何论魏晋”的桃花源中人。

中国地质大学（武汉）材料与化学学院学生徐子扬正月初一跟随父亲踏上从老家返回武汉的征程：参与火神山医院建设。“10天建成一座医院，中国人、湖北人做到了。”亲身经历这一切，他感受到中国力量、中国精神。

这个寒假，因疫情留守在家的100多万湖北高校学子“聚是一团火，散是满天星”，线上线下，为疫情防控注入青年力量……

他们，在战“疫”中“破茧成蝶”——

“昨天已安全抵达，明天即将打响第一场阻击战。此刻，我怀着无比激动的心情写下入党申请书，请党组织在防控疫情这场没有硝烟的战斗中考验我。”

刚脱下新婚礼服，河南理工大学第一附属医院“90后”护士郭亚茹在焦作市支援湖北应急医疗队驻地递交了入党申请书。

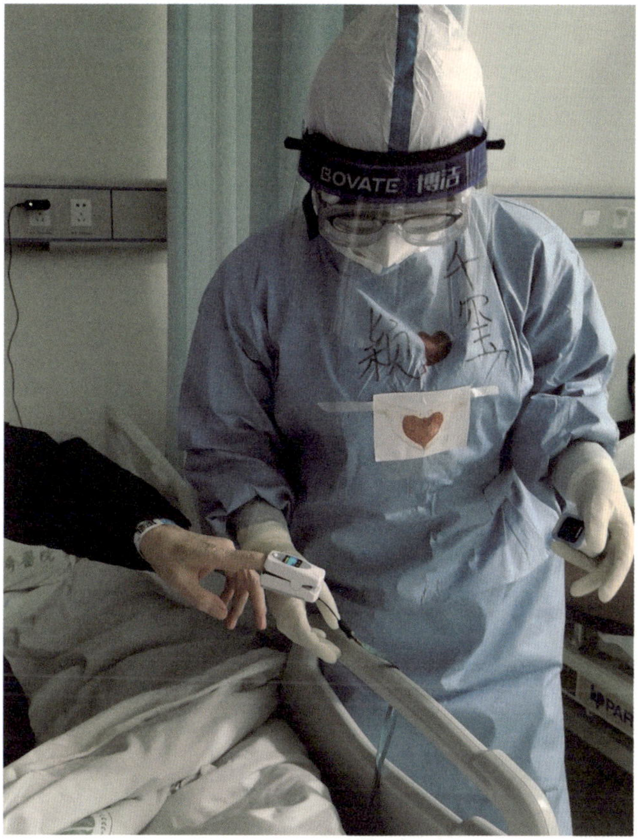

★ 在华中科技大学同济医院中法新城院区，北京大学第一医院的一名“90后”护士监测患者生命体征（2020年3月1日摄）。（新华社发）

武汉市江汉区妇幼保健院“00后”护士郭诗敏，在进入隔离点工作30天后，也递交了入党申请书。她说：“觉得自己不再是个稚嫩的孩子了。”

长时间戴口罩、穿防护服，郭诗敏从未叫过苦。护士长郭丽君说，这个爱美的姑娘并没有因为脸上长痘而伤心言弃，选择继续战“疫”，郭诗敏的表现改变了她对“00后”的看法。

来自黑龙江伊春的24岁男护士杨扬，支援湖北孝感已一个多月。远在2700多公里外的家乡，同为“90后”的未婚妻王珊珊也奋战在医务岗位。

特殊时期，无论前后方，都是战场。遥遥千里相隔，这对年轻人一同坚守，书写着“90后”青年群体的“确幸与浪漫”。

一所是“红色工程师的摇篮”，一所是“与祖国同频共振”的大学，清华大学、华中科技大学 2.5 万余名学生党员在线“同上一堂党课”。

“一个组织就是一座堡垒，一名党员干部就是一面旗帜。”华中科技大学党委书记邵新宇说，通过勉励学生党员传承红色基因，向抗“疫”英模学习，能够让他们带头严格要求自己，带头珍惜时光，做不忘初心、牢记使命的党员先锋。

他们，正成为爱国担当的青年生力军——

一支支青年突击队奋勇向前，一个个感人瞬间，一段段动人故事，展现出当下中国青年的青春“蝶变”。

国无安，何有家？疫情带来深思之后的行动参与，也是一场特殊的爱国主义教育。

“我们不能亲临主战场，但我们能坚持在大战中坚定信心、不负韶华，在今后更长的人生大考中交出合格的答卷。”成为不少年轻人共同的心声。

“让逆行者更安心战‘疫’”——2 月 15 日以来，武汉大学 865 名大学生志愿者怀揣共同的梦想，一起为 100 多家医院的 556 个一线医务工作者家庭提供“多对一”线上教学。

在疫情的特殊时期，作为身在武汉的航天人，中国航天科工集团四部团委以“航天技术 + 疫情防控”的小知识形式，激发更多孩子们热爱科学、崇尚科学的精神。

雨水节气，华中农业大学发出倡议，师生用所学帮助村民防治病虫害，下田打药施肥，跃然农事一线，共同上好“田间大课”。

中南民族大学石榴籽志愿服务队广大青年们在返乡结束隔离期后，主动向社区（村）报到，争做疫情防控青年生力军，收集疫情信息、绘制漫画、将信息翻译成民族文字……

一代青年有一代青年的历史际遇。在国家和民族的历史传承中，青年就是每一个时代的接棒人。

樱为你、等新篇，晴空正好，天光未老。

春天的武汉，盛放的樱花牵动着无数颗年轻的心；未来的武汉，将再次敞开怀抱迎接百万学子归来求索。

青年一代有理想、有本领、有担当，国家就有前途，民族就有希望。

人们坚信，青年一代一定能成为民族复兴征途上闯关夺隘、攻城拔寨的先锋力量，在经过疫情洗礼与淬炼后，必将在党和人民最需要的地方绽放绚丽之花。

青年一定行，中国一定能！

（新华社武汉 2020 年 3 月 16 日电　新华社记者胡喆、李伟、侯文坤）

雨衣妹妹：疫情不走，我不走！

不愿意公开名字的“川妹子”刘女士今年24岁，是一名餐饮从业者。今年2月初，她了解到，武汉许多医护人员吃不上热饭，便决定带队赶去武汉为医护人员做饭。经过与当地相关部门沟通后，她作为志愿者获准进入武汉。2月3日，她带着厨师和食材，“逆行”十几个小时，驾车从成都赶到武汉，第二天就开工做饭，并免费为医护人员送餐，每天要为医院送去400至600份盒饭。

刚开始，由于没有防护服，她穿着雨衣，开着自己的车，奔走在各家医院，被医护人员亲切地称为“雨衣妹妹”。

如今，“雨衣妹妹”除了免费为各家有需求的医院送餐外，还为医院筹措、代送一些民间捐来的物资。她说自己是一名党员，要尽可能为医护人员服务，直到疫情结束为止。

★ 2020年2月26日，刘女士（左）和伙计在准备菜肴。（新华社记者　程敏　摄）

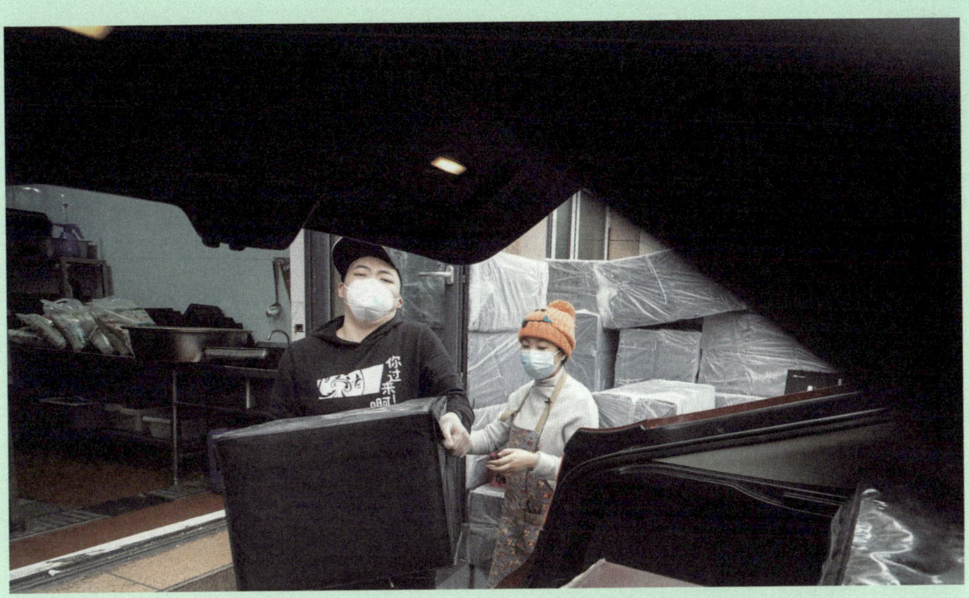

★ 2020 年 2 月 26 日，刘女士（右）和伙计把装满盒饭的保温箱搬上车。（新华社记者　程敏　摄）

★ 刘女士在车子后窗贴上自己的心声（2020 年 2 月 26 日摄）。（新华社记者　程敏　摄）

“爸妈别担心，武汉需要我！”

——“90后”“白衣战士”深夜逆行回“战场”

“就当一块砖，需要我到哪里去，我就义无反顾地到哪里去。我相信每个医生都是这样的。”31日，在与武汉华南海鲜市场仅一墙之隔的武汉市优抚医院，紧急回到防疫一线的关宏炜，开始和同事们24小时轮班，呵护照料医院的病人。

这个春节，她原本要和对象订婚。1月23日，农历腊月二十九，她回到了湖北恩施土家族苗族自治州鹤峰县的老家，她的对象、在武汉大学中南医院读博的谢兴奎回到了恩施州咸丰县的老家。两人商定正月初三订婚。由于新型冠状病毒感染的肺炎疫情加重，订婚不得不推迟，谢兴奎于正月初四搭乘便车赶回。路途更远的关宏炜则因为交通管制被困在大山中。

“每天看到新闻里病例不断增长，我心里很不是滋味。我想尽快赶回医院，现在是医院最需要人的时候。”焦急的关宏炜多方联系回武汉的车辆，打了几十个电话却没有一个成功。

“鹤峰之窗”公众号连续发布新型冠状病毒感染的肺炎疫情情况，关宏炜抱着试试看的心态在后台留了言。得知关宏炜急迫地想回武汉支援一线的消息后，鹤峰县融媒体中心负责人李文广四处打听，终于从鹤峰县机关事务服务中心了解到，当晚正好有一辆急救车要去武汉接医用物资。

29日23时许，鹤峰县燕子镇芹草坪村四组关宏炜的家中灯火通明，年近七旬的父亲和年近六旬的母亲正帮着即将离家的女儿收拾行李。“这是腊肉、酥肉，还有你爱吃的甜酒！”行李箱装满后，父亲静静地坐在炉火旁，点燃了一支烟狠狠吧了几口。

“你一定要把自己的防护措施做好。这是一场战争，一定要把战争打胜……”平时寡言的父亲似乎有着千言万语，而平日唠叨的母亲，则静静地站在父亲的旁边，看着女儿。

23 时 30 分许，一道汽车灯光晃过木屋。那是燕子镇政府工作人员向奎，前来接关宏炜出村。皮卡车刚停下，父亲一把将行李箱塞进车内，而后转身向屋前跨了几步，把路让开，说了句：“注意安全！”汽车启动向村口驶去，可爱的萨摩耶小狗狗叫了起来。后视镜里，屋前两个老人的身影，在汽车尾灯的映射下越来越远。

因为村干部提前对道路实施疏通，出村顺畅无阻。24 时许，在燕子镇清湖村湖坪桥附近，皮卡车与等待多时的鹤峰县融媒体中心车辆进行了交接。

1 时 45 分许，车辆驶入鹤峰县容美镇云来庄交通检查点，路口四个交警拦下车辆，登记车辆和驾乘人员信息，依次进行体温检测，得知缘由后开辟“绿色通道”放行。

2 时许，车辆抵达鹤峰县城容美广场，急救车已等候多时，在一旁等待的还有鹤峰县机关事务服务中心的工作人员，他们加班为关宏炜办理了车辆通行证。核对完身份信息，工作人员将通行证交给司机，关宏炜转身登上了急救车。急救车蓝光闪烁，驶出山城，直奔武汉防疫一线。

30 日 11 时许，急救车顺利到达武汉市优抚医院。深夜疾行，长途跋涉，11 个小时的车程，她睡了不到 3 个小时。“科室里好几个同事都感染了，意识到自己回到武汉的那一刻，我心里有点害怕，怕自己搞不定。但我是一名医生，一名共产党员，这个时候，我必须上！回到了武汉，我只想说，爸妈别担心，武汉需要我！”关宏炜说。

（新华社武汉 2020 年 1 月 31 日电　新华社记者谭元斌）

抗“疫”志愿者的青春力量

“95后”退伍军人潘秦是安徽省肥西县紫蓬镇燎原社区疫情防控一线的一名党员志愿者。新冠肺炎疫情发生后，潘秦主动加入家乡的“党员先锋岗”，每天驱车从合肥市高新区的家里来到乡村，志愿服务疫情防控。多日来，他坚持奋战在疫情防控一线，在村口执勤为来往村民测量体温，向村民宣传防疫知识，守护村民平安。

★ 2020年2月13日，潘秦在肥西县紫蓬镇燎原社区路口的检查点分装酒精用于消毒。（新华社记者　刘军喜　摄）

★ 2020 年 2 月 13 日，潘秦在肥西县紫蓬镇燎原社区村民家门口喷洒消毒液。（新华社记者 刘军喜 摄）

★ 2020 年 2 月 13 日，潘秦在肥西县紫蓬镇燎原社区路口为来往村民测量体温。（新华社记者 刘军喜 摄）

★ 2020 年 2 月 13 日，潘秦在肥西县紫蓬镇燎原社区路口的检查点吃午饭。（新华社记 刘军喜 摄）

方舱医院里的战“疫”年轻人

“进舱”第一天，“95后”女孩蒋含钰提着形形色色的箱子，来回爬了十二三趟楼，帮入住方舱医院的患者搬行李。防护装备裹得密不透风，她感觉“有点缺氧”。

湖南常德市第一中医医院护士蒋含钰，是湖南援助湖北国家中医医疗队的队员。2月10日，她和同事们抵达武汉，支援江夏大花山户外运动中心方舱医院。

在湖南医疗队40名队员中，有6人来自常德市第一中医医院，都是“80后”和“90后”。蒋含钰是其中年龄最小的，为了更好地“战斗”，她剪掉了一头长发。

“2003年‘非典’时我才8岁，觉得穿着白衣服保护我的人好神圣。现在，我也想去保护别人。”蒋含钰讲述“请战”初衷，“我是党员，我相信这里需要我。”

“舱”里的工作细致琐碎。蒋含钰除了要辅助医生，还要负责领餐、送饭、打水、排床位、发中药、搬行李、陪护老人上洗手间……她双腿一直在出汗，“出舱给病人领餐，风一刮，湿乎乎的特别冷”。

6人中年龄最大的是38岁的唐明杰，他是常德市第一中医医院呼吸内科副主任医师。“抗‘疫’就是打仗，武汉就是最前方，要战就要在前方战。”唐明杰同样主动报名支援湖北。

第一天“进舱”工作结束，交接班时，他写了七八条提醒建议——

比如，一些患有慢性病的患者，日常药物还剩几天量，需要补充备齐；患者反映医院顶灯太亮，能否提供眼罩助眠；老年患者多，能不能给定点洗溂的地方安装防滑设备；建议增加移动洗手间；糖尿病病人不能挨饿，建议另外供餐、提早送餐……

“我们要尽量要求自己成为‘全能’战士，事无巨细地帮病人解决各种问题，因为在这里，我们是他们最依赖的人。”唐明杰说。

方舱医院里的这群年轻人，是白衣天使，是生活百科，还是知心人——

这两天，唐明杰碰到一位60来岁的女患者，体温、血压、血氧饱和度等指标都稳定，精神却很紧张。他一遍遍耐心开导：“阿姨，我们就守在你旁边，不要怕。你的各项指标都好，要有信心。”

方舱医院里，有些患者的家属还在ICU接受治疗，有些患者对新冠肺炎感到恐惧，还有患者不适应封闭空间而焦虑……于是，心理疏导就成了医护人员的日常任务。

他们带着患者练起了八段锦和太极拳，跳起了广场舞，唱起了歌。这既是为了锻炼身体，更是为了疏导情绪。

许多人不知道，穿着厚重的防护设备，做些剧烈动作，医护人员就会感到气促。“跳舞尤其累，就像被人捂住了鼻子。”唐明杰能清楚感觉到汗液顺着身体往下流。

2月15日晚上7点，蒋含钰也满身疲惫地下班了。她走进换衣间，一步步脱下自己的三层帽子、两层口罩、三层鞋套、三层手套、一层防护服和一层隔离衣。

她小心翼翼，每进行一个流程都洗一次手，每次洗两分钟。一整套程序下来，20多分钟就过去了。回到驻地，又洗头洗澡、拿消毒液浸泡衣服、用微波炉热晚饭……收拾停当，已是深夜。

她告诉记者，终于能躺下休息时，自己脑海里却突然出现了几天前的画面——在长沙南站，40位“战士”列队站立，预备奔赴前线。“那么多人都朝着同一个方向去，想起来就很受鼓舞。”年轻的女孩微笑着说。

（新华社武汉2020年2月18日电　新华社记者袁汝婷、廖君）

离病毒最近的实验室“90后”夫妻

新冠肺炎疫情防控工作开始至今，江苏省南通市疾控中心病原微生物实验室检测人员一直处于24小时“战斗”状态。7名检测组成员分批轮班值守，截至2月24日，实验室共检测咽拭子等标本1627份。

检测人员进入实验室前，需在清洁区穿戴好防护服和两副乳胶手套，戴正压面罩，穿胶靴，前后穿过3道门，才能到达核心实验区。因为要连续工作几个小时，实验过程中不能喝水也不能上厕所，他们在实验前都会控制饮水、进食。

在这个离病毒最近的实验室，检测组中有一对“90后”夫妻在并肩工作，“90后”的党员季霄雷和他的妻子郭陈。夫妻俩告诉记者，能和同事们一起在疫情防控的岗位上发挥作用，保证检测结果的准确、可靠、及时，为抗击新冠肺炎疫情贡献自己的力量，辛苦点也值得。

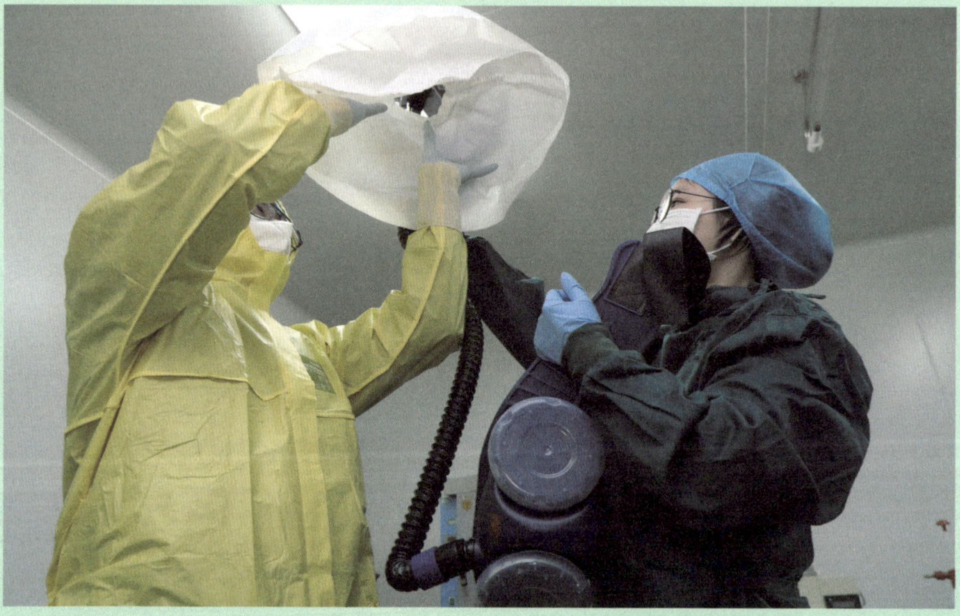

★ 2020年2月25日，郭陈（右）在清洁区帮助季霄雷戴正压面罩。（新华社发　许丛军　摄）

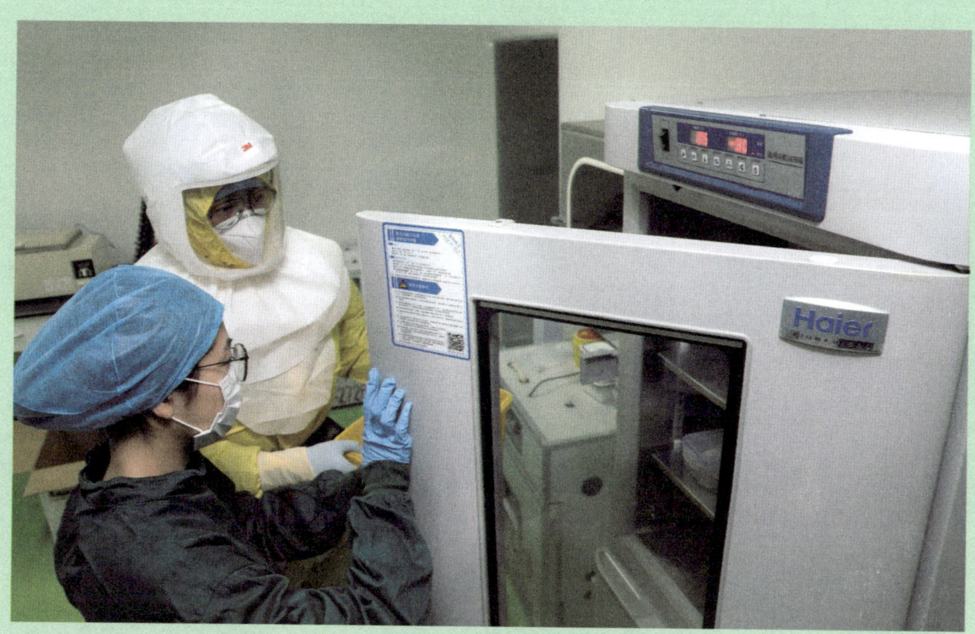

★ 2020 年 2 月 25 日，季霄雷（后）和郭陈取出标本准备放入传递窗。（新华社发　许丛军　摄）

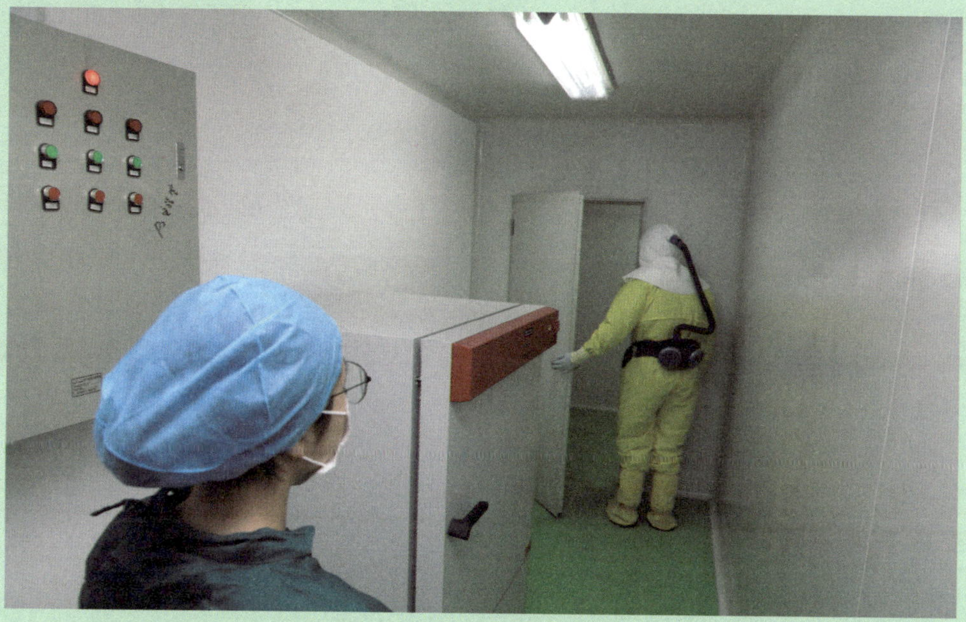

★ 2020 年 2 月 25 日，季霄雷准备进入实验室。（新华社发　许丛军　摄）

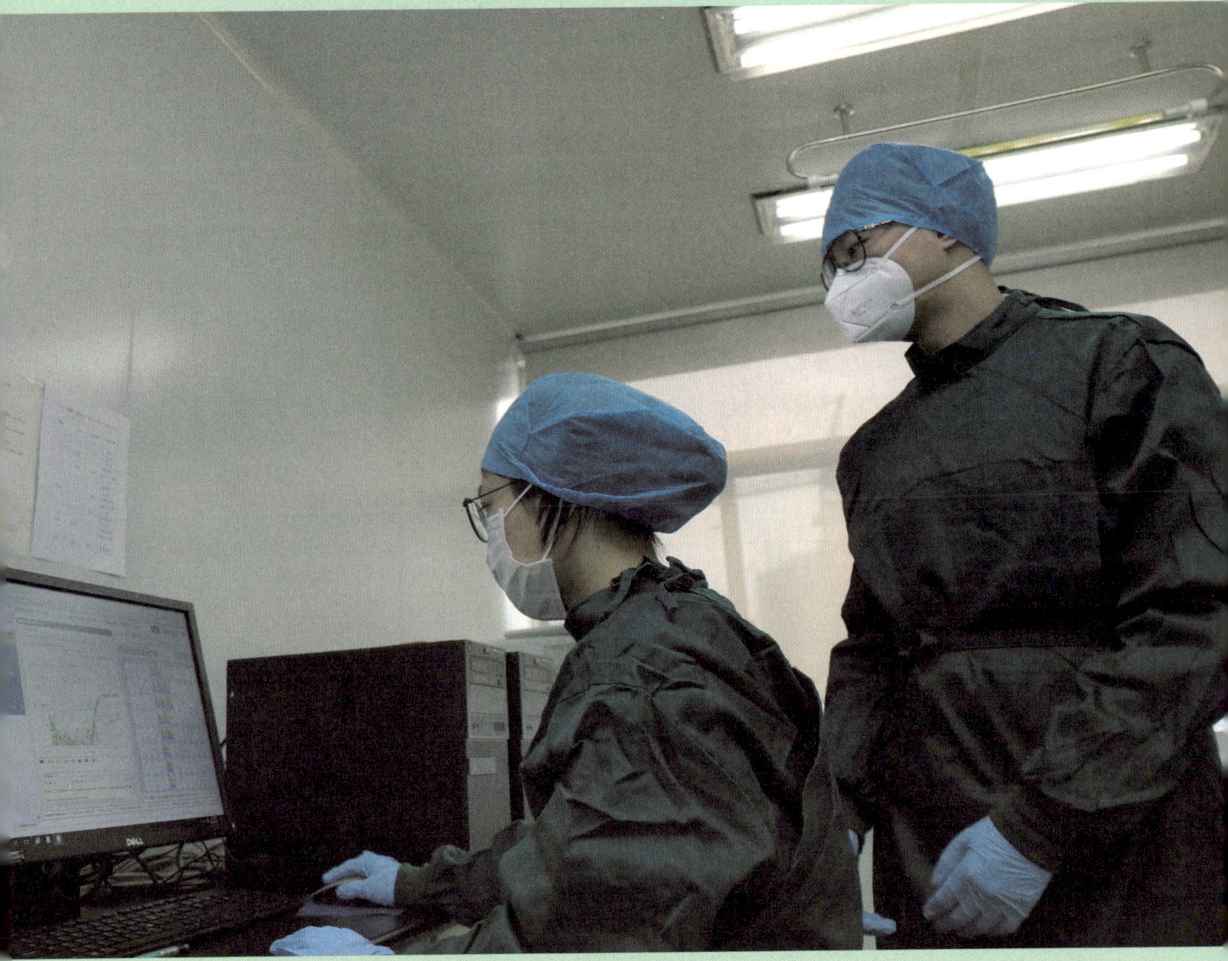

★ 2020 年 2 月 25 日，季霄雷（右）和郭陈进行检测结果分析。（新华社发　许丛军　摄）

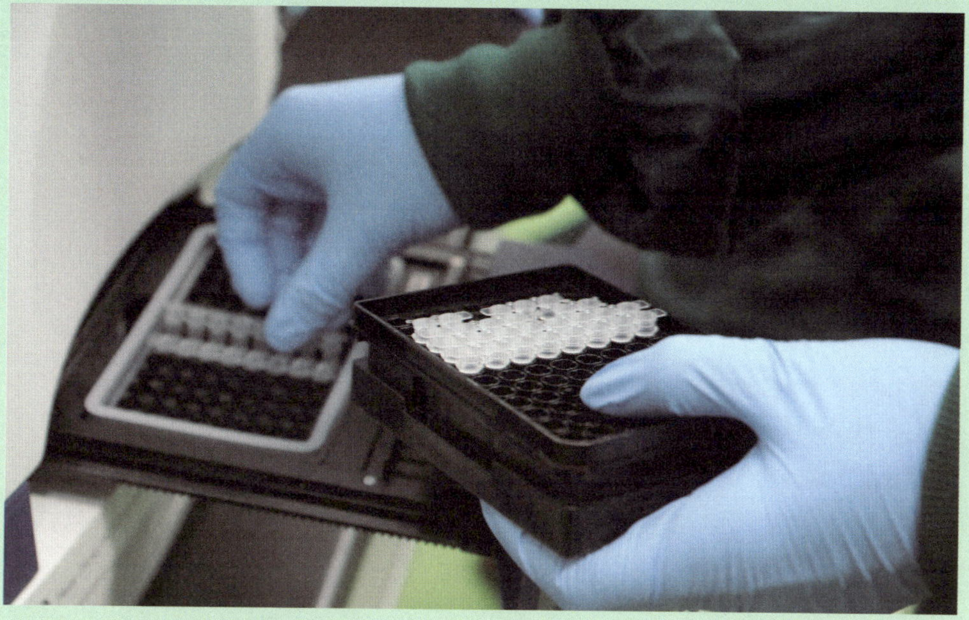

★ 2020 年 2 月 25 日，季霄雷在实验室准备进行检测。（新华社发　许丛军　摄）

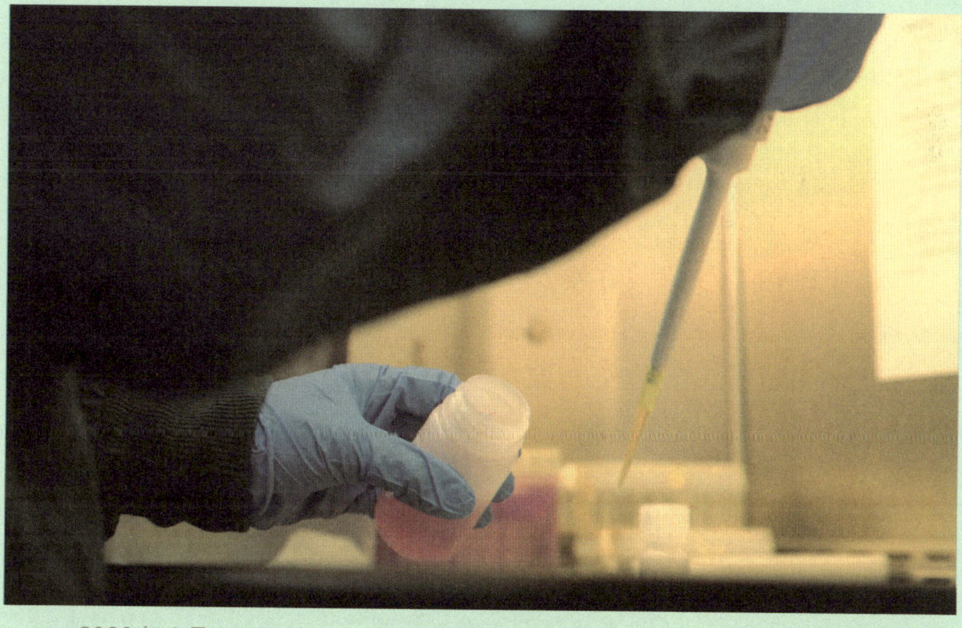

★ 2020 年 2 月 25 日，郭陈在试剂配制区配制核酸提取试剂。（新华社发　许丛军　摄）

三千里驰援的“病毒侦察兵”

2月29日夜里，城市进入梦乡，湖北恩施州疾控中心大楼里却依旧灯火通明，忙碌如昼。

对中午送检的咽拭子进行核酸提取、配置试剂、上机检测分析结果，并对实验数据进行整理后，郑旭坤来不及卸下疲惫，立即将数据反馈给当地指挥部。

这是郑旭坤跨越三千里驰援恩施的第29天。

出生于1993年的郑旭坤，是天津市南开区疾病预防控制中心的一名检验技师。工作的3年里，她负责天津两家哨点医院的流感网络实验室直报工作，每年要检测流感样咽拭子千余份，麻疹风疹百余份，“我每天的工作就是‘与病毒为伍’。”

疫情发生后，她主动请缨。“作为疾控人，又是中共党员，在这个特殊时刻，必须冲锋在前。我对自己的专业能力有信心！”

2月1日早晨6点多，在连续两天辗转飞机、火车后，包括她在内的天津疾控支援湖北应急检测队4人抵达恩施州。

“当时恩施正下着小雨，气温有些微寒。当地工作人员拿出备好的土家族棉鞋，让我们换上。”郑旭坤说，棉鞋的样式虽然不是最时尚的，却是最温暖的。

每次进入实验室，郑旭坤都必须换上厚厚的隔离服，全副武装与病毒“面对面”，用“火眼金睛”检测新冠肺炎病毒。

“穿上防护服后，4个多小时的实验检测期间我不能饮水，不去卫生间，要将防护服利用到最大化。”郑旭坤说，每次脱掉厚重的防护服，内层手术

★ 2020 年 2 月 1 日，天津疾控支援湖北应急检测队 4 人抵达湖北恩施。图为来自天津市南开区疾病预防控制中心的检验技师郑旭坤（右一）和同事在抵达恩施后合影留念。（新华社发）

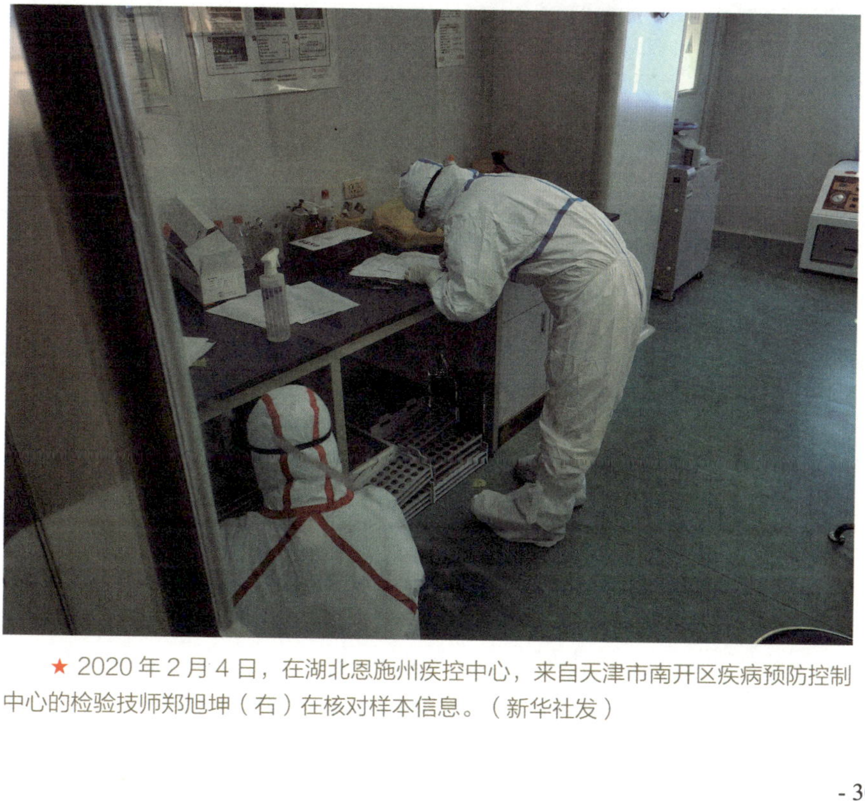

★ 2020 年 2 月 4 日，在湖北恩施州疾控中心，来自天津市南开区疾病预防控制中心的检验技师郑旭坤（右）在核对样本信息。（新华社发）

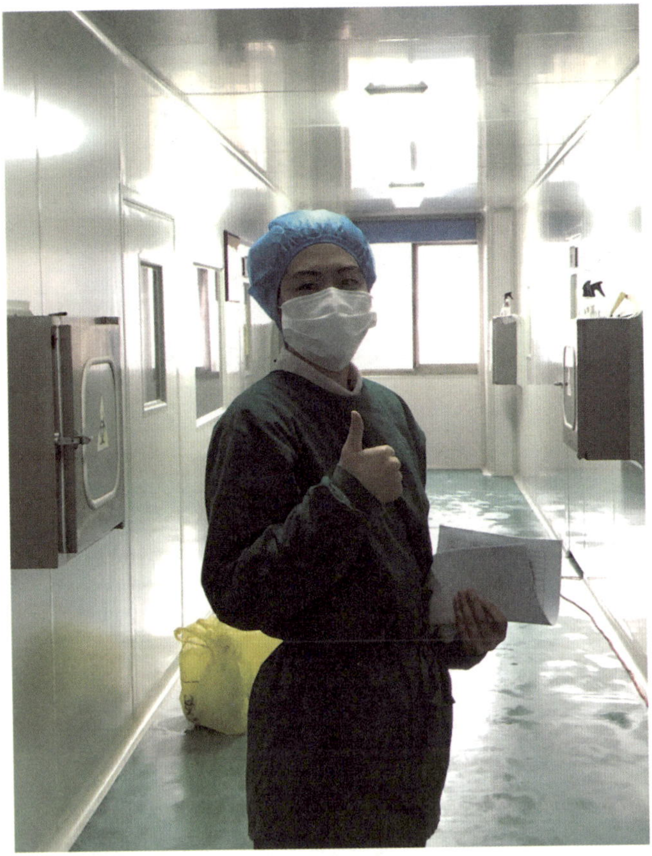

★ 2020年2月28日，在湖北恩施州疾控中心，来自天津市南开区疾病预防控制中心的检验技师郑旭坤穿好手术服准备进入核心实验室更换防护服。（新华社发）

服都能拧出水来。摘下口罩和护目镜，她笑称脸上被勒出的红痕是她的“勋章”。

移液加样、灭活病毒、核酸提取，每日检测500余份样本、日报日结的检测时限、上百次移液器手工提压……尽管在驰援前，郑旭坤已经做足准备工作，但恩施州疾控中心巨大的样本检测工作量还是超乎她的想象。

为了保证检测结果的实效性，郑旭坤几乎处于满负荷运转状态，工作到深夜12点已是常态。“大部分样本从下辖县市运到州疾控中心已过中午，我们大量的检测工作会从下午开始。”郑旭坤说，今日事今日毕，即便有再多样本待检，她和同事也要保质保量完成。

“每份样本进行核酸提取时，我需要用大拇指按压三次加样枪，长时间工作下来，大拇指使不上劲了。”郑旭坤说，执行看似“流程化”的操作时，她仍要时刻保持小心谨慎。“采样用的96孔板孔径狭小，必须眼、脑、手专心致志，不容有失。”

一层防护服之隔，就是安全与危险的距离。

在样本处置过程中，稍有失误就可能形成气溶胶，如果样本包含病毒，这些气溶胶可能包含病毒颗粒，直接通过呼吸道吸入而感染人，或附着在衣物、皮肤上，最终进入呼吸道。

“在此期间，哪怕再熟练的操作都要万分谨慎，每个实验操作都要严格遵循安全规定，这很考验体力与耐力。”郑旭坤说。

截至2月29日，恩施州疾控中心实验室已经完成1.5万余份新冠肺炎病毒样本的检测工作。

郑旭坤在恩施已有一个月，已经慢慢适应了在恩施州疾控中心的工作节奏和生活。“我的工作不仅是对送检样本负责，更是为医生诊断提供依据，我很为自己自豪。”

郑旭坤说，她要继续当好“病毒侦察兵”，与疫情竞速，为打赢这场疫情防控阻击战贡献疾控人的力量。

（新华社武汉2020年3月2日电　新华社记者宋瑞、谭元斌）

和时间抢生命

——记郑州岐伯山医院“90 后”参建者梁少智

大年初一晚，30 岁的中建七局安装工程有限公司员工梁少智看到项目办公微信群新信息：“接通知，我们有可能建设郑州的‘小汤山医院’，这是一项光荣的任务，本日起随时能够自驾抵达项目的人员回复。”他没有任何犹豫，回复：“我能到。”

初二一大早，梁少智收拾好行李，赶赴新冠肺炎患者定点救治医院——

★ 梁少智在郑州岐伯山医院查看自己参与建设的接诊大厅（2020 年 3 月 10 日摄）。（新华社记者　李嘉南　摄）

郑州岐伯山医院的建设工地。

“武汉的火神山、雷神山医院，都有我的同事和兄弟单位参建，能为国出力，很光荣很自豪。”梁少智表示。

记者了解，梁少智积极报名“参战”，除了自己是一名党员外，还受到父母影响。

“父母一直奋斗在疫情防控一线，都没休息，是我的榜样。”梁少智的母亲李小霞是河南省人民医院的一名辅助人员，父亲梁光元在河南省人民医院省直第一医院门诊大厅做保安，负责登记、疏导来院病人。

“去吧，我们支持你！一定要注意安全，戴好口罩、勤洗手，做好防护。”李小霞给儿子准备了口罩和消毒液。李小霞后来说，说不担心儿子是假的，但关键时刻必须要有人站出来。

负责承建岐伯山医院的中建七局连夜确定了专项建设方案。作为最早一批到达现场的人员，梁少智所属的中建七局安装工程有限公司，主要负责二工区隔离病房、门诊观察区建设及院区所有水电、管线和道路、绿化施工，工期紧、任务重。梁少智坦言：“对我来说，最难的是沟通和协调，因为大家都是从四面八方来的，互相不熟悉。”

为了不耽搁施工，梁少智随身带了两部手机，微信、电话不断切换。一天下来，常常两部手机都用到没电。

建设工期要求不超过 10 天，所有人的工作进度节点不得不按小时计算。梁少智明白，虽不像父母那样直面病患，自己同样是在“和时间抢生命”。

仅用半天时间，梁少智就和同事完成了前期的测量绘图工作，并对接设计院进行前期的场地规划和初步设计，还组织了机械进场。当天下午，27 台机械进场施工，当晚即完成接诊区旧房拆除清运工作，打响了岐伯山医院建设的第一枪。

深夜，在灯火通明、机器轰鸣的工地，常能见到裹着军大衣的梁少智。最忙的时候，他 3 天只睡了 8 小时。“天亮了，一夜也很快”……他的微信朋友圈，几乎都是记录工作进程。

经过快速磨合，之前不熟悉的同事都拧成了一股绳，大家日夜奋战，一起完成基础防水、钢筋绑扎、筏板浇筑，为后续施工打下了基础。

★ 梁少智在郑州市经开区滨河国际新城市政工程项目工地验收钢筋绑扎情况（2020 年 3 月 10 日摄）。（新华社记者　李嘉南　摄）

多家银行给予资金支持、多家企业提供用电用油及通信保障、上百家分供单位提供建设材料、数千名建设者日夜鏖战……仅用 10 天，总建筑面积逾 2.6 万平方米、共有 800 张医患床位的郑州岐伯山医院建成投用。

竣工那天，梁少智和同事们专门在医院门口合影留念。“看到医院设备进场，住进了患者，心里最紧的那根弦终于可以松下了。”梁少智自豪地说，参建的同事多数都是“90 后”。

最近，梁少智又转战在郑州经开区滨河国际新城市政工程项目工地上。

“春种一棵树，夏有鸟来栖！”3 月 12 日，梁少智和同事种下一棵杏树后发了条朋友圈。参建岐伯山医院的经历，让梁少智对抗“疫”胜利充满信心：“我们一定能从疫情的凛冽寒冬里走出来，拥抱春暖花开。”

（新华社郑州 2020 年 3 月 13 日电　新华社记者张浩然）

“尽己所能守护生命”

——广东江门“90 后”新婚夫妻齐赴战“疫”一线

日前，伴随最后一名确诊病人康复出院，在抗“疫”一线连续战斗三个星期的医生吴镇涛终于可以歇口气了。

吴镇涛是广东江门市中心医院重症医学科的医生，一名“90后”共产党员。

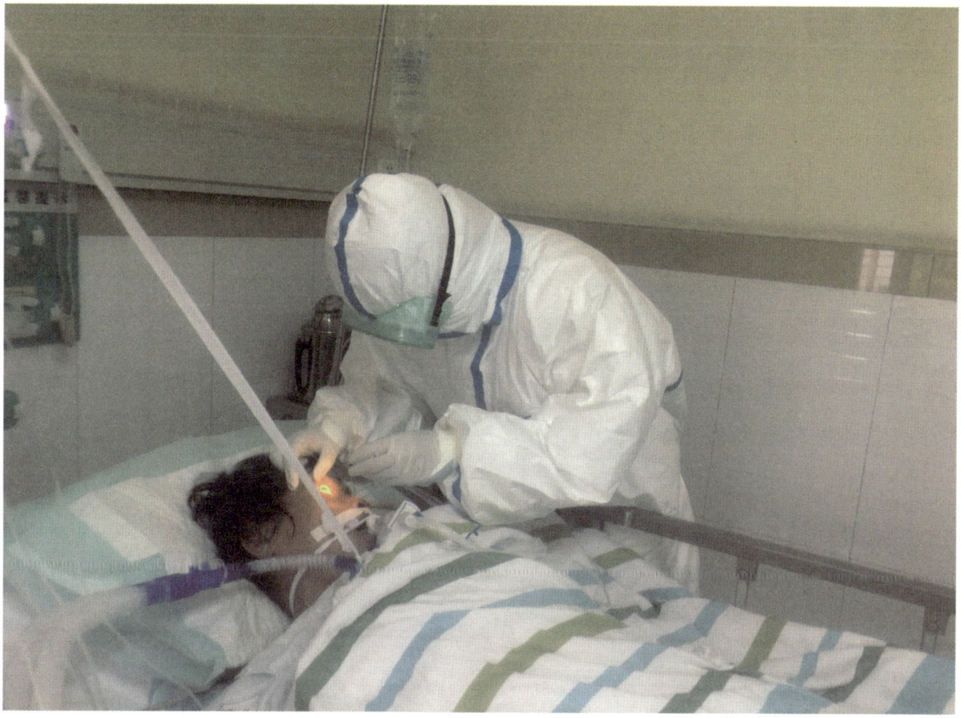

★ 广东江门市中心医院重症医学科医生吴镇涛在观察病人瞳孔（2020 年 2 月 12 日手机拍摄）。（新华社发）

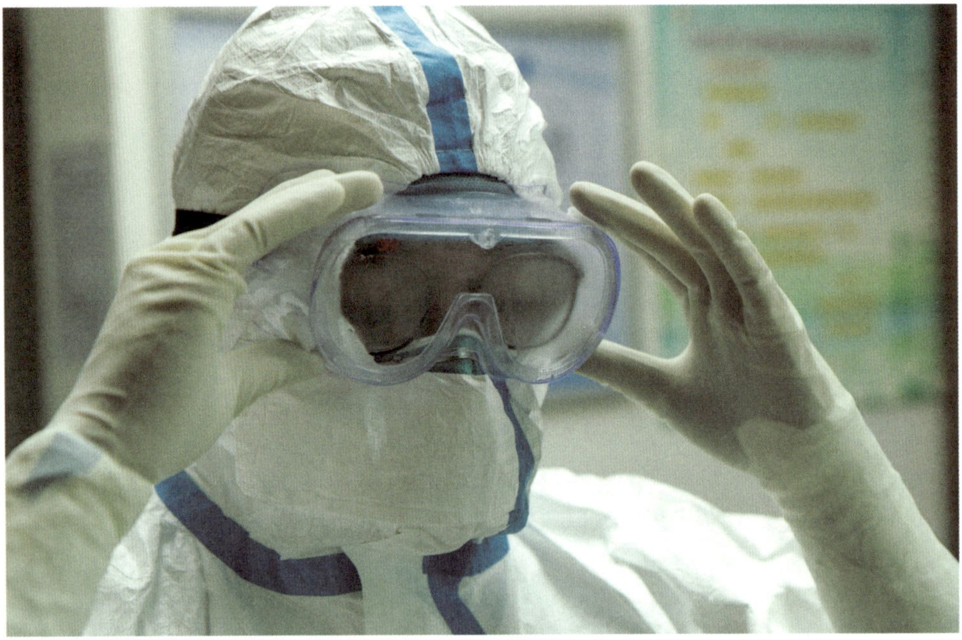

★ 广东江门市中心医院小儿外科护士张德明在整理护目镜（2020 年 2 月 4 日摄）。（新华社发）

疫情暴发以来，他和妻子张德明护士第一时间请战抗“疫”，用医术和仁爱，共同守护病人生命健康。

1 月 28 日，吴镇涛主动请战支援医院的隔离病区，并担任该病区团员青年战“疫”突击队队长。然而，令吴镇涛没想到的是，妻子张德明也在第一时间递交了请战书。

张德明是江门市中心医院小儿外科的一名护士，在发热门诊人手紧张的情况下，她主动申请前往支援，为有疫区接触史、有发热或呼吸道症状的患者进行咽拭子检测。

吴镇涛说，为了降低交叉感染风险、节省防疫物资，妻子的一次性防护服往往一穿就是 6 个小时。这几个小时中，不吃不喝不上厕所也是常态，“我真是又心疼又心忧。”

吴镇涛主要负责管理危重症患者。由他经手治疗的病人，大多都是可能发生或已经发生器官功能衰竭的危重患者，需要插喉管、上呼吸机。“病房里上演的是生死时速，我们的工作容不得丝毫马虎大意。”

在他看来，进隔离区，虽然风险大，但救死扶伤是医护人员的天职。“何况我和妻子都是党员，就应该在艰难的时刻挺身而出。”吴镇涛说。

尽管这对新婚夫妻“战斗”在同一家医院，住在同一家隔离酒店，但由于工作繁忙，几乎无法见面。

“希望疫情早点过去，我想带她外出旅游一趟，弥补没度上的蜜月。”吴镇涛说。

（新华社广州 2020 年 3 月 17 日电　新华社记者周颖）

长大，只是一瞬间的事

——天津“90 后”护士的武汉战“疫”记忆

从武汉回天津集中隔离期间，张硕沐浴着春日暖阳，翻看自己在武汉拍摄的视频和书写的文字，回忆着在武汉 52 天战“疫”的点点滴滴。

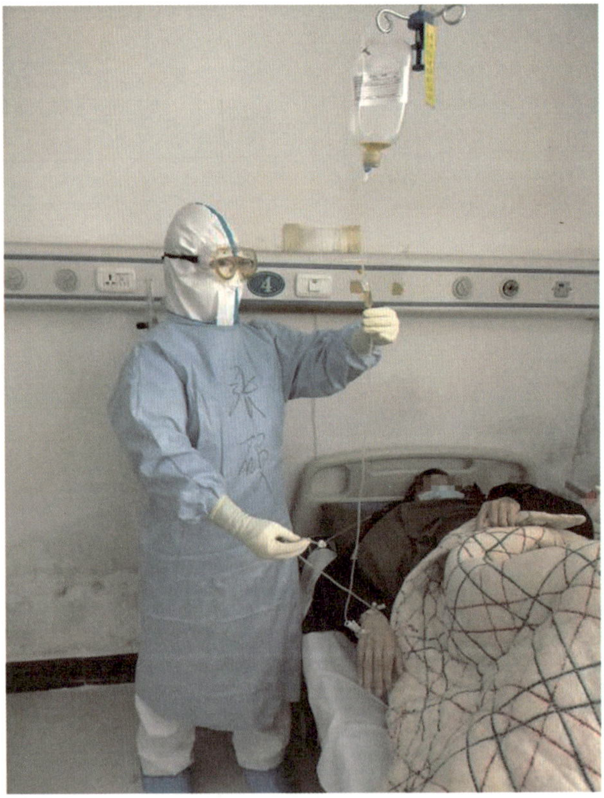

★ 张硕在武钢二院的隔离病房内为新冠肺炎患者输液（2020 年 2 月 15 日摄）。（新华社发）

28 岁的张硕是天津医科大学总医院空港医院呼吸科的一名护士，也是天津市首批支援湖北医疗队中的“90 后”成员之一。除夕夜，收到医院组建第一批驰援武汉医疗队的消息后，张硕果断报了名，开启了她在武汉不平凡的 52 天。

出发前一夜，为了降低感染风险，张硕把留了多年的长发剪短，并反复看各种防护培训视频，与医院另外两位同批驰援武汉的医护人员共同练习穿脱一套防护服，直到将防护服练到“破皮”为止。

“那一晚，我失眠了。闭上眼睛，脑海里都是妈妈那双牵挂的泪眼，耳边萦绕着放不下的嘱咐。”张硕说，前一刻还是家里的撒娇小公主，转眼就变成抗“疫”的战士。原来，长大只是一瞬间的事。

初到定点医院武汉市武钢第二职工医院后，张硕看着眼前尚不具备收治确诊患者条件的医疗环境，心里很不是滋味。清“战场”、划区域、定分工，在天津医疗队的共同努力下，医院收治确诊病例的运行模式渐渐步入正轨。

核对病患姓名和床号，为其输液、发放口服药、测体温和血氧饱和度，照顾病人饮食起居……这与她平时的工作没有什么不同。但长时间“隔绝”在防护服和隔离衣里，张硕汗水浸满全身，口罩勒在耳后如同戴上“紧箍咒”一般，还常常出现憋气、头晕等症状。

“工作期间，我穿上了纸尿裤，甚至学会了站着上厕所。”张硕说，每次下班脱去那身“酷酷的装备”，身体就像解放一样。

此外，护目镜上的水雾让她看不清药瓶上的字、找不到为患者扎针的血管，

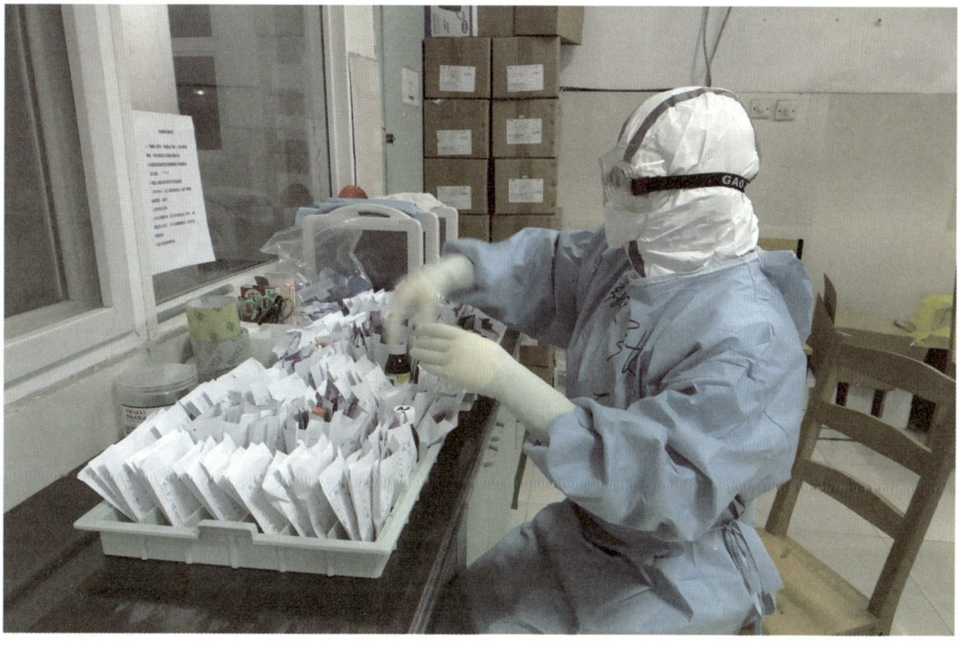

★ 张硕在武钢二院的护士站内为新冠肺炎患者摆放早晨的口服药（2020 年 2 月 1 日摄）。（新华社发）

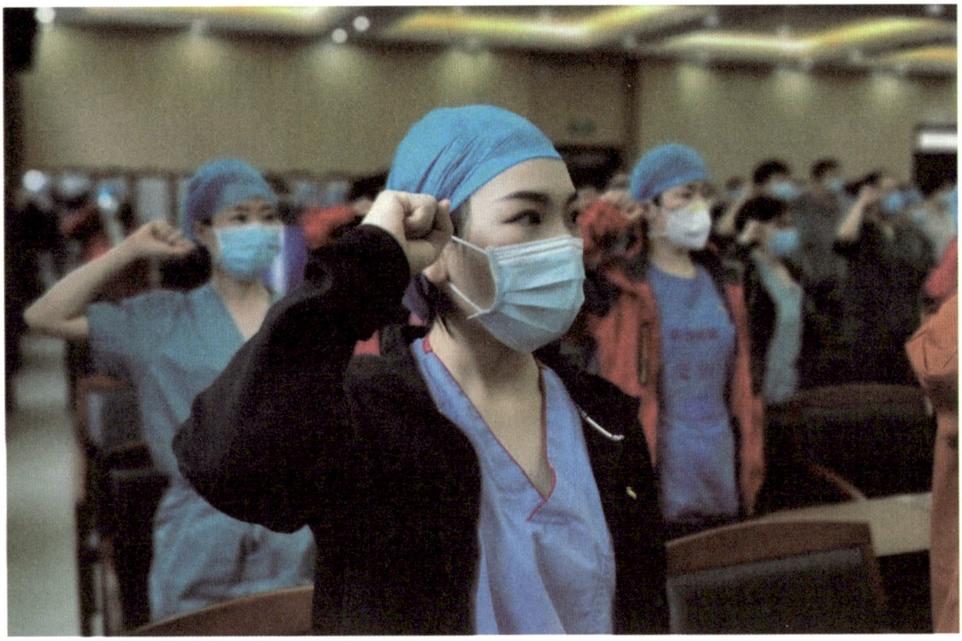

★ 张硕在武汉市青山区党校进行预备党员宣誓仪式（2020 年 3 月 16 日摄）。（新华社发）

这成为张硕工作期间的“麻烦事”。后来，张硕学到个小妙招，将碘伏内涂护目镜并晾干后，大大缓解了这一烦恼，此后，她就戴上了病区内“最洋气的墨镜”。

忙碌的工作之余，张硕还光荣地担任了“战地小记者”一职，记录下天津医疗队抗击疫情的宝贵瞬间，积极传播抗“疫”正能量。“滚蛋吧，病毒君”“我在武汉做护士”等视频在许多平台获得了近百万的点击量。不少网友留言称：“这些视频拉近了我们和紧张忙碌的你们之间的距离，也更清楚地看到这些最可爱的人伟大的模样。”

52 天的战“疫”生涯中，张硕还做了一件“人生大事”——“火线”入党。“每个特殊时期，党员总是冲锋在前。天津市首批支援湖北医疗队里绝大部分都是党员，他们勇敢无畏的精神深深地感染了我。”张硕说，能在疫情期间“火线”入党，这是她一辈子的高光时刻。

经过艰苦努力，湖北新冠肺炎疫情形势好转。17 日凌晨 3 点，张硕在微信群里接到返津通知。“我第一时间不是兴奋和激动，而是落寞，我对武汉

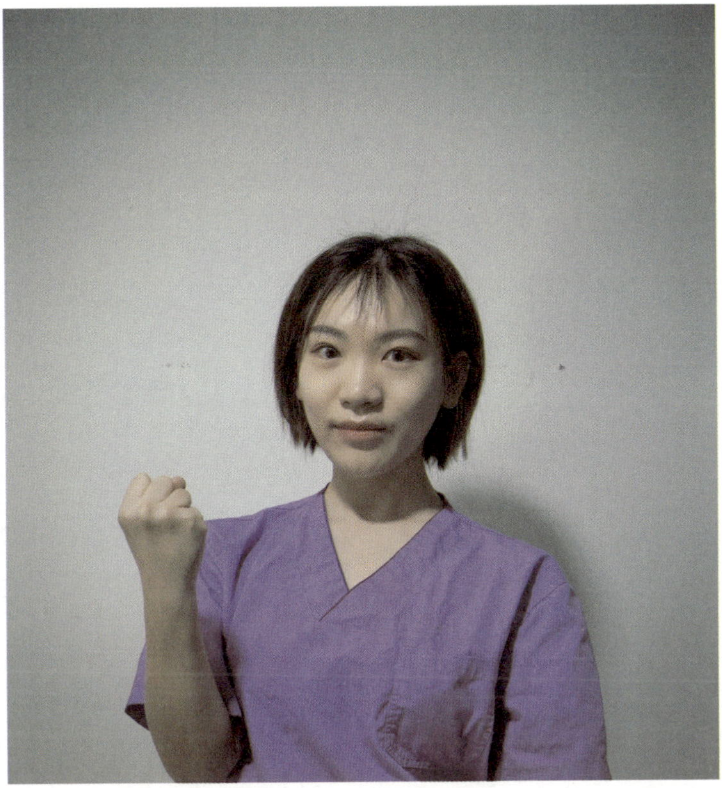

★ 在武汉市青山区党校，医疗队给张硕安排拍摄肖像照（2020 年 3 月 6 日摄）。（新华社发）

这座英雄城市有了感情，也不舍得离开并肩作战的队友。”张硕说。

回程途中，看到路上民众自发挥手致敬、来往车辆鸣笛致意、机场特警举着横幅一遍遍高喊“向您致敬”……张硕感动不已，挥舞手臂表达感谢的同时，眼里早已蓄满了泪水。

“52 天的英雄经历值得我‘吹一辈子’，也让我瞬间成长。我深知自己只是换了地方做着自己最擅长的事，但始终是平凡的医务工作者。”张硕说，吾辈当自强，如国家需要，她仍会冲锋在前，勇敢逆行。

（新华社天津 2020 年 3 月 26 日电　新华社记者宋瑞）

大年初五，北京市大兴区青云店镇西大屯村 74 岁的老党员赵庆云找到村党支部书记要求参加村内防疫工作，态度坚决。党支部书记拧不过他，便安排赵庆云负责村内消毒的工作。图为 2020 年 2 月 18 日，赵庆云（右）一行三人在村子的街巷间喷洒消毒水。（新华社记者　彭子洋　摄）

六 他们，退休不褪色 初心永不变

站在你们身后

——战“疫”时期老党员的家国情怀

截至2月17日7时，全国共有超1万名新冠肺炎患者治愈。数字背后，一些无法冲在一线的退休老党员们，将家国情怀变为实际行动。用一封请战书、一张小纸条、一批物资，坚定地站在抗“疫”者的身后。

一封请战书

“我是一名共产党员、一名卫生战线的老兵，又经历了抗击SARS的锻炼。受党培养多年，国家有难，匹夫有责，我志愿加入抗击疫情工作，为打赢这场保卫战贡献自己的一切。”

——大年三十，天津市卫健委退休干部华勇向党组织递交了这样一封请战书。

“以前，总习惯冲在一线。”华勇说。

今年65岁的他曾是一名医生，后在天津市卫健委工作多年。“非典”时期，华勇被紧急从医院抽调到当时的天津市卫生局，负责医疗队的选拔和派遣工作，并参与到疑似病例的会诊中。

2008年5月12日，汶川地震发生。华勇再次被任命为赴川天津市医疗队队长，带领50余名医护人员，与北京医疗队一道奔赴灾区。“我们12日晚12点集合，第二天早上5点就出发了。当时去了灾情严重的青川县，在那里救助受伤群众共计19天。”华勇回忆。

“习惯了冲锋在前，所以写下了那封请战书，虽然年纪大了，但是还是可以随时投身到战斗中去，我们这一代人坚信，党员，不能退。”他说。在这名老党员的家里，还珍藏着“非典先进个人”和“全国抗震救灾模范”的奖状。

在新冠肺炎突然暴发的时候，“不愿退”的华勇加入了由多位经验丰富、曾在卫生防疫战线历练多年的老同志组成的天津市卫健委新型冠状病毒疫情防控参事工作小组，每日根据疫情发展，结合以往经验，发现问题并提出合理化建议。目前为止该小组已提出90余条建议。

同时，华勇积极协调天津市医师协会，为支援湖北救治队的每名医疗队员充值电话费500元，累计超过900人。

“因为医护人员都去得太匆忙，一方面需要和派出医院电话沟通，另一方面要给家人报个平安，所以我们想让他们的电话时刻通畅。”华勇说。

一封送别信

“支持你服从党的安排，对党要忠心，对国要尽力。要为人民吃苦、解忧，早日战胜疫情，胜利回家。”

——2月9日晚，天津滨海国际机场里，天津第五批支援湖北医疗队303人即将出发。站在这些剪短头发，与家人深情相拥的队员中，副领队、天津市人民医院副院长王艳冬手里一直握着这张小纸条，这是临行前妈妈给她的送别信。

王艳冬的妈妈于春华如今已是90岁高龄，退休前在天津手表厂工作。半年多前，于春华的老伴去世，如今自己的身体也大不如前，一直依赖女儿的照料。然而大疫面前，于春华得知女儿主动请愿要求武汉，她丝毫没有犹豫，支持女儿的决定。

“我们当时觉得，国家有难，匹夫有责，作为共产党员就应该冲锋在前。虽然她父亲刚刚过世不久，我又90岁了，但是我不能拖后腿，我对女儿说，一定要多注意，赶快打赢这场战役。”于春华说。

回到17年前，于春华也是用同样的鼓励，支持女儿抗击在“非典”一线。“我对女儿有信心，在‘非典’期间她就在尽心尽力救治病人。”她说。

王艳冬说，母亲有跟自己写字条沟通的习惯，因为对她要求一向严格，往往也不会当面表达自己的感情，多少个起早贪黑的日夜，母女俩的交流就通过这一张张字条来进行，她知道这张从日记本上撕下来的纸条，是母亲斟酌了半晌为她留下的寄语。如今，王艳冬已经开始在武汉方舱医院中与同事照料病人。

一个旧口罩

温今中如今戴的这个口罩，已经反复使用了多次。“因为没有口罩戴，问别人要了几个。”他说。

然而早在疫情在全国蔓延之前，他就通过新闻了解到武汉新冠肺炎的情况，以多年卫生防疫一线工作的敏感性，未雨绸缪的他自费购买了2000多个口罩、医用手套等。年前，他同家人商议后，将这些物资悉数捐给了一线医务工作者。

“我不能到一线，但是也不想掉队，不想缺位。”温今中说。

退休前，温今中在天津市卫健委工作，2010年退休的他，现已年近古稀。疫情发生后，他一直关心着物资的问题，通过女儿药店的物资购买渠道，他自己出钱购买了一线急需的防护用品。“如果供货商继续发货，我们还是会继续捐出去。”他说。

温今中说，作为党员，受党教育多年，经历过“非典”，有丰富的经验，熟悉传染病的传染规律，明白疫情发生的严重性。“我们老党员虽然退休了，但是也希望发挥自己的作用，将自己的家国情怀变为实际行动。”

（新华社天津2020年2月17日电　新华社记者白佳丽）

一名百岁党员的战“疫”答卷

1 万元，是老人 4 个多月的退休工资；作为一名普通退休工人，生活上向来“吝啬”，面对疫情却格外“慷慨”。

他，就是百岁党员彭云松。

这个特殊的春节，新型冠状病毒感染的肺炎防控形势严峻，牵动着亿万人民的心。1 月 29 日，家在哈尔滨市道外区的彭云松联系当地政府部门和红十字会，向道外区防控一线捐款 1 万元。

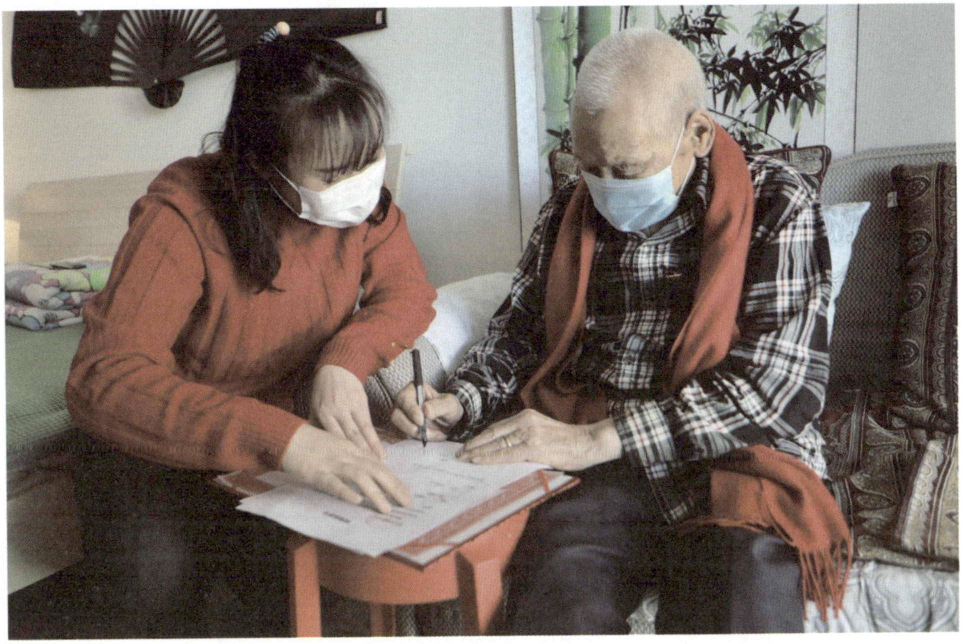

★ 哈尔滨市百岁党员彭云松在捐赠书上签字（2020 年 1 月 29 日摄）。（新华社发）

彭云松出生于 1920 年 9 月，是 6 个儿女的父亲。这一家七口人却有着 7 个不同的姓氏。年轻时，彭云松从山东平邑“闯关东”来到哈尔滨，1954 年起陆续收养了 6 个流浪儿和孤儿。

为了让孩子们吃饱穿暖、读书上学，彭云松每天起早贪黑，一边在化工厂打工，一边养羊卖羊奶、收废品，补贴家用。不是骨肉，却胜似骨肉，为了照顾孩子，他一生没有娶妻，用无声的付出给 6 个儿女一个温暖的家。

这个“七姓”大家庭的故事曾感染无数人。几年前，彭云松曾荣获全国“最美家庭”“全国五好文明家庭标兵户”，并入选“中国好人榜”。

谈及为何要为疫区捐款，老人坚定地说：“看电视、看手机，知道疫情严重，奋战在一线的医生、护士太辛苦了，我想为他们做点事。”此次捐款是他省吃俭用一点点攒下的，将全部用于道外区疫情防控，帮助一线医务工作者购置防护用品。

老人年纪大了，养老、看病会花不少钱。彭云松却觉得国家有难，要首先帮国家纾困。他的儿子栾景通说：“我爸一直这样想，也总是这样教导我们，

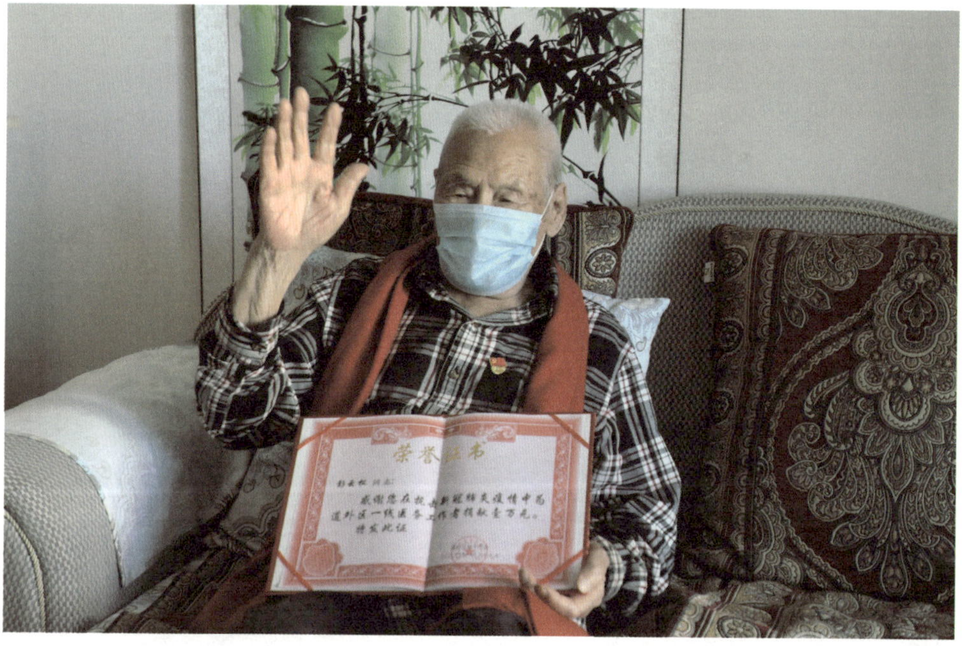

★ 哈尔滨市百岁党员彭云松为疫情防控捐款 1 万元（2020 年 1 月 29 日摄）。（新华社发）

我们都特别支持他。”

捐赠书上，彭云松颤颤巍巍写下自己的名字。老人的“惊人之举”感动了在场不少年轻党员。“尽管年事已高、行动不便，他们始终心系党和人民的事业，体现了一名老共产党员永不褪色的初心与信仰。”哈尔滨市道外区委组织部副部长于欢说。

“这是一名共产党员应尽的义务。”彭云松说。

（新华社哈尔滨 2020 年 1 月 30 日电　新华社记者杨思琪）

七旬老党员动员儿孙街头免费派发5万个口罩

一段视频近日在朋友圈广泛流传。视频中，一对父子穿着厚厚的外套，戴着手套和口罩在寒冷的街头免费派发口罩。

视频里，这位父亲胸前挂着一个装满一次性口罩的箱子，上面写着“口罩，免费派送”，儿子站在身旁，向路过街坊村民和路人派发口罩。

记者电话联系上视频中的父子，原来父亲叫禤宝仲，儿子叫禤振明，是广州市从化区良口镇米埗村人。今年除夕夜，禤宝仲一家在大哥家吃团年饭。禤宝仲的大哥经营着一家超市，他发现整个晚上的客人都是来买口罩的。村民告诉他，大家都想备点口罩防疫，附近药店的口罩都断货了。

禤宝仲想起自己有两个朋友是做口罩批发生意的，可以及时进货。这时，禤宝仲的父亲禤光材听了，就提议可以把口罩免费派发给村民，大家齐心协力、互相帮助对抗疫情。一家人听了，纷纷表示同意。

74岁的禤光材是良口镇米埗村的老党员，平常善良热心、乐于助人，深受米埗村村民欢迎。他告诉记者说，“我入党已经有40多年了。作为一名老党员，我想向人民群众献一份力。但是我自己又行动不便，我就叫我儿子和我的孙子一起行动。”

在父亲的动员及家人的支持下，禤宝仲赶在年三十进货5万多个口罩，在大年初一一大早就带着儿子出发向街坊、路人免费派发口罩。

他先是派发了一些口罩给街坊邻里。大年初一下午又带着八岁的儿子和三个朋友一起开车到从化区街口街人流较多的商业旺地附近免费派发口罩，于是就出现了朋友圈里流传的暖心画面。

“从年初一到年初四，我们父子连续四天免费为街坊、村民和路人派发口罩。”禤宝仲告诉记者，“在派发口罩的过程中，不少过往的市民向他们竖起了大拇指，有的甚至会送吃的和雨伞给我们，这些对我和小孩来说都是莫大的鼓励。”

不仅是74岁的禤光材带头做战“疫”先锋、免费派出5万口罩。在广州从化区，当地正号召全区各级党组织、全体党员积极做“战疫”先锋。

从化区以村民小组为单位，由村干部、小组长和若干名党员组成战斗队，共组建1988个战斗队，实现防疫防控农村全覆盖。实施防疫防控党员包组联户，利用农村党建大喇叭、流动宣传车等形式滚动播报防疫措施，引导群众不串门、不聚会，各村取消春节上灯等民俗活动和墟日民间活动，最大程度降低疫情扩散风险。

“父亲是一名党员，平时他就言传身教，一直深深地影响和教育着我，作为党员家庭的一员，我也应该发挥先锋模范作用，为群众提供力所能及的帮助。”禤宝仲告诉记者。

（新华社广州2020年2月6日电　新华社记者周强）

青海87岁老党员交2万元党费支援抗“疫”

“一方有难，八方支援，共产党员更要带头支援！交大额党费，既是尽一个老党员的责任，也是表达支援抗击疫情的一份心意。”李洪占说。

今年87岁的李洪占是青海省海东市互助土族自治县蔡家堡乡后湾村的一名老党员。这个春节，他一直通过电视关注着新冠肺炎疫情，琢磨着怎样才能为抗“疫”尽一份力。

2月3日下午，他联系当地组织部门，从自己的积蓄中拿出2万元交了一笔“大额党费”。

“23岁入党时，我是村里的小队长，当时我就认为，共产党员就是群众中带头干事的人。现在虽然我年龄大了，但党员的责任不能忘。”李洪占说。

出生于1933年12月的李洪占心地善良、乐于助人，年轻的时候就有一股“不服输”的韧劲。1956年，他成为村里当年入党的两个人中的一个。自此，他内心坚守“党员就是带头干事的人”的信念，在村里事事带头，深受村民尊重。

入党后第一年起，李洪占就响应国家植树造林政策，带领村民在山上种树，60多年来坚持不懈，累计义务植树8万余株133公顷。2019年，他获得“全国诚实守信模范”称号。

“村里当时只有两个人入党，你为什么成了其中一个，还不就是你可以带头干事嘛。”李洪占说，自己这一辈子之所以过得踏实，还获得了那么高的荣誉，都是因为党的培养，因为内心始终坚信“共产党员，就是要带头干”！

新冠肺炎疫情发生后，后湾村党支部召开党员会议，决定组织村内党员成立先锋队在村口设立24小时检查点，摸排登记外来人员、开展村内宣传防疫知识。当时，李洪占老人主动报名参加先锋队。

“爷爷您这么大岁数了，就让我们这些年轻党员来吧！”李洪占的孙子、后湾村党支部书记李积彪劝阻了爷爷。但是，作为一名老党员，李洪占心里一直想着在关键时刻要带头为抗击疫情做点什么。

“岁数大了，不能去一线冲锋，那就交一笔党费支援抗‘疫’！”李洪占决定以交“大额党费”的方式支援防疫抗疫。他的这一想法立刻得到儿孙们的支持，同为党员的次子李珍业、三子李科业和长孙李积彪也分别拿出1000元，跟着他一起交了“大额党费”。

“2018年，我们后湾村从山上整体搬迁到了山下的公路沿线，在党和国家政策的支持下，脱贫攻坚的难题给解决了。我坚信在党和政府的领导下，党员干部带头干，很快能够战胜疫情。”李洪占说。

李积彪说：“作为一个老党员，爷爷给我们树立了榜样。作为长辈，他也给我们留下了宝贵的精神财富。作为党员家庭中的一分子，我也要努力发挥先锋模范和带头作用，为防疫抗疫贡献自己力所能及的力量。”

“像李洪占一样，在防疫抗疫工作一线，还有很多党员在带头战‘疫’。”互助土族自治县委组织部部长逯淑君介绍，目前，当地532个基层党组织、1.5万多名党员都坚守在防疫抗疫一线，积极做防疫抗疫的先锋。

（新华社西宁2020年2月9日电　新华社记者骆晓飞）

疫情不退，我不退

——辽宁基层老党员在抗“疫”一线站好最后一班岗

在辽宁，一些即将退休的老党员始终值守在抗“疫”一线。他们的身份不同，或是警员，或是社区工作者，但他们有同样的信念——只要疫情还没被击退，自己就不退休、不退缩。

“我要在一线站好最后一班岗”

春节期间，为抗击疫情，铁岭市公安局交通安全管理局全体民警辅警提前回岗，高速一大队老民警王鹤也是其中一员。考虑到他去年先后参与多项重大安保任务且即将年满60岁退休，大队决定“特殊照顾”，不安排他去一线执勤，而在大队备勤。

“再过几天我就退休了，我要在一线站好最后一班岗。”王鹤向大队提出申请。

就这样，王鹤如愿与同事们一同奋战在京哈高速铁岭站疫情防控前线。天气寒冷、工作繁重，年轻同事多次劝他歇歇，他总笑着说：“等没车过来了再歇。”

2月16日是王鹤60周岁生日，也是他退休的日子。这天下午，王鹤的老伴来到执勤岗亭，看着他站从警生涯最后一班岗、看他与同事交接，然后走上前去送给他一捧鲜花。“老伴，这些年你也辛苦了，感谢理解！”王鹤对妻子说。

人退心不退，脱下警服换上便装的王鹤，又投入到社区疫情防控工作中。

“只要国家需要，咱就上！”

“老沈！你不应该在海南过年吗？”春节期间，沈信出现在沈阳市沈河区志新社区卫生服务中心时，大伙都很惊讶。即将退休、应该去海南陪伴母亲的他，第一时间归队投入抗“疫”战斗。

排查外来人员、排污管道消毒、挨家挨户防疫指导、张贴宣传海报……沈信身着防护服穿梭在正月里的小巷楼宇间。当物资采购、护送医护人员访视需要用车时，他二话不说开自家车保障后勤工作，一次次往返。

在高速公路口防疫排查是卫生服务中心最艰苦的工作，沈信却从未掉队。“我们担心老沈身体吃不消，一直劝他缩短执勤时间，可他特别倔，就是不肯！”沈信同事说。

“我父母也是老党员，我 86 岁的老母亲总鼓励我，不管啥时候，只要国家需要，咱就上！”沈信说。

“我得对得起这身警服”

一大早，张晓红就会出现在辽阳市宏伟区兰家镇东喻村卡点，检查过往车辆——检查通行证件、测量体温、详细登记后予以通行，每一步都进行得异常仔细。

张晓红是辽阳市公安局宏伟公安分局兰家派出所的社区民警。疫情防控期间，张晓红发挥自己了解社区情况的优势，带领年轻民警辅警组织排查辖区，不厌其烦地叮嘱群众各项注意事项。

“开始，有些群众没有意识到疫情防控的紧迫性，不理解民警工作，我跟他们接触时间长，好沟通，慢慢大家就自觉配合我们工作了。”张晓红说。

1998 年 9 月从部队转业的张晓红回到地方后一直在社区警务一线工作，如今，即将退休的他选择留在抗“疫”一线。“保卫好辖区居民的安全是我的工作，我得对得起这身警服。”

（新华社沈阳 2020 年 2 月 23 日电　新华社记者李铮、高爽）

北京：奋战在防疫一线的老党员

★ 大年初五，北京市大兴区青云店镇西大屯村 74 岁的老党员赵庆云找到村党支部书记要求参加村内防疫工作，态度坚决。党支部书记拧不过他，便安排赵庆云负责村内消毒的工作。图为 2020 年 2 月 18 日，赵庆云（右）一行三人在村子的街巷间喷洒消毒水。（新华社记者　彭子洋　摄）

★ 2020 年 2 月 18 日，赵庆云（左）一行三人在村子的街巷间喷洒消毒水。（新华社记者　彭子洋　摄）

★ 2020 年 2 月 18 日，消毒的间隙，赵庆云（左）回到家休息一下，喝口水，和老伴儿聊会儿天。（新华社记者　彭子洋　摄）

吉林辽源：73 岁退休老党员的抗“疫”故事

一大早，吉林省辽源市东丰县二龙山双庙村村民胡文秀来到路口，与执勤的志愿者守在这里，协助对过往车辆排查、登记。

胡文秀今年已经 73 岁了，志愿者常劝他回家休息。他却说：“我就是闲不住，今天走了，明天我还来！”

其实早在大年初三，老党员胡文秀就写下了抗“疫”“请战书”。

辽源市东丰县二龙乡党委办公室主任王克军回忆说，初三早上，他发现一封信被塞进了办公室门缝里。打开一看，这封信是胡文秀所写。

“眼下这场无声的战役已经打响，虽然我退休多年，但我是一名共产党员，我志愿加入这场战斗中，为父老乡亲尽一份微薄之力……”

胡文秀的举动让王克军等人很感动，但考虑到老人年纪大了，就让他负责宣传，告知附近居民和亲戚朋友少走动、少串门、勤洗手。

对于交给他的任务，胡文秀认真对待。每天他都会在村里巡逻，宣传“防疫”知识，字迹好看的他为村里写了不少宣传标语张贴在各处，他还经常到村路口，协助志愿者执勤。

胡文秀说，起初村民们对疫情不是很重视，还有人聚在小卖店里聊天，他每次都会耐心规劝。有个别人不理解，还对他说，“老爷子，你这么大岁数就别管闲事了，快回家吧。”

胡文秀也不生气，他反复琢磨着怎样能让大家意识到防控疫情的重要性。几天后，老人自创了防疫“三字经”，打印后贴在了大家经常聚集的地方。“病毒源，看不见，很可能，在身边，请大家，严防范……”在胡文秀的影响下，村民不再出门聚在一起聊天了。

家人怕他身体吃不消，最初并不支持。可“倔老头”胡文秀说：“与直面病毒的一线医护人员相比，我做这点工作微不足道。关键时候，共产党员就应该冲在前面。”

这位73岁的老党员每天依旧在防控疫情的一线，做力所能及的事，奉献自己的光和热。

（新华社长春2020年2月26日电　新华社记者孟含琪）

老党员蒋明权的最后一班岗：疫情不结束，我不退休

59岁的老党员蒋明权已在村里坚守了37天了。从农历正月初一进村投入疫情防控工作以来，除了一次送病人到集镇就医、两次开车到集镇加油以外，他的双脚就没有离开过何家村。

何家村是湖北鹤峰县中营镇的一个小村子，共有村民482人。除夕，在中营集镇家中过年的蒋明权，接到上级通知，要求正月初一紧急驻村开展疫情防控。正月初一上午9点，他开车赶到了何家村。

两年前，蒋明权被国网鹤峰县供电公司派到何家村开展驻村扶贫。当时已经57岁的他，清楚地知道这是自己的最后一班岗。

3月1日上午8点，蒋明权从村委会旁边租住的村民家，准时赶到了何家村肖家垭组级疫情防控卡点，开始一天的值守。

何家村原本只设两个村级卡点，10人分两班轮流值守。为了进一步做好疫情防控工作，村里增设了3个组级卡点，蒋明权主动“认领”了最偏远、最艰苦的肖家垭卡点。

海拔1500米的肖家垭卡点，正处在风口上。村里送来的简易遮阳篷，两次被吹翻。

蒋明权索性就着路边的一片小树林，拿两块油布绕过几棵树，围出一个闭合空间。不足两平方米的面积，里面摆一个小火炉、一个马扎，就成了他的“据点”。2月12日至今，他每天都到此驻守。

“纯天然纯绿色，负氧离子充足，不错！”以苦为乐的蒋明权，拒绝向

镇里申请一顶救灾帐篷。他想把物资留给更需要的人。

流动意味着风险。劝返，成了蒋明权的“必修课”。他深知，守好卡点就是守护村民们的平安。

“哎！哎！别过来啊！我每天接触的人多，我天天给他们量体温，我身上带不带病毒我自己都不晓得……”发现意图闯过卡点的村民，蒋明权隔着十多米就开始喊。

也许是害怕，也许是理解与体谅，闯卡村民听到这话，都老老实实回去了。

2 月 19 日晚，蒋明权开车送村里一个病人到集镇就医。带病人做完治疗，拿了药，送病人回村路过自家楼下时，他停下了车。不到 9 点，客厅还亮着灯，82 岁的老母亲、相濡以沫的老伴、10 岁的外孙女，她们都还好吗？蒋明权拨通了电话。很快，他牵挂的三个人出现在阳台上。

“外公外公，快回来！”小外孙女边蹦边喊。

“要听话，外公还有很重要的事，回来了给你买玩具。”蒋明权十分内疚。

老伴隔着夜色凝望着蒋明权，仿佛想看清楚他是不是又累瘦了。

“自己保重！”82 岁的母亲有道不尽的心疼。

这场楼上俯瞰、楼下仰望的“会面”，持续了不到两分钟，蒋明权就挥手告别。

吃再多的苦、为再多的难，蒋明权都不怕。他最揪心的是奋战在抗“疫”一线的女儿。他的女儿是鹤峰县中心医院儿科副护士长，从正月初一就开始护理新冠肺炎确诊患者。

他每天都给家里报平安，却从来不敢给女儿打电话。他怕影响女儿救人。

“看到医护人员殉职的消息我最受不了……”蒋明权忍不住落泪。

4 月 15 日即将年满 60 岁，蒋明权离退休的时间越来越近了。“疫情不结束，我不退休。我要等女儿一起回家。”这位 23 年党龄的老党员说。

（新华社武汉 2020 年 3 月 1 日电　新华社记者谭元斌）

疾控退休老党员　战“疫”防控走在前

★ 家住四川省成都市锦江区狮子山街道佳宏路社区的曹倩茹，退休前在四川省雅安市疾控中心防疫科工作，是一名有着近 40 年防疫工作经验的党员。2020 年 2 月 4 日，曹倩茹通过手机联系不在家的住户，了解登记社区人员动向。（新华社记者　刘坤　摄）

★ 面对新型冠状病毒感染的肺炎疫情，68 岁的曹倩茹主动请缨，积极参与所在社区的防疫工作，为打赢疫情防控阻击战贡献自己的力量。2020 年 2 月 4 日，曹倩茹（左）与狮子山街道办事处工作人员一起，在辖区开展摸排工作。（新华社记者　刘坤　摄）

★ 2020 年 2 月 4 日，曹倩茹（左一）与街道、社区的工作人员一起走访，开展人员摸排工作。（新华社记者　刘坤　摄）

全力支援抗“疫”的老兵“唐老头”

“我是党员，也是退役军人，我有义务为政府减轻负担，为人民做点该做的事。”聊起头段时间的爱心之举，两鬓斑白的唐遂成连连摆手，只说这是自己应该做的。

1月28日，大年初四，一位耄耋老人在家人陪同下，来到湖北省老河口市新冠肺炎防疫指挥部，捐献2万只医用外科口罩。老人再三叮嘱指挥部工作人员，一定要将口罩转交给在防疫一线的医务人员和执勤公安民警。

这位老人便是唐遂成，今年已是87岁高龄。一袭深色衣服上，胸前那枚鲜红的党徽格外显眼。

唐遂成1952年8月参军入伍，1952年12月参加抗美援朝作战，先后参加了上甘岭、西海岸战斗等重大战役。

1978年，已是副营职干部的唐遂成转业返乡。原本他有机会选择去大城市安家工作，但心系故乡的他还是回到湖北省光化县（现老河口市）成为乡镇粮管所一名普通干部，后到县城酒厂任职副书记。“大城市你想去，我想去，大家都想去，那偏远的地方谁去？只有回到家乡把家乡建设好，我们的未来才会更好！”谈及当初的决定，唐遂成不言后悔。

在湖北省老河口市，如果问唐遂成是谁？可能没几个人能说得上来。但你要问那个精神矍铄、乐于助人的“唐老头”，可是众所周知的人物。

1994年，退休后。按理说这时他应该享享清福了，但身体硬朗的唐遂成仍然闲不下来，退休不褪色，离岗不离党。自那时起，他最大的“事业”成了参加老年合唱团，用歌声颂扬伟大的祖国，并在当地校园奔走，为孩子们讲述那些关于新中国的故事。

老家农村搞新农村建设图书室缺图书，他二话不说，送去一百多册图书；知道哪家孩子读书困难了，他便捐款助学；复转老兵碰到难事了，他就主动送去联系解决……

这一次，当人民群众生命安全受到威胁时，这位热血老兵再次站了出来。唐遂成说，他看到医护人员和公安民警放弃休假，日夜奋战在抗“疫”第一线，想到自己是一名老党员、一名老兵，他怎么也坐不住，本想报名去抗“疫”一线值班，无奈被拦了下来。不能到抗“疫”一线与同志们并肩作战，唐遂成便萌生了捐赠医疗物资的想法。

老人的这一想法得到了家人的支持。在北京工作的女儿随即着手联系口罩生产厂家。但过程一波三折，也把老爷子弄的寝食难安。几经周折家人终于联系到湖北的一家企业，购买了 2 万只医用口罩星夜兼程送往老河口市，捐赠给了一线的医护人员和民警手中，这才完成唐遂成的心愿。

“唐老头”的爱心之举在当地引起强烈反响，许多退役军人纷纷前往市防疫指挥部，表示要为防疫工作出钱出力。退役军人陈学金向防疫指挥部捐献 1.5 吨无水酒精；老兵任光道在退役军人微信群发起募捐，一天之内就有 43 名老兵捐款近万元……

“从新中国成立到现在，我在上甘岭打过仗，坝上草原站过岗，也算是历经风雨，我见证了人民群众的不屈不挠和国家由弱到强。”唐遂成说，“我相信在党和政府的坚强领导下，在广大群众的共同努力下，我们一定可以战胜疫情！”

（新华社武汉 2020 年 3 月 7 日电　新华社记者侯文坤）

天津：老党员坚守社区抗“疫”一线

★ 张颖是天津市南开区三潭西里社区的老党员。新冠肺炎疫情发生后，她主动报名参加了社区的党员战“疫”先锋队。2020 年 2 月 11 日，张颖登记小区出入车辆信息。（新华社记者　白佳丽　摄）

★ 张颖每天都到社区门口值岗，为出入居民测量体温，登记车辆信息。她所在的社区志愿者队伍有近 30 人，除了值岗，他们还会对社区楼门进行消杀，为抗击疫情做贡献。2020 年 2 月 11 日，张颖为进入小区的居民测量体温。（新华社记者　白佳丽　摄）

★ 2020 年 2 月 11 日，张颖为居民测量体温。（新华社记者　白佳丽　摄）

一位 85 岁老党员的承诺

秦皇岛市军队离退休干部第四休养所党支部日前收到特殊党费 1 万元，捐款人彭祖循今年 85 岁，曾是一名战斗英雄。

“抗击新冠肺炎疫情，我们这些年纪大了、不能上一线的老党员也要出一份力。”彭祖循说，“阵地换了，但这颗心还是一样的。”

彭祖循现居河北省秦皇岛市海港区天洋新城社区。1955 年，20 岁的彭祖循从家乡湖南参军。一年后，因表现优异，彭祖循光荣加入中国共产党。1966 年，他作为连指导员奔赴援越抗美战场。8 个多月的战斗中，彭祖循和战友们经历大小战斗十几次，最终他带领队伍荣立集体一等功和个人一等功。

彭祖循从部队退休后，为保持入党初心，他在家中的一面墙上挂满了部队里的老照片。“我们入党想的就是要全心全意为人民服务、为国家做事，退休了依旧是这个使命。”

如今，彭祖循脱下军装，戴上红袖箍，积极参加社区活动。“彭老干事特别认真。”天洋新城社区主任周慧霞说，“创建全国卫生城市时，他起早拿着清理垃圾的工具巡逻。我们在社区微信群里，看到有人说在墙上发现了小广告，赶过去时，彭老已经清理完了。”

作为社区“关心下一代委员会”成员和未成年人课外辅导员，彭祖循经常结合自己经历，给社区孩子们讲红色故事。

多年来，彭祖循时常拿出退休金帮助困难的人。从新闻里看到有需要帮助的人，他都会主动捐款捐物。2012 年，彭祖循发动全家祖孙三代，参加“秦皇岛晚报爱心基金”每人每月 10 元的爱心捐款，一直坚持到现在，已累计捐出 1 万多元。

这一次，彭祖循又为抗击疫情捐出 1 万元特殊党费。“他是立过一等功的英雄，也一直是我们的骄傲和榜样。”秦皇岛市军队离退休干部第四休养所第一党支部书记杨延新说，“这些年，他做了很多为党旗增辉的事，不过他不爱说，很多事大伙儿都不知道。”

“彭老老伴儿的党组织关系在社区党支部。前几天，她过来为抗击疫情捐了 1000 元。”周慧霞说，“她没提彭老在部队干休所那边捐款的事，放下钱就走了。”

而此时，彭祖循的小儿子作为秦皇岛市第三医院重症监护室的医生，已经在抗击疫情的最前线工作了很长时间。

对于他们做的这些事，彭祖循说：“我们都是党员，这些是党员应该做的。”

（新华社石家庄 2020 年 3 月 14 日电　新华社记者郭雅茹）

2020 年 4 月 4 日，北京天安门广场降下半旗，表达对抗击新冠肺炎疫情斗争牺牲烈士和逝世同胞的深切哀悼。（新华社记者 鞠焕宗 摄）

七 那些离去的人 那些不灭的光

英雄，正是这般模样

——抗“疫”一线牺牲英烈群像

沧海横流，方显英雄本色。

医务工作者、公安民警、社区工作者、志愿者……面对汹涌而来的新冠肺炎疫情，一群又一群平凡的人，在危难中挺身而出，在重压下义无反顾。

没有生而英勇，只是选择无畏。在这场没有硝烟的战斗中，他们舍生忘死、前赴后继，把热血和生命都献给了国家和人民，把无尽的缅怀与思念留在了神州大地。

他们用生命守护生命，以大爱诠释医者仁心

2020 年 2 月 18 日上午 10 时 54 分，武汉市武昌医院院长刘智明走了。他生命的刻度，永远定格在 51 岁。

2 个小时内改造门诊部；3 天内完成全院既有其他疾病患者转移；对西院区整体改造并建好 300 张隔离床位……疫情突袭，刘智明的时间表排得满满当当，一刻也顾不上休息。

生命最后一个月，即使从院长变成了病人，刘智明也从未放下工作。病床上，他依然在不停地接打电话、回复微信。

“他总是这样，忙到没时间关心自己的身体。”武昌医院消化内科主任王珣回忆，当时说话都很困难的刘院长还在叮嘱，一定要确认有没有同事被感染。

斯人已去，风范长存。

2月18日，世卫组织总干事谭德塞对刘智明的去世表示哀悼：“在新冠肺炎疫情暴发时，刘智明医生感动了也挽救了无数生命。”

生命如炬。至暗时刻，白衣天使救死扶伤的双手，也点亮了无数人心灵的明灯。

“有事叫我，我来。”这句话，是武汉市蔡甸区人民医院医生夏思思的口头禅。无论谁有什么急事，一个电话，她总会及时出现。

1月的一天，值完夜班的夏思思听说有位70多岁老人病情加重，马上返回医院参与救治。

“当时这位病人已高度怀疑是新冠肺炎患者，思思也知道，可她依然选择回来。”医院消化内科主任邱海华哽咽道。

1月19日，夏思思突感乏力并出现发热症状，住院治疗的她却还牵挂着医院的情况，想早日重返岗位。

2月23日凌晨，与病魔顽强抗争了一个多月的夏思思，在29岁的年纪，永远地离开了这个世界。

29岁，恰是风华正茂。与夏思思同岁的彭银华，和妻子商量推迟了婚礼。此后，他不眠不休地接诊病人，直到疫魔逼近。

如今，刘智明的妻子，再也没有机会追问丈夫终日忙碌初心为何；夏思思的丈夫，还回想着两人在大学校园的相知相恋；彭银华的妻子，还等着丈夫给未出世的孩子起个名字……

疫情发生至今，有3000多名医务人员被感染。有的献出了自己宝贵的生命。王兵、冯效林、江学庆、刘智明、李文亮、张抗美、肖俊、柳帆、夏思思、黄文军、梅仲明、彭银华……此刻，让我们记住他们的名字，也记住他们白衣执甲、逆风而行的背影。

他们以生命践行使命，用热血铸就警魂

农历大年三十，40岁的湖北省襄阳市南漳县交警郑勇站完了生命中最后一班岗。

1月24日，县里部署全警上岗“封城”。为了让一位两地分居的同事回家过年，刚值完一天班的郑勇主动把他替了下来。

谁料，正午时分，郑勇突感腹部疼痛难忍，因急性肝衰竭陷入昏迷……

一家人再也等不来多少年都没补上的年夜饭；全县人民再也看不到那个风里来雨里去的“好警察”。

从警24年，郑勇热爱着公安事业。在他电脑显示器的一角，长年贴着这样一句话：“要牢记：人民警察，姓党为公，执法为民。”

如今回想起来，妻子懂得了他的心意：“当了大半辈子警察，他其实没有干够。”

风霜雪雨、初心不改。那些把警徽挂在心头的人，也把守护人民的使命融入生命。

“‘尹支队’是个风风火火、一丝不苟的人。有时大声布置工作，整个楼层都能听得到。”湖北长江航运公安局宜昌分局治安管理支队的民警安杰至今还无法相信，支队长已经走了。

1月29日，像陀螺一样战斗在疫情防控一线的尹祖川突发疾病，倒在了工作岗位上，年仅47岁。

“交通港航公安系统优秀人民警察”“湖北省青年岗位能手”、3次荣立个人三等功……尹祖川的履历，见证着他的兢兢业业、恪尽职守。

人民公安为人民。和平年代，公安队伍牺牲最多；疫情当前，忠诚卫士冲锋在前。

“警察就是战士，只有倒在自己的战位上，才是最好的归宿。”这是河南省汝州市公安局三级警长程建阳在个人工作总结中说过的一句话。

“虽然今天我休息，可是执勤地点客运站是我的辖区，情况我熟悉。”这是内蒙古自治区突泉县公安局育文派出所民警何建华留给妻子的最后一句话。

吴涌、李弦、艾冬……此刻，让我们记住他们的名字，也记住他们用生命兑现的铮铮誓言。

他们用生命书写担当，用爱心守护家园

“他太累了。”

一想起老李，河北省柏乡县城阳村党支部委员李贺敏的眼圈就红了。

2 月 13 日，67 岁的村干部李增运在疫情防控一线连续奋战 20 天后，突发疾病，不幸离世。

去世前一天，他的工作安排都是掐着点往前赶：6 点半，和环卫工人一起消毒；8 点，到村委会“喊喇叭”做防疫宣传；9 点，到隔离在家的群众家里测量体温、安抚情绪……

无论是走家串户、宣传劝导，还是到村口检测点执勤站岗，李增运都冲在一线，每天忙到深夜。

那天早晨，仅仅睡了不到 3 个小时的李增运，8 点又准时来到村委会“喊喇叭”。

“没想到是以这种方式听到他最后的声音。”村民江建立泣不成声，“这么好的一个人，说走就走了……”

顾全大家，才能保住小家。疫情发生以来，无数社区工作者用热血与生命诠释这个简单又朴素的道理。

“有点馋韭菜馅儿饺子了。”农历正月初八，匆匆吃过晚饭的秦红跟妻子丢下一句话，又出了家门。

48 岁的秦红是内蒙古科尔沁左翼中旗宝龙山镇西宝龙山嘎查党支部书记，从大年初一接到通知返岗起，他就没怎么好好休息。

一顶帐篷、一个火炉、一把体温枪，在嘎查西路口搭起的临时检查点里，秦红忙碌的身影，成了人们最放心的哨卡。

“他明知道自己身体不好,还每天连轴转,大过年的我俩都没说上几句话。回家也是狼吞虎咽，吃完饭就走。”回忆起秦红生前的状态，妻子泣不成声。

秦红最后一次离家，妻子特意包了 50 个饺子冻在冰箱里。“想等他回来，就让他热乎乎地吃上一口。”

谁料，第二天上午，他突发脑干大面积出血，一头栽倒在村口……那 50 个饺子，成了永远的遗憾。

为什么，他们终日不辞辛苦？又是什么，让他们甘愿抛家舍业？

“为民奉献永远没有句号。”河北省涿州市苍牛屯村治保主任王永田生前常说的一句话，道出了一颗火热的初心。

王永田去世后，儿子王彬接过爸爸留下的电动车和水壶，又站到了他战斗过的岗位上。

“疫情防控阻击战还没结束，要完成爸爸没有完成的任务，我知道，这是他最惦记的事。”

什么是使命？“为人民服务”就是他们坚守的使命。

廖建军、姜国章、张世林……在全国大大小小的城乡街道，在庞大治理体系的最小单元，他们用炽热的生命书写了担当。

没有轰轰烈烈的语言，只有实实在在的行动。这些危难时刻挺身而出的中华儿女，是这场战“疫”当之无愧的英雄。祖国和人民不会忘记，他们平凡而又伟大的人生。

英雄走好！

（新华社北京 2020 年 4 月 3 日电　新华社记者孙少龙）

用生命完成最后的坚守

——追记武汉市武昌医院院长刘智明

2月18日，上午10时54分，一位始终奋战在抗“疫”一线的白衣战士走了……

他是武汉市武昌医院院长刘智明。春暖花开前，他生命的刻度永远定格在51岁。

过去一个月，跟病毒的战斗，一直持续到他生命的最后一刻。

“在抗击疫情的路上，他已化作那最亮的一道光。”为众人抱薪者，终将被铭记。

生死之间：仍惦记着“千万不要感染别人”

“折腾了一晚上……我以为我要死了，缺氧。今早打了呼吸机，好多了！”2月4日，丈夫刘智明发过来的一条消息让蔡利萍至今难以释怀，没曾想到微信上的几句简短对话竟是两人的永别。

“小肚鸡肠老公”是蔡利萍微信上对刘智明的备注名。在蔡利萍眼里，这位“小肚鸡肠”的院长，对自己“小气”，却把更多的时间和爱给了身边人。

蔡利萍是武汉市第三医院光谷院区重症病区护士长，同在一线的她回忆说，1月份几名发热病人住进武昌医院ICU，刘智明担心病人就医治疗不及时、医生接诊流程不顺利，坚持自己带头查房。

从院长变成病人后，刘智明也没放下身上的担子。病人收进来没有？院内感染防控做到位吗？……他不停地接打电话、回复微信。

“你现在不是院长，而是病人，你要听我的。”武昌医院 ICU 主任徐亮多次提醒刘智明必须好好休息！但刘智明总是说：“我是院长啊，我丢不下！”

“他总是这样，忙到没时间关心自己的身体。”武昌医院消化内科主任王珣曾去 ICU 看望过刘智明。当时刘智明已经用上呼吸机，说话都很困难，却还在叮嘱她，一定要确认有没有同事被感染。“明明自己都病得那么重，他想到的还是我们这些手下的兵。”

2 月 4 日，蔡利萍连续 4 次给刘智明拨打视频通话，都没有接通，只好留言鼓励，“老公，你要加油。”隔了一小时，刘智明才回复。

★ 图为武汉市武昌医院提供的刘智明院长的资料照片。（新华社发）

在丈夫感染后，蔡利萍曾多次想去照顾，但刘智明每次的回答都是“不要”。

谁也没想到，2月13日，刘智明病情突然加重，接受抢救。在生死一线之间，他还在反复强调，“不要给我插管！”

“我们的ICU病房不是负压病房，医生插管治疗容易形成气溶胶，有传染风险。”武昌医院纪委书记洪毅眼圈红了，“这个时候他还惦记着同事安危。”

疫情袭来：没有半点推脱就上了战场

时间倒回1月21日下午4点，因受疫情影响，武昌医院被征用为武汉市第一批定点医院，准备接收发热病人。

这是一个繁重的工程：两个小时内将门诊部改成发热门诊和留观病房；3天内完成全院既有499名其他疾病患者的转移工作，其中危重病人30余名，可供调用的救护车仅有4辆；转移病患的同时，对武昌医院西院区进行整体改造，建好300张隔离床位……

收到通知半小时后，刘智明迅速召集职能部门、医技部门商议方案，全院行动。当天下午6点，他们就把门诊部改成发热门诊和留观病房。

“这是国家和人民交给我们医院的光荣使命，我们一定要不辱使命！”

有医护人员也担心，收治医患如何保证医生和病人的安全？“我们会请来权威的院感专家来医院规划，保证‘三区两通道’的科学设置，一定安排好职工的工作和生活，不能让任何一个人在这场战役中受伤牺牲。”刘智明的话掷地有声。

改造任务繁重，1月22日凌晨4点，刘智明给妻子打电话，让她帮忙送些换洗衣物，因为改造成定点医院后他就不能回家了。

“一张床位就是一条命，能多一张就能多救一条命！”刘智明结合专家与医院实际，带领职工腾挪改造、反复设计，硬生生从“巴掌大”的西院区里腾出了504张床位，比上级要求增加了近七成，并且如期投入使用。

改造病区、腾挪病房、运送病人、调配人员、解决物资……一个个任务接踵而至，坐镇医院的刘智明连轴转。

★ 2020 年 2 月 20 日，刘智明的同事向记者展示怀念刘智明院长的朋友圈。（新华社记者　熊琦　摄）

“他经常是吃住在医院，就睡在办公室。抗击疫情以来，他一直坚持到一线去参加指导临床的工作。他的办公室非常小，能摆下的沙发也很窄，你知道他是一个 1 米 8 的大个子……”武昌医院党政办主任李秀荣说。

洪毅说，武昌医院战线长、任务重，在只有少量外地医疗队支援的情况下，不仅完成了新冠肺炎患者的收治，还承担了血透、精神疾病患者的收治工作，三大院区收治患者约千人。武昌医院作为三级医院能够挺住，多亏了刘智明的坚守。

战斗未熄：化作“一道光”照耀大家

2 月 18 日 10 时 54 分，同济医院中法新城院区，刘智明病床前的心电监护仪，变成了一条直线。

这位在一线抗击病毒的白衣战士，在春暖花开的季节即将到来时，永远离开了……

直到今天，武昌医院西区门口的宣传栏上依然挂着他的简介展板。

这段时间，每当提到刘智明，很多同事都会哭得无法自持。

“总不时张望电梯口，希望像往常一样，一抬头您从电梯出来，面带微笑地问我：病区都还好吗？”武昌医院消化内科护士长徐瑞杰在微信朋友圈依依惜别。

“他担心医护人员营养跟不上，请营养专家设计食谱，要求食堂伙食多加一些鸡蛋和水果。”食堂负责人郑凤霞说。

“我为好学生刘智明而感动。”湖北医药学院党委书记涂汉军专门为他撰写了悼文《二月缅怀》。他说，刘智明是一个三级医院的院长，本可以不去一线，可以远离病人，感染的机会是很小的。但他依然选择用生命完成自己最后的坚守。

“在新冠肺炎疫情暴发时，刘智明医生感动了也挽救了无数生命。”2月18日，世界卫生组织总干事谭德塞通过社交媒体对武汉市武昌医院院长刘智明因感染新冠肺炎去世表示哀悼。

然而，刘智明的同事们并没有太多的时间痛苦和缅怀——院内432名新冠肺炎患者正在救治。

“在他身上，我感受到了一名院长的责任和担当……战役还没有结束，病毒还很残酷，容不得我们有半点松懈。我们要化悲痛为力量，集中精力去打赢这场没有硝烟的战役。”2月19日，在武昌医院科室主任微信群里，武昌医院党委书记王力霞忍着悲痛，发出了一封公开信。

“在抗击疫情的路上，他已化作那最亮的一道光。”一位同事这样说。

（新华社武汉2020年2月21日电　新华社记者廖君、侯文坤、冯国栋）

为了长江的安全和宁静

——长航公安宜昌分局民警尹祖川倒在安保防疫一线

"'尹支队'是个风风火火，又一丝不苟的人。有时大声布置工作，整个楼层都能听得到。"31 日，位于湖北宜昌城区的长江航运公安局宜昌分局办公楼一片肃静，正在值班的治安管理支队民警安杰仍然无法相信：他的支队长尹祖川走了。

1 月 29 日，在新型冠状病毒感染的肺炎疫情防控和安保一线连续奋战一周的长江航运公安局宜昌分局治安管理支队支队长尹祖川，于当日上午突发疾病，倒在了工作岗位上，享年 47 岁。

地处三峡两坝水域，担负着长江三峡两坝船闸及水域的反恐安保职责，每年 6 万多艘次过坝船只，长航公安宜昌分局可谓是重任在肩。而今年，在做好安保工作前提下，疫情防控形势尤为严峻。长航公安宜昌分局于 1 月 23 日成立新型冠状病毒感染的肺炎疫情防控领导小组，尹祖川正是疫情防控领导小组办公室具体责任人。

"当天上午，他像往常一样来到办公室。9 时许，还叮嘱要加强数据的核对和上报。"安杰回忆，"但再见到他时，他已经走了。"在他的办公桌上，还放着一份疫情防控工作的紧急通知和三峡坝区 1 月安保工作小结及工作计划。

长航公安宜昌分局相关负责人肖艺介绍，疫情防控让宜昌分局的工作量大大增加。除了加强日常治安管控、严防各类突发事件发生，还要加强情报线索收集研判，严打长江水上违法犯罪活动，尤其是打击影响疫情防控工作、非法转运贩卖野生动物等违法犯罪行为。

★ 长航公安局宜昌分局民警尹祖川（左）生前照片（资料照片）。（新华社发）

尹祖川去世后，同事梳理了他春节期间的部分工作动态：1 月 21 日，带队开展长江大保护专项行动，于次日凌晨 2 点才收队回家；1 月 23 日，逐一督促辖内 8 个派出所做好安保工作同时必须加强疫情防控；1 月 24 日大年三十，指导宜昌派出所及时处置一集装箱船上搭载有武汉船员事件，密切关注船员隔离观察动态；1 月 25 日，指导辖内派出所对锚地滞留船舶做好治安及疫情防控巡查，并指导调查运砂船一艘；1 月 27 日，指导枝江派出所查处一货船无证运输江砂 5000 吨，移交给水利部门，并查处该船非法运输烟花爆竹 16 万响……

“即使在家，他的电话也没断过，饭都吃不安逸，一直在协调处理各种事情到很晚。”尹祖川的妻子周中霞悲痛地说。因为工作繁忙，尹祖川也已经很久没有去探望已经 80 多岁，且都患有癌症的父亲和母亲。

27 年从警生涯中，尹祖川始终扎根长江。“保护长江，是我们的职责，更是我们的使命。守土就要尽责。”尹祖川生前多次向同事强调，而他自己，正是以实际行动深刻践行这句话。

为了守护长江的安全和宁静，他总是冲锋在前。从运砂船入手，严查砂石运输、销售环节，推动宜昌分局与涉水、涉砂行政部门联合印发《执法协作工作方案》，严厉打击盗采、转运、销售长江砂石违法犯罪。仅 2019 年，他带领治安支队联合刑侦等部门组织开展集中统一打击涉砂违法行为行动 105 起，破获涉砂案件 77 起，涉案价值 1000 余万元。

由于工作勤恳优秀，尹祖川先后被评为“交通港航公安系统优秀人民警察”“湖北省青年岗位能手”等荣誉称号，荣立个人三等功 3 次。记者发稿前，公安部政治部发来唁电对尹祖川同志表示哀悼，并向其家属致以慰问。

（新华社武汉 2020 年 1 月 31 日电　新华社记者李思远）

湖北一名交警在疫情防控一线突发疾病去世

据湖北省公安交通管理局 8 日通报，湖北一名交警近日在疫情防控一线突发疾病，经抢救无效去世，年仅 40 岁。

通报显示，交警郑勇生前是南漳县公安局交警大队三级警长，牵头负责秩序科工作。1 月 21 日开始，按照相关安排，郑勇投入疫情防控工作，参加卡点值守登记、交通安全检查，其间即感到身体乏力、疲倦。但因疫情防控

★ 图为襄阳交警郑勇（右）生前照片（资料照片）。（新华社发）

工作任务繁重，郑勇同志一直坚守一线，多次推后到医院检查治疗。1月24日，农历大年三十这天，郑勇同志又到城区金漳警务综合服务站执勤，上午其带领2名辅警在城区江华厂路口执行疫情防控任务，中午吃团年饭时他让2名辅警先回去，他一人在服务站值班。下午1时许，自感身体不适加剧，他驾驶车辆到县中医院检查治疗。经过打针治疗未见好转后，当晚办理住院手续。

住院期间，郑勇病情继续加重，经检查确诊为急性肝衰竭，虽进行转诊治疗，但经12天全力救治，郑勇终因病情过重抢救无效，于2月5日上午11时去世。

郑勇从警24年来，多次获评县优秀公务员，先后3次被南漳县公安局评为优秀共产党员，并被县公安局评为“侦查办案先进个人”；被南漳县委县政府评为“公路生命安全防护工程建设优秀个人”；2019年12月，被襄阳市公安局嘉奖1次。

（新华社武汉2020年2月8日电　新华社记者梁建强、侯文坤）

用生命守护生命

——追记湖北京山战“疫”一线的共产党员崔靖

2月24日21时42分，湖北省京山市新冠肺炎疫情防控指挥部医疗救治和专家组成员、市卫生健康局党组成员崔靖，在抗“疫”一线奋战32天后，突发急性肾衰竭，生命定格在57岁。

“对病患负责、对数据负责。”崔靖的“老战友”、京山市委办副主任陈燕华说，“他是累成这样的！”

1月21日，新冠疫情在京山市还没被更多市民认识，崔靖带着魏文赶往市人民医院。

“发热门诊排队的人非常多。”市卫生健康局政策法规监督股股长魏文回忆，“崔靖提出，必须在发热门诊前开设分检门诊，让疑似病患尽快就诊。”

很快，分检门诊建了起来。病患不用在密闭空间排队，直接到科室检查，提高了检查效率，也减少了交叉感染。

1月23日，京山市新冠肺炎疫情防控指挥部成立，崔靖主动请缨，负责医疗救治和专家组工作。

疫情就是命令。崔靖要求同事：不放过一个接触者、不漏掉一个疑似病患、不放弃一个确诊病患。

1月23日以来，崔靖回家时间一天比一天晚，23点，凌晨1点、3点……最晚到凌晨4点，才回家迷糊一会儿。

连续熬夜，崔靖脸色越来越差。2月初，大家催他去医院，他说：“应是结石引起的，问题不大。”

2月5日，崔靖疼得脸色发白，中午抽时间去医院检查。医生要求住院治疗，结果开了点药，他又回到办公室。

“太忙了，真是太忙了！他手机几乎没停过，边充电边打。”同事熊芳回忆。

崔靖疼痛越来越厉害，只好弓着腰走路，同事多次劝崔靖去医院，他说：“这关键时刻哪里走得开？忙完就去。”

人员密集区疫情防控引发关注。崔靖第一时间提醒，要注意精神卫生医疗机构。2 月 23 日一早，他就要求组建工作专班，到收治精神障碍患者的医疗机构查看。

严谨的工作作风，不是一天形成的。每年 6 月、7 月灭杀钉螺时，崔靖都要到血吸虫疫区跑一遍。全市 81 个疫区村、327 处有螺点，没有一处他没去过，没有一处他不熟悉。

“他完全不用每个点都跑到。可他总说，要眼见为实。”京山市血防所书记蔡家乐说。

崔靖常说：“做基础工作，一点都不能马虎。”他似乎有使不完的劲，干不完的工作。

就是这样对自己严格要求的人，对同事更多的却是一种温情。

疫情防控声声令急，下班从没固定时间，但不管多晚，崔靖一定是最后离开的。

“女同志不要熬狠了，剩下的工作我来做。”女同事们都知道，这是“赶”她们回家了。

“我们可能凌晨零点、1 点下班，但他会更晚。他不让我们熬夜，其实熬得最多的是他。”魏文眼里泛着泪花。

2 月 24 日，崔靖疼得完全动不了，被同事紧急送到医院。20 时 10 分左右，他突然出现心脏骤停，虽经全力抢救，最终不幸去世……

“疼的时候，脸发白，手发抖，劝他去医院，他总说等等，再等等。”爱人李书艺含泪说，“他认定的事，就一定要做好，不管遇到什么困难。”

抗“疫”仍在继续，同事们只能将悲痛埋在心底，擦干泪水加油干。“崔靖做的每一件事，汇聚成一种能量、一种精神，激励着我们战‘疫’一线工作人员。”同事谢小英说。

（新华社武汉 2020 年 2 月 28 日电　新华社记者黎昌政）

他放弃优渥生活回村扶贫，如今倒在防疫一线

——记湖北秭归沙镇溪镇高潮村支书宋青山

“车子后溜时，宋书记推了我一把。自己却被压住。”意外已经过去一个星期，回忆发生的瞬间，高潮村村民王英祚悲伤不已。

2月21日，湖北省宜昌市秭归县沙镇溪镇高潮村党总支书记、村委会主任宋青山因新冠肺炎疫情防控工作需要，在为村民配送代购生活物资过程中，车辆侧翻身受重伤，送往医院抢救途中不幸去世，年仅40岁。

1980年出生的宋青山原本是柑橘大镇沙镇溪镇最早从事柑橘收购与批发的生意人。头脑灵活、讲究诚信，年纯收入超过20万元，顺利在宜昌市购房定居、生活富足。2018年，宋青山放弃红火的生意，主动回村，并于12月高票当选党总支书记、村委会主任。

新冠肺炎疫情发生以来，湖北作为重灾区实施交通管制，村民出行购物不便，宋青山就一直用自家的轻型货车免费帮村民代购送货。

当天，为村民配送生活物资时，碰上村民王英祚要去田里采摘柑橘，因为方向一致，宋青山就帮她捎上了采摘用的柑橘筐。沿途配送物资，15时许，货车行驶至王英祚的柑橘园，宋青山停车让提前赶到的王英祚卸筐。由于山路坡度较大，刹车突然失灵，不断后滑。宋青山紧急跳车，一把推开车辆侧后方的王英祚，自己却被撞到田坎下，被重重压住。

宋青山是2月3日回到村里的，那时他小女儿刚刚满月。2019年12月29日，他的妻子生产，他只请了3天陪产假，便回村投入扶贫工作。本来说好春节好好陪陪妻女，疫情突如其来，让被阻隔在宜昌的宋青山“身在曹营心在汉”。实在放心不下，经多次申请，终于拿到宜昌回秭归的通行证，赶回高潮村。

高潮村一共12个组，697户2093人。通过摸排，全村返乡人员135人，其中从武汉返乡75人，疫情防控压力巨大。

与宋青山共事的村干部宋发明说，回村19天，宋青山全身心投入工作，"山上山下每一户都走到"。每天上午，主持召开村工作会议布置当日工作，划片分区、责任到人，下午在包保责任区摸排巡查、测量体温、劝导车辆行人、配送生活物资。除了疫情防控工作，他还要负责协调群众矛盾纠纷，思考柑橘销售和春季农耕等工作。

好不容易走出大山，妻子张玉梅至今不理解宋青山为何主动回村。她隐忍着悲伤说，"但他铁了心。"

上任之初，为了心无旁骛地工作，宋青山关闭了多年的门店，并将10岁的大女儿从市里转回镇上读书，自己则常驻高潮村带领全村群众脱贫致富。遍访建档立卡贫困户，逐户确定脱贫措施，结合实际，宋青山带领村民制定了"低山柑橘、半高山小水果"的产业发展思路，促进柑橘提档升级，扩大空心李发展规模，村民收入成倍增长。

"他用自己的实际行动诠释了一名基层干部的责任和担当，用宝贵的生命解读着共产党员的奉献和追求，践行着共产党员的初心与使命。"秭归县委书记卢辉说。24日，秭归县委决定追认宋青山为"全县优秀共产党员"，并号召全县广大党员、干部向他学习。

初春时节，高潮村李花绽蕾，遥与青山相对。截至目前，高潮村没有出现一例疑似和确诊病例。

（新华社武汉2020年2月29日电　新华社记者李思远）

战“疫”局长倒下前的最后一班岗

这是让湖南战“疫”一线许多人难以接受的消息：2 月 1 日凌晨，湖南省卫生计生综合监督局党委书记、局长张辉，因过度劳累，引发心源性猝死。

防疫形势严峻，张辉所在的卫计监督部门，承担着对医疗机构的监督、督导职责，是确保守住基层疫情防线的关键一环。

湖南省在 1 月 23 日启动了重大突发公共卫生事件一级响应。除夕和正月初一，张辉放弃休假，坚守岗位。

湖南省卫监局工作人员告诉记者，从 1 月 16 日起，他“连轴转”了 15 天，直至 1 月 31 日晚发病。

直到送医前，他还在安排第二天的碰头会——省卫监局 7 个督导组对湖南 14 个市州开展了疫情防控工作暗访督导。防控做得实不实，细不细，他想尽快掌握情况。

1 月 29 日至 30 日，张辉率领其中一个督导组，走访了长沙和株洲的 16 家单位、场所。31 日，他回到局里，又在办公室统筹调度其他 6 个组，直到天黑才离开。

“那天我还在外督导，他打电话问我什么时候能回，想第二天上午开一个碰头会。”湖南省卫监局一位副局长说，没想到当晚张辉就发病了。

当晚 8 点半左右，张辉感到胸闷、胸痛等不适，让儿子到楼下的车里拿药，等儿子取药回到家中，他已倒下，再也没有醒来。

张辉离开后，许多人想起这位局长，眼前浮现的是同一个画面——

他戴着手套，走到乡镇卫生院的传染病诊室，在医疗垃圾桶前弯下腰，去摸垃圾袋是不是双层的，牢不牢固。

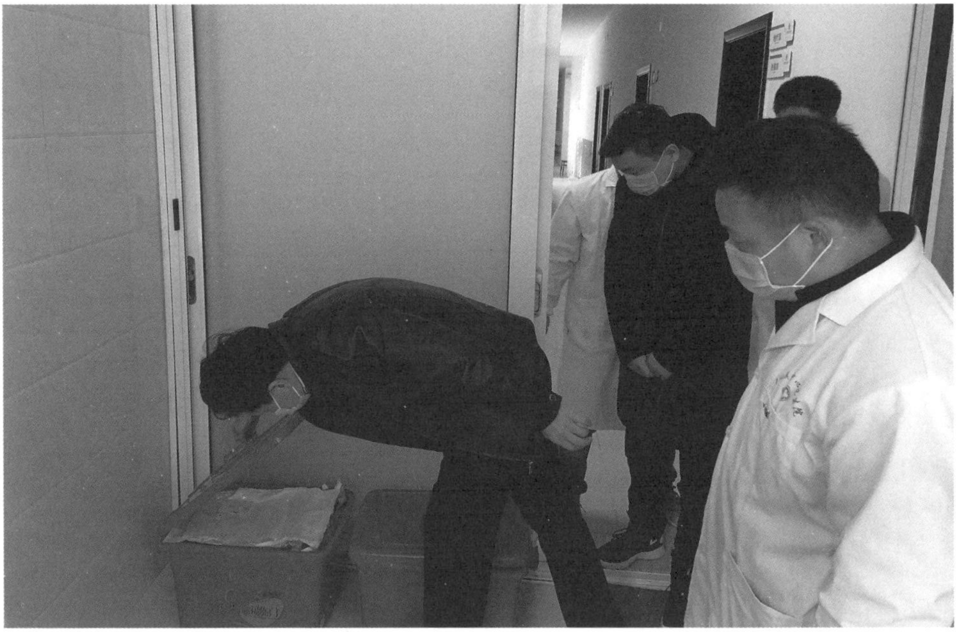

★ 张辉（左一）在湖南株洲醴陵市王仙镇中心卫生院督导防疫工作，查看防护物资储备情况（2020 年 1 月 30 日摄）。（新华社发　张菊　摄）

那是 1 月 30 日，张辉来到株洲醴陵市王仙镇中心卫生院督导防疫工作。“现在是特殊时期，导诊台和预检分诊台放在一起不合理，建议你们把预检分诊台另设在门诊大厅入口。”张辉直言不讳提出建议。

随后，他翻开预检分诊台的登记本，一页页仔细看，又走进传染病主诊室，翻开登记本细读。过了一会儿，回过头对卫生院院长余怀吉说：“我核对了两个登记本，记录是一致的，不错。一定要问细致、写详尽，不能漏诊。”

“张局长问医务人员的防护用品在哪，够不够用？然后弯下腰在收纳箱一件件看，一件件数，反复叮嘱我们做好消毒。”余怀吉回忆。

“较真、负责、细致，这就是他的工作风格。”身边同事回忆，这位 56 岁的局长从不当“背手派”，总是实打实地看、点到点地查，早晨经常不到 8 点就开工，晚上总会工作到 10 点以后。

疫情严峻，他每到一个地方，总是朝着医务人员双手合十表达慰问，反复说着“辛苦了”。

出生于 1963 年的张辉，有 30 年党龄。局里许多人记得，在这场硬仗

★ 张辉（右四）在湖南株洲醴陵市王仙镇中心卫生院督导防疫工作（2020年1月30日摄）。交流期间，他双手合十表达慰问。（新华社发　张菊　摄）

打响时，这位老党员叮嘱大家要勇于担当，“不忘初心职责”。

“他自己不舒服，没有时间去看病，就自行拿了一点药想挺着，没有跟我们任何人说。”人们事后才知道，张辉是带病坚守一线。

湖南省卫监局一位班子成员回忆，张辉有能力，也有担当。在他带领下，湖南省卫监局连续多年业绩突出，多次被评为先进。

“哪位同事家里有困难，他心里都有一本账。”一位下属说，“他的音容笑貌还留在我脑海里，很难相信他已经不在了。”

湖南省卫监局不久前拍摄了一个记录卫监工作的视频，名叫《平凡的我》。画面中，队列排头的张辉身穿制服，英姿挺拔。改编的歌词唱道：“白天黑夜交错，如此繁忙工作……心中有勇气，有坚定的脚步。”

2月3日，张辉被追授为湖南省直机关优秀共产党员，湖南省总工会决定追授其“湖南五一劳动奖章”荣誉称号。

（新华社长沙2020年2月7日电　新华社记者袁汝婷、帅才、刘良恒）

“他，心中有群众”

——追记牺牲在疫情防控一线的重庆民警潘继明

23 日是老潘的“头七”。

在重庆市公安局沙坪坝区分局丰文派出所，仍然坚守在抗“疫”一线的同事们，时而三三两两抽空来给老潘送上一束菊花，或者就是简单站一站，看一看：抗“疫”太忙，他们不能丢下工作，但心里总惦记着老潘的“头七”。那些老潘服务了多年的社区老街坊们也来了，放下一束花，再念叨一声“老潘”……

2 月 16 日 10 点 30 分左右，重庆市公安局沙坪坝区分局丰文派出所民警潘继明在小区向群众宣传加强自我防护时，突发心脏病牺牲在战“疫”一线，时年 51 岁。

这一天，他已经在一线连续抗“疫”21 天，排查小区住户、带领同事巡逻、入户宣传……疫情太急、事情太多，潘继明常忙到晚上九十点钟才回家，连一顿热乎饭都吃不上，也顾不上自己去年做过手术。妻子石红梅埋怨他“不要命啦！”他总丢一句：“这么大疫情，谁都得拼！”

疫情就是警情。1 月 24 日，除夕。重庆启动重大突发公共卫生事件一级响应，全市公安民警停止休假、全员上岗。

当时，老潘正在云南老家准备陪父母过年。接到停休通知，他二话没说就开车往回赶，愣是初二一早准时在派出所报到。“他老家很偏远，我一算，他这是连续开了一天一夜的车啊！”同事王孝华说。

丰文派出所辖区位于城乡接合部，公租房、安置房小区居多，人员结构复杂，外来务工人员流动性大。面对严峻的疫情防控压力，老潘请缨参加突击队，带领战友始终冲在最前面，用一周时间排查3万余户，近8万人，为摸清底数奠定基础。

2月10日晚，辖区发现6名疑似病例人员，派出所需配合卫生防疫部门和社区工作人员入户排查。

紧张时刻，谁上？潘继明穿上防护服投入了一线。他和战友进入疑似病人家中，帮助卫生防疫人员采集血样、测量体温，并不断安抚病人情绪，又连夜护送其至定点医院救治。

★ 潘继明

来不及休息，他又和战友们到封闭小区楼栋挨家挨户查访，了解人员情况，告知隔离事项，一直到凌晨4点才回到所里。

第一轮排查完成后，为进一步加强疫情期间交通管控，减少人员流动，派出所拟在丰文山村、人和门村设置两个卡点，严密防守。

“让我去！”又是潘继明第一个站了出来。两周来，潘继明每天盯在卡点上，共排查过往车辆近千辆，劝回欲外出群众300余人。

辖区有两户群众因疫情居家隔离，老潘每天两次上门，测量体温，安抚情绪，了解需求，帮助采购生活物资，让他们安心隔离。针对辖区老年人对疫情认识不足，自我防护不强的问题，老潘自编顺口溜，在辖区宣传，提高居民的防范意识。群众感谢他，他总是摸摸已经谢顶的光脑壳，憨憨地说一句“没得啥子，都是应该的”。

“对老潘来说，好像啥都是应该的！”派出所副所长曾国华哽咽着说，抗“疫”工作中，学府悦园小区一位居民张大姐打来电话说要取年前办的身份证，急着节后去深圳复工上班。老潘不仅给她及时把身份证送上门，还整理了一下派出所年前办的证件，发现还有10多名群众的身份证留在所里。他就揣在身上，利用挨家挨户走访、巡查的空隙，将10多个身份证都送到了群众手上。

潘继明1987年10月入伍，2005年转业从警。报到的第一天，他告诉所长："什么时候我都是一个兵，当警察，我绝不掉队。"

采访中，每一个老潘的同事，熟悉老潘的群众说的都是他一件件平凡的小事：

民警余柳记得他找回辖区87岁的独居老人，自此一直照顾，直到老人去世；民警许刚记得他最爱聊的是自己的孩子，对社区里那些爱闹事的孩子格外关心，拦住3个危险驾驶摩托车的孩子后就变成了"潘叔"，没事就打电话"盘问"；司机王刚记得大夏天40多摄氏度爆了胎，是他钻进车底下，帮他一起换轮胎……

"老潘就是我的老哥，和我们一样平凡，爱憨憨地笑。"同事莫长伟说，"但他的平凡让你觉得温暖，有依靠，因为他啥事都认真，都爱替别人考虑——他心中有群众！"

（新华社重庆2020年2月23日电　新华社记者陈国洲）

倒在抗“疫”一线的“拼命书记”

“坚决不能溜门子，不能串门，有个别不自觉的人还在串门……”1月27日，临沂市费县薛庄镇城阳村村“两委”办公室里，孙士贞正用大喇叭广播。

这是记者看到的一段视频。地道的方言，朴实的话语，孙士贞向村里喊话的场景，被村民用手机录了下来。但没想到几天后，这段视频成了孙士贞生前留下的最后一段影像。

孙士贞，男，汉族，1961年11月出生，中共党员，时任山东省临沂市费县薛庄镇城阳村党支部书记。2020年2月1日早上，在抗击疫情一线连续奋战6个昼夜后，孙士贞因过度劳累突发疾病不幸去世，终年59岁。

城阳村是费县薛庄镇的南大门，有2000多人。1月下旬，新冠肺炎疫情严峻，像城阳村这样的大村成了重点防控的区域。人多地方大，村头上的大喇叭成了孙士贞最方便的工具。

喇叭响一整天， 孙士贞就要忙上一整天。一开始，孙士贞用接地气的话在大喇叭广播：“生命重于泰山”“你现在在家中自我隔离，就是对国家最大的贡献”。官方正式宣传材料下发后，他组织党员干部分头悬挂条幅，张贴各类宣传材料，并通过广播喇叭反复宣传疫情防控知识。

怕看不准念错字，孙士贞就戴着老花镜，逐字逐句用手指着材料念，力求把上级精神原汁原味地传达给群众。四邻八村都说：“城阳村的大喇叭喊得最勤、喊得最响。”

城阳村地理位置优越、交通便利，7个路口延伸到周边各村。晚一分钟到路口检查，就有可能导致疫情蔓延。孙士贞和村干部们1个小时内封闭7个路口，设立1个检查站，24小时对过往车辆、行人进行检查、消毒，1天多的时间完成了村里900多户村民的逐户逐人排查。

1月27日凌晨1点20分左右，值守人员发现村里有外来人员非法采砂。孙士贞等人立即前往阻止，忙到5点多才处理完。刚靠在办公椅上稍事休息，到6点孙士贞就又开始了每日例行的大喇叭宣传。

城阳村妇联主任吴士英说：“就那天听着他说有点透支，一夜都没睡好觉，天又这么冷，我们觉得实在是太不容易了。”

孙士贞儿子孙招的印象中，父亲一直是忙碌的。“早晨起来我上班，我吃完饭走了他还没回家吃饭，我中午回家也不见他，晚上回家才能见着。他一个电动车都不够骑的，骑骑没电了回家再换一个。”

2月1号6点半，像往常一样，城阳村大喇叭里又响起了孙士贞的声音。时隔不久，孙士贞突发疾病，倒在了防控疫情的路上。

“每天的喇叭响和喇叭关闭，都是老孙的声音，喇叭头子天天响，突然间没有他声音……”城阳村村主任王涛哽咽地说。

孙士贞去世后，家人没有举行任何仪式。当天火化下葬，一切过程从简从速。孙招说：“现在疫情这么严重，爸爸在村里领着我们村里人宣传（防范），咱得做个榜样。”

城阳村头的大银杏树下，检查点的工作人员依然忙碌。

（新华社济南2020年2月13日电　新华社记者杨文）

50 个饺子的遗憾

——追记牺牲在疫情防控一线的村干部秦红

2 月 1 日，农历正月初八，48 岁的秦红吃过下午饭，临走前对媳妇高娃说了一句“有点儿馋韭菜馅饺子了”，就匆匆前往检查点。

这句话成了永远无法实现的心愿。秦红在检查点工作到深夜，2 月 2 日上午，正打电话通知嘎查网格组长开碰头会的他，突发脑干大面积出血，一头栽倒在地上，再也没能起来。

脸色黝黑、身材壮实的秦红，是内蒙古自治区通辽市科尔沁左翼中旗宝龙山镇西宝龙山嘎查党支部书记。

2 月 17 日，通辽市委追授秦红“优秀共产党员”称号，号召各级党组织和广大党员学习他对党忠诚、信念坚定的政治品格，恪尽职守、甘于奉献的担当精神，舍身忘我、无私无畏的为民情怀。

疫情发生后，他一直冲锋在前。

1 月 25 日，农历大年初一。秦红接到镇委政府通知，为应对疫情，嘎查干部立即返岗，守好防控“最后一公里”。

接到命令，行动必须要快。按照上级党委政府部署，秦红带领嘎查两委成员，第一时间组建起“村干部 + 党员 + 乡医”的防控“尖刀班”，还以村民小组为单位，划分防控网格，采取“包组连户、责任到人”的方式，做到找到人、管住人、守好门。

仅 2 天时间，西宝龙山嘎查全面排查村民 790 户，排查出湖北返乡人员 12 人，全部按要求进行隔离，且均无发烧、咳嗽症状。

宝龙山镇人口密集外出返乡人员多，他所在的嘎查距镇区只有 7 公里，这里成为防控前哨站。秦红带领大家在嘎查西路口筑起临时检查点，一顶帐篷、一个火炉、一把体温枪……十几个人轮流值守。

“大过年的我俩都没说上几句话。每次回家，他狼吞虎咽吃完饭就走，不是到卡点值守，就是在村部坐镇。从年三十开始，一直连轴转，我提醒他身体不好少熬夜，可他总是答应一声就又走了。”说起这些，高娃泣不成声。

抗击疫情的“拼命三郎”，是贫困户眼中的“细心人”。

得知秦红去世的消息，贫困户李双柱眼圈泛红。他住的新房子，是秦红张罗帮他盖起来的，去年种地没钱，也是秦红掏钱帮他买种子。

西宝龙嘎查有 17 户贫困户，每家情况秦红都了然于胸。贫困户金乌力吉巴雅尔养牛没钱买饲料，秦红掏腰包为他买青贮；乌德力格呼身患残疾，想发展庭院经济，有心无力，秦红帮他种园子、收庄稼……

他不仅擅长为贫困户找出路，还在识别低保户、贫困户这些事关村民切身利益的事情上，没有私心。

“妹子，哥现是嘎查党支部书记了，你有啥困难找我，咱自己想办法。”秦红妹妹早年没了丈夫，自己带着孩子过，完全符合低保标准，但为了让低保用在更需要的贫困户身上，他让妹妹主动退出。

“从 2006 年到 2020 年，秦红担任了 2 届嘎查达、3 届嘎查党支部书记，是群众打心眼里信任的人。”西宝龙山嘎查扶贫第一书记、包村干部贾万林说。

50 个饺子的遗憾。

秦红在一线倒下。他不知道，就在他出门不久，妻子高娃很快为他包了 50 个韭菜馅饺子，冻在冰箱里。

“我就想等着他回来，让他吃上一口热乎乎的韭菜馅饺子。”高娃说，“没想到他再也回不来了。”

（新华社呼和浩特 2020 年 2 月 26 日电　新华社记者张云龙、刘懿德）

“只要是群众的事，他都很上心”

——追记广西合山市河里镇河里村村委会主任韦忠宝

在广西合山市河里镇河里村的街头巷尾，村委会主任韦忠宝手写的疫情宣传标语仍张贴在原处。他的办公桌上，工作簿最后一页停留在他尚未写完的会议记录……2月4日，带病连续工作8日的韦忠宝，倒在抗“疫”一线，生命永远定格在52岁。

★ 韦忠宝（中）与村委干部、驻村工作队员共同商议教育扶贫工作计划（2017年10月18日摄）。（新华社发　合山市委宣传部提供）

“不在现场看着，我不放心”

大年初一早晨，韦忠宝接到镇里通知召开疫情防控工作会议，他把刚盛好的粥一放，便匆匆离开家门。那天天冷，还下着小雨，他骑上电瓶车就往外赶。

妻子潘有英早已习惯丈夫奔忙的背影。“他每天大清早出门，半夜才回家。有时怕影响家人休息，就在客厅的木沙发上将就过夜。”潘有英说，春节期间，韦忠宝只和家里人吃过一顿饭。

河里村3000多口人，外出打工回家过年的就有500人左右，韦忠宝非常清楚疫情防控形势有多严峻。在各个屯口设置24小时值守点，挨家挨户排查，宣传疫情防控知识……身为预备党员的他，冲在前头，带领村委干部、驻村工作队，奔忙在抗“疫”一线。

“没轮到他值守，他也到值守点盯着。他说过年期间返乡人员多，不在现场看着，他不放心。”潘有英说。

按照惯例，村里每年春节都会举行各种庆祝活动，村民们走街串巷、相互拜年。韦忠宝心里着急，想方设法将疫情防控知识传到群众耳中。宣传标语的方式最为简单有效，但过年期间没有广告公司接活，于是韦忠宝亲自上阵，一笔一画将疫情防控标语、通告等写在一张张红纸上，张贴在村里醒目位置。

乡村的夜里寒气逼人，韦忠宝怕同事晚上值守时着凉，自掏腰包购买一箱木炭供他们取暖。有村民带着小孩来值守点看望值班人员，他一脸严肃：“尽量少出门，特别是小孩，不安全。”

在韦忠宝带领下，村里疫情防控工作做得井井有条。截至目前，河里村无确诊病例，无疑似病例。而连续坚守8天的韦忠宝，最后却倒在了疫情防控一线。

“他的心都放在工作上”

2月1日值守的情形，村里的计生专干卢婕玲仍然历历在目。那一天，韦忠宝脸色极差，卢婕玲劝他回去休息，他却说：“不要紧，我再坚持一下。你先回家吃饭，我来值守。”

没想到，这竟然成为他站的最后一班岗。2月4日，同事们得知韦忠宝突发疾病去世的消息，震惊不已。没有一个人知道，韦忠宝已经病得如此严重。

早在去年8月，潘有英察觉丈夫脸色不对，多次劝他去看病。直到年底他才抽出时间去检查，最终被确诊为肝胆细胞癌晚期。除了陪他去看病的儿子知情，他瞒住了所有人。“胆囊炎而已，喝点中药就好了。”

韦忠宝一回到河里村，又马上投入工作。“我们都劝他多休息，他也答应每天下班就回家，但几乎每次都食言。”潘有英说。

“他的心都放在工作上。”潘有英能做的只有支持丈夫的工作，每天将中药装在保温杯里，让他带着喝。但她发现，韦忠宝经常会把中药原封不动带回家。他只说：“忙得忘了喝。”

韦忠宝在家里从不喊一声“疼”，“因为他怕我们阻挠他去工作。”潘有英红着眼眶回忆道，直到病情恶化那晚，韦忠宝回到家后，扶在床前，疼得全身打战，一句话也说不出来。

2月4日，心系村里疫情防控工作的韦忠宝离开了人世。“离开前的这些天，他念叨的、忙的最多的就是这些事。”潘有英说。

“是群众选的我，我要对他们负起责任”

“我会努力工作，服务好大家，争取为村里多办实事……”2017年8月，韦忠宝高票当选河里村村委会主任。两年多来，他将对群众的承诺作为自己工作的初心和使命。

河里村村子大、小路多，原有的太阳能路灯大多分布在村子主干道，部分村屯一到夜里漆黑一片，不少村民晚上出行还要打手电筒。解决这一问题，是韦忠宝上任后做的第一件事。多方奔走争取资金，与村民协商用地，监督安装工作……只用了1个多月，100盏新增的太阳能路灯点亮了河里村各个角落。

“现在河里村到处都很亮，不用打手电筒也很亮……”驻村工作队队员唐新勇说着，声音一度哽咽。

河里村岑长屯至河里村主干道140米巷道、河里新街125米巷道去年刚

★ 韦忠宝（站）组织村民投票选举河里村村民合作社管理委员会委员和监督员（2018 年 8 月 16 日摄）。（新华社发，合山市委宣传部提供）

刚完工。"原来这是两条土路，路两旁杂草丛生，只够一辆电瓶车通行，遇上下雨天，更是泥泞不堪。"唐新勇说，是韦忠宝多次奔走，与后盾单位广西北部湾投资集团有限公司协商，才获得 8.5 万元资助金修建硬化水泥路。

脱贫户张旺强的新家还没装修完，砖头、水泥等建筑材料堆在门前。"没想到韦主任就这么走了。"张旺强沉默许久后说，是韦忠宝给他争取危房改造指标，为他担保协调建房用地，他们一家人才能住进此前从不敢想象的平顶房。

"是群众选的我，我要对他们负起责任。"这是韦忠宝经常挂在嘴边的话。一桩桩好事实事，群众都记在心里。"只要是群众的事，他都很上心。"张旺强说。

（新华社南宁 2020 年 3 月 2 日电　新华社记者陈一帆）

杨波：生命定格在挚爱的岗位上

“白日不到处，青春恰自来。苔花如米小，也学牡丹开。”这是联通（福建）产业互联网有限公司平潭综合实验区分公司员工杨波留在微信签名上的一句话。今年2月12日，他在疫情防控通信保障一线因公殉职，年仅34岁。

杨波出生于1986年5月7日，祖籍福建平潭，2011年3月加入中国共产党。2014年9月，他进入中国联通平潭分公司工作，2018年7月起担任联通（福建）产业互联网有限公司平潭综合实验区分公司市场支撑总监。

身为一名共产党员，杨波用工匠精神打磨自己，发挥党员的先锋模范作用，在岗位上创造了一流的业绩。他所带领的平潭政企业务网格连续两年被评为福建联通省级优秀团队，而他本人曾连续四年被评为公司的优秀员工。在同事们眼中，“拼命三郎”“知心大哥”“团队之星”是杨波的代名词，他的敬业精神与为人处世之道深深影响着身边的人。

“不管有多么紧急的任务，只要找到杨波，他都能够毫不犹豫地扛下来，并且保质保量完成。”杨波同事陈孝远说。

面对来势汹汹的新冠肺炎疫情，今年1月23日，杨波主动请缨成为平潭联通疫情防控小组和党员先锋队的一员，积极对接政府疫情防控小组，依托运营商大数据优势，辅助政府部门提供决策参考。因为数据模型和需求要根据疫情变化实时修正，杨波24小时待命，不断穿梭在公司和政府各部门间。

据统计，疫情期间，杨波及其团队累计提供疫情大数据服务80份，协助相关部门推送72.3万条防疫公益短信，为精准防疫、科学防疫提供了坚实的数据支撑。

此外，杨波还积极投身到复工复产的信息服务支撑工作中。2月3日至

★ 图为杨波生前工作证照片。（新华社发）

11日，他对接平潭当地学校、医院、酒店等，收集和了解这些单位的需求，主动为它们提供热成像人体测温、云视频、线上教育平台等信息化产品，并协调设备与技术支持。

为了让客户更直观了解产品，杨波经常上门为客户讲解、演示。据杨波父亲回忆，连着好多天杨波都没能陪家人一起吃顿饭，有时候晚上九十点他刚到家吃饭，又因一个电话赶回公司。

2月12日8时10分，杨波一如往常早早抵达办公室，准备开始一天繁忙的工作。8时27分，同事前往杨波的办公室时，发现他已倒在了自己的工作岗位上，而他的电脑还保持着公司OA办公的界面……

杨波最终还是没能从死亡线上被救回，生命定格在他挚爱的岗位上。

“我们私下关系很好，之前我和他还聊到老了以后一起去养老院，我到现在都不敢相信他真的离开了。”杨波生前同事魏剑平说。

2月18日，中国联通集团公司认定杨波为因公殉职，并追授其“中国联通优秀共产党员”和“中国联通劳动模范”荣誉称号。

杨波用他的坚守和担当，在疫情防控阻击战这个无硝烟的战场上奋斗至生命最后一刻。他的一生虽然短暂，但却绚烂夺目。

（新华社福州2020年3月4日电　新华社记者宓盈婷）

最后的坚守

——回望一个街道干部战“疫”的 43 个日夜

一个普通的街道干部，连续坚守在战“疫”一线的 43 天，成了他人生的最后一段路。

5 日下午，看着微信朋友圈里“再无老于”的字样，辽宁省丹东市振兴区临江街道办事处党委书记徐承浩不知第几次流下了眼泪。

朋友圈里悼念的“老于”，名叫于洋，是临江街道办事处党工委委员，一名普通的街道干部。春节期间，面对突如其来的新冠肺炎疫情，于洋主动承担起入户排查、网格值班、重点人员隔离值守等工作。

1 月 21 日，农历腊月二十七晚，接到通知的于洋第一时间返回街道参加防疫工作会议，第二天早上 6 点，他的身影就出现在分管的清花园社区。“入户排查前期，有些群众不理解我们的工作，不给开门，老于就每隔两小时回访一次，只要对方开门，老于总是笑呵呵的，慢声细语地和居民解释，从不抱怨。”同事唐立明松说。

从那天起，入户排查、卡点值班、防疫知识宣传……于洋四处奔忙。“老于心特别细，卡口设立初期设备跟不上，他马上动手维修废旧桌椅，改善了户外办公条件。”清花园社区书记马宏伟说。

2 月 28 日起，于洋多了份新工作——与 2 位同事三班倒，值守一名重点隔离人员。“老于主动要求值 23 点至次日 7 点的班。那位重点隔离人员居住在开放式老旧小区，多数时候老于只能站在楼对面的马路上值守观察。”马宏伟说，寒夜之中，于洋最温暖的时候，就是到居住在附近的同事家中喝口热水、上个卫生间。

“半个月前，我开玩笑抱怨他总不在家。他说自己是党员，是退伍军人，做事情老百姓都在看着，作为单位里的‘老大哥’更要冲锋在前。等疫情过去，他再好好陪我。”妻子于青回忆，上岗后于洋没有休息过一天，工作时间越来越长，回家时间越来越晚。

“这段时间，他总嘱咐我好好居家，还利用工作间隙买菜送回家，放在门外发微信让我出来取。”对于洋来说，家门外是坚守，门内是亲情，他只能尽量兼顾。

3 月 4 日中午，结束通宵看护重点隔离人员和一上午排查工作的于洋返回单位。徐承浩见他脸色不好，就动员他马上去医院做检查。“可能这段时间太紧张了。”于洋勉强挤出笑容说。

下午 1 时许，准备去卡点值班的于洋脸色煞白、满头大汗，在同事们的一再劝说下，他勉强同意回家休息。这是他 43 天来第一次请假。“我接到老于大哥电话，声音特别虚弱，他说得请个假，还嘱咐我安排其他志愿者值班，他身体舒服一点就来上岗。”马宏伟说。

这是马宏伟与于洋的最后一通电话——于洋没能兑现再来上岗的诺言，他倒在了自家小区门口。

虽经全力抢救，于洋还是因为突发心脏病去世，生命定格在 49 岁。

“早上一进办公室，右手边就是他的办公桌，总觉得不真实。”说到这里，唐立明松哽咽得说不出话。

“在单位，他工作认真，人缘也好。大家无论长幼，都叫他‘老于’，他也喜欢听。”徐承浩说，老于没站完的岗、没完成的值守任务，大家一起扛，绝不让他失望。

（新华社沈阳 2020 年 3 月 6 日电　新华社记者于力、高爽）

距撤离还剩 108 分钟　疲惫的他却先“走”了

2 月 22 日是河北省蔚县撤销防疫检查站的最后一天，按规定，22 时人员全部撤离。那天气温偏低，路政执法员周永军和往常一样坚守在疫情防控一线，对进入县境的车辆和人员引导分流、排查消毒。

20 时 12 分，正在路上执勤的周永军突感身体不适开始呕吐，继而陷入昏迷，此时距人员撤离仅剩 108 分钟。

被紧急送往蔚县中医院的周永军，经抢救无效于 21 时 40 分停止了心脏跳动。过度劳累突发脑出血，他的生命永远定格在了 42 岁。

周永军 17 岁参军入伍，24 岁入党，13 年的军旅生涯锻造了他的军人风格。2010 年他到蔚县交通运输局工作，任路政管理站路政执法员，多年来兢兢业业，不计个人得失。

2020 年 2 月 4 日，正值疫情防控关键期，蔚县出入境检查站全面联防联控，周永军主动申请去检查站执勤。第二天，周永军就告别家人，来到距县城最远的桃花疫情检查站，负责道路保畅和车辆检查。

紧靠山区的桃花检查站是蔚县东大门，夜间最低气温达零下十几摄氏度。在寒风中露天执勤，24 小时轮岗，一天下来经常是四肢僵硬、手脚麻木。饿了吃桶泡面，渴了喝杯热水，实在冻得累得受不了，就回临时工作间休息一下……

作为“党员先锋岗”，周永军每天室外执勤时间最长。“每天无休止的重复很枯燥，碰到不讲理的人，身累心更累。”与周永军一起执勤的同事说，老周总能微笑面对，他说感觉又回到当兵站岗的日子。

22 日 20 时，工作间隙，检查站站长周文倒了一杯热茶递给周永军，“喝杯茶，暖暖身子。”“有车过来了，检测完我再喝。”几分钟后，拖着疲惫的身子回到工作间，周永军就扶着墙滑倒在地上。

那杯没来得及喝的热茶还留在桌子上，周永军却走了。

周永军的妻子岳淑兰是蔚县前一完小的一名教师，疫情期间，在给班里的孩子上网课的间隙，还要照顾两个孩子生活起居。

“家里父母身体不好，平时他常回村看望。到了检查站后，一次也没顾得上回去。”岳淑兰说，“老人打电话问怎么总不来，他说上班忙，过些天就回去。可是，他再也回不去了……”

蔚县县委在追授周永军“优秀共产党员”称号的决定中说，周永军同志以实际行动诠释了共产党人的初心和使命，是疫情防控工作中涌现出的先进典型。号召全县党员干部学习周永军同志心系群众、担当实干，勇于到条件艰苦的基层一线挥洒汗水、无私奉献，真心实意为人民群众干实事、谋福祉。

（新华社石家庄 2020 年 3 月 7 日电　新华社记者杜一方、曹国厂）

她留下暖春的企盼

——追忆全国三八红旗手姜娜

2月4日，吉林省松原市长岭县前七号镇党委副书记姜娜，在乘车下村检查防控卡点途中遭遇车祸，因公殉职，41岁的生命定格在了抗击新冠肺炎疫情的路上。

2月18日，全国妇联追授姜娜同志全国三八红旗手称号。

一路绽芳华　誓与疫情争分秒

“保证24小时有人值守”“自己也别冻着”……已过1个月有余，当时在六号村疫情防控卡点值班的驻村工作队队员朱聪，仍记得姜书记的句句叮嘱。

2月4日一早，姜娜联系镇卫生院拿到24箱药品，准备下村发放到各卡点。

下午1时35分许，姜娜一行人到达六号村，把装有体温计、消毒水、医用手套等的药箱交给朱聪后，匆匆赶往大三号村。

下午2时13分，姜娜等人乘车前往大三号村西侧卡点，穿过马路时遭遇车祸。刘新军和其他村干部们冲到现场救助，然而姜娜已无任何反应……

“东西两个卡点相隔百米，放到村里自行分发也行，可姜书记一定要亲手交到卡点才放心。”大三号村党支部书记刘新军说。

同事在姜娜的遗物中发现了十几个笔记本，里面详细记录着工作计划。最后一页，是现阶段重点：卡点防控，群众工作，提醒值班人员自我防护……

冬去报春来　成风化人亦铿锵

★ 姜娜参加前七号镇 2019 年党代会。（受访者供图）

姜娜走的那日，正好是立春。

前七号镇妇联主席谭雅丽曾与姜娜共事 19 年，在她看来，姜娜像春天，温暖又充满能量，却没等到春暖花开。

前七号镇党委书记卞志远说，姜娜业务能力强，是镇里公认“一杆笔”，曾身兼镇组织委员、纪委副书记、团书记等多职，“每项工作追求完美，发现一丝疏漏就吃不下饭”。

有一次，谭雅丽的孩子生病，姜娜听闻后，硬是“逼”她请了假。她后来才知道，姜娜的孩子也生病了，为不耽误工作，送他去幼儿园，把药交给老师后就下了村。

疫情发生后，姜娜担任前七号镇疫情防控党员突击队队长，腊月二十八起投入战“疫”一线。

突击队成立时，姜娜带队员重温入党誓词：“随时准备为党和人民牺牲一切。”

拳拳守初心　何分须眉与巾帼

姜娜生前主管全镇扶贫工作，特别是在包保的十七号村，她和谭雅丽、村妇联主席汪艳玲搭班，3 人组成了脱贫攻坚战场上靓丽风景。

“女同志能懂村里的事？”起初，村民们见到包保干部是女的，并不买账。

“娜姐每月下村十几次，每次入户把情况摸清摸透。”汪艳玲说，姜娜心细认真，不摆官架子，经常自掏腰包帮扶贫困户。

十七号村党支部书记崔长成介绍，姜书记包村后，带着村民改种西瓜，人均年收入从2014年的8000元提高到2019年的13500元，赢得村民一致好评，“上了年纪的叫她‘闺女’”。

村部条件有限，午休时她们就搭椅子互相倚靠休息。村民们心疼，请到家里坐，姜娜每次谢绝：“我们来工作，咋能给乡亲添麻烦呢？”

姜娜突然离世的噩耗传到村里，村民们悲痛不已。

去年妇女节，“姐妹”3人一起过，今年也约好要“隔空”庆祝。如今，一想到“娜姐”头像再不能在微信群里闪跳了，汪艳玲哭出了声。

“有人说我们是扶贫三朵花，娜姐不同意。”汪艳玲说，姜娜不喜欢“巾帼”标签，她常说“坚守初心，大家一样都是时代奋斗者”。

（新华社长春2020年3月7日电　新华社记者金津秀、孟含琪）

“疫情不退，我们就要坚守岗位”

——追记徐州利国镇水利站党支部书记厉恩伟

“1 月 26 日（初二），镇单位工作人员上班，成立新冠肺炎疫情防控工作领导小组，各村路口防控，调查武汉接触人员……”

这是厉恩伟参加防疫工作后的第一条工作日志。令人遗憾的是，他未能等到这场阻击战胜利的一天，记录鸣金收兵时的喜悦。

2 月 6 日下午 5 时许，在坚守防疫一线 12 天后，江苏省徐州市铜山区利国镇水利站党支部书记厉恩伟，因劳累过度突发心源性疾病，倒在了卡口上，经抢救无效去世，年仅 44 岁。

“看到他脸发白，额角出汗，很快站立不住，倒下了。”利国镇利国村党委委员单超还清楚地记得厉恩伟坚守岗位的最后一刻，在与同事看到厉恩伟身体发出的危险信号后，尽管第一时间将其送至镇卫生院救治，但终究未能挽回生命。

“他熬得太久，一干就是十五六个小时，身上担子太重。”在身边同事看来，正值壮年的厉恩伟工作脚踏实地，防控工作开始后他一直挺在最前面，落实每项具体防控举措时不打折扣。

利国村邻近山东，人员来往密集，为了守住这个江苏“北大门”，作为包村驻队干部的厉恩伟，每天需要带领村组工作人员，24 小时值守 5 个卡口，“其他人是三班倒，他是‘三班到’”。

1 月 29 日下午 6 时 40 分，刚刚忙完一天摸排工作，厉恩伟准备坐下来休息片刻，突然收到镇防疫指挥部排查密切接触者的通知。

厉恩伟即刻召集村组干部连夜排查，很快排查出了 3 位密切接触者。但他们都有抵触情绪，不愿集中隔离。厉恩伟不顾感染风险，耐心分析利害，一直到夜里10点多，3位密切接触者最终被说服，愿意配合集中隔离。

“反映石楼村未通自来水”“马元村已入户抄水表”……自1992年10月在利国镇水利站任职，厉恩伟在这个岗位上干了将近28年，是一名“老水利”，对全镇的大小“水情”了然于胸。

“这样的干部我信服，打心眼里感激他。”利国镇磊庄村种粮大户权太师听到厉恩伟去世消息，感到十分惊诧。就在去年，正是厉恩伟帮他办了桩实事。

权太师种植的250亩玉米地屡遭水淹，得知这一情况后，厉恩伟去现场排查，发现排水管涵不够宽，常年堵塞严重，需要重修，但项目资金却一直没有着落。厉恩伟几乎每次到区水务局和镇里开会都会念叨几句，谈到困难时都会列上这一条，最终想方设法凑足了4万元项目资金。

“疫情不退，我们就要坚守岗位。”单超说，这是厉恩伟生前常挂在嘴边的一句话。疫情防控初始，很多村民不太理解配合防疫工作。正是像厉恩伟这样的基层干部，一声令下毫无怨言扑在一线，刷新了群众对基层干部的观感。

疫情防控已取得阶段性胜利，利国村的几处卡口也已改为测温点，工作人员拿着额温枪为过往村民测量体温，其中有不少志愿者的身影。

“只要组织需要，恩伟的那个卡口，我来顶。”厉恩伟的父亲厉洪信是一名有50多年党龄的老党员，儿子倒在岗位上，他悲痛不已。料理完后事不久，他主动提出志愿加入卡口值守，来完成儿子未竟的防疫工作。

（新华社南京2020年3月8日电　新华社记者郑生竹、陈刚）

湖北14名新冠肺炎疫情防控一线牺牲人员被评定为首批烈士

近日，湖北省人民政府根据《烈士褒扬条例》和《退役军人事务部　中央军委政治工作部关于妥善做好新冠肺炎疫情防控牺牲人员烈士褒扬工作的通知》精神，评定王兵、冯效林、江学庆、刘智明、李文亮、张抗美、肖俊、吴涌、柳帆、夏思思、黄文军、梅仲明、彭银华、廖建军等14名（按姓氏笔画排序）牺牲在新冠肺炎疫情防控一线人员为首批烈士。

新冠肺炎疫情是新中国成立以来在我国发生的传播速度最快、感染范围最广、防控难度最大的一次重大突发公共卫生事件。在以习近平同志为核心的党中央坚强领导下，广大医务人员和防疫工作者英勇奋战在疫情防控工作第一线，为坚决打赢湖北保卫战、武汉保卫战做出了突出贡献，涌现出一大批可歌可泣的先进典型，王兵等14名同志就是其中的优秀代表。

“烈士”是党和国家授予为国家、社会和人民英勇献身的公民的最高荣誉性称号。首批评定的14名烈士，有的是直接参与一线救治工作的白衣战士，用生命守护生命，以大爱诠释医者仁心；有的是始终坚守在疫情防控一线的公安干警，以生命践行使命，用热血铸就警魂；有的是用真心真情帮助解决群众生活困难的社区工作者，用生命书写担当，用爱心守护家园。他们是新时代最可爱的人，他们的崇高精神永垂不朽！

附：新冠肺炎疫情防控牺牲烈士简要情况

1. 王兵，女，汉族，1947年10月出生，湖南湘潭人，中共党员，生前系武汉市洪山区王兵西医内科诊所主治医生。新冠肺炎疫情发生以来，在医疗资源极为紧张的情况下，王兵同志不顾个人安危，主动参与疫情防控工作，坚持开门接诊救治患者，在工作中不幸感染新冠肺炎，于2020年2月18日经抢救无效以身殉职。2020年3月被国家卫生健康委员会、人力资源和社会保障部、国家中医药管理局追授为“全国卫生健康系统新冠肺炎疫情防控工作先进个人”。

2. 冯效林，男，汉族，1954年5月出生，湖北武汉人，1973年10月参加工作，生前系黄陂区人民医院中医科返聘的副主任医师。新冠肺炎疫情发生以来，冯效林所在的盘龙城院区被黄陂区防控指挥部作为定点医疗机构收治患者，他每天坚持接诊救治患者，在工作中不幸感染新冠肺炎，于2020年2月27日经抢救无效以身殉职。

3. 江学庆，男，汉族，1964年3月出生，湖北洪湖人，中共党员，1986年7月参加工作，生前系武汉市中心医院甲状腺乳腺外科党支部书记、主任、主任医师。新冠肺炎疫情发生以来，江学庆同志坚守岗位，在临床一线承担诊断及治疗工作，在工作中不幸感染新冠肺炎，于2020年3月1日经抢救无效以身殉职。2020年3月被国家卫生健康委员会、人力资源和社会保障部、国家中医药管理局追授为“全国卫生健康系统新冠肺炎疫情防控工作先进个人”。

4. 刘智明，男，汉族，1969年1月出生，湖北十堰人，中共党员，医学博士，主任医师、教授，生前系武汉市武昌医院党委副书记、院长。新冠肺炎疫情发生以来，刘智明同志始终坚守在疫情防控一线，全力救治新冠肺炎患者，在工作中不幸感染新冠肺炎，于2020年2月18日抢救无效以身殉职。2020年3月被国家卫生健康委员会、人力资源和社会保障部、国家中医药管理局追授为“全国卫生健康系统新冠肺炎疫情防控工作先进个人”。

5. 李文亮，男，满族，1985年10月出生，辽宁锦州人，中共党员，2011年7月参加工作，生前系武汉市中心医院眼科主治医师。李文亮同志不顾个人被感染的风险，仍然坚守一线岗位，2020年1月6日在收治一名患者时不幸感染新冠肺炎，他在住院治疗期间表示，康复后要再投入抗击疫情战斗中，表现出医者仁心、不惧危险、救死扶伤的优秀品质，2月7日经抢救无效以身殉职。2020年3月被国家卫生健康委员会、人力资源和社会保障部、国家中医药管理局追授为“全国卫生健康系统新冠肺炎疫情防控工作先进个人”。

6. 张抗美，女，汉族，1952年4月出生，湖北武汉人，1968年参加工作，2002年退休，生前系武汉市硚口区宝丰街社区卫生服务中心返聘全科诊室临床内科医生。新冠肺炎疫情发生以来，张抗美同志主动要求到社区服务中心发热诊室负责发热患者预检分诊工作，在工作中不幸感染新冠肺炎，于2020年2月14日经抢救无效以身殉职。2020年3月被国家卫生健康委员会、人力资源和社会保障部、国家中医药管理局追授为“全国卫生健康系统新冠肺炎疫情防控工作先进个人”。

7. 肖俊，男，汉族，1970年10月出生，湖北武汉人，1987年2月参加工作，生前系武汉市红十字会医院普外科医师。新冠肺炎疫情发生后，肖俊同志在工作中不幸感染新冠肺炎，于2020年2月8日经抢救无效以身殉职。2020年3月被国家卫生健康委员会、人力资源和社会保障部、国家中医药管理局追授为“全国卫生健康系统新冠肺炎疫情防控工作先进个人”。

8. 吴涌，男，汉族，1968年8月出生，辽宁沈阳人，中共党员，1989年8月参加工作并参警，生前系武汉市硚口区公安分局汉正街利济派出所共和社区民警，一级警长职级、二级警督警衔。新冠肺炎疫情发生以来，吴涌全力以赴做好社区封控、患者转运、服务群众等工作，在社区抗“疫”第一线连续奋战61天。2020年3月22日，在抗击疫情一线工作岗位上因公殉职。

9. 柳帆，女，汉族，1960年10月出生，湖北武汉人，中共党员，生前系武汉市武昌医院梨园街社区卫生服务中心副主任护师。新冠肺炎疫情发生后，柳帆同志一直在梨园街社区卫生服务中心注射室参与救治护理工作，不幸感染新冠肺炎，2020年2月14日经抢救无效以身殉职。2020年3月被国家卫生健康委员会、人力资源和社会保障部、国家中医药管理局追授为“全国卫生健康系统新冠肺炎疫情防控工作先进个人”。

10. 夏思思，女，汉族，1990年6月出生，湖北武汉人，生前系协和江北医院（蔡甸区人民医院）消化内科住院医师。新冠肺炎疫情发生以来，夏思思同志主动请战，一直奋战在抗“疫”一线，不幸感染新冠肺炎，于2020年2月23日抢救无效以身殉职。2020年3月被国家卫生健康委员会、人力资源和社会保障部、国家中医药管理局追授为“全国卫生健康系统新冠肺炎疫情防控工作先进个人”。

11. 黄文军，男，汉族，1977年6月出生，湖北武汉人，中共党员，医学硕士，副主任医师，生前系孝感市中心医院呼吸内科副主任。新冠肺炎疫情发生以来，黄文军同志主动请战，一直奋战在疫情防控一线，不幸感染新冠肺炎，于2020年2月23日抢救无效以身殉职。2020年3月被国家卫生健康委员会、人力资源和社会保障部、国家中医药管理局追授为“全国卫生健康系统新冠肺炎疫情防控工作先进个人”。

12. 梅仲明，男，汉族，1962年11月出生，湖北武汉人，农工党党员，1986年7月参加工作，生前系武汉市中心医院眼科副主任、主任医师。新冠肺炎疫情发生以来，梅仲明同志坚守武汉市中心医院工作岗位，在临床一线收治患者，不幸感染新冠肺炎，于2020年3月3日经抢救无效以身殉职。

13. 彭银华，男，汉族，1990年12月出生，湖北云梦人，生前系武汉市江夏区第一人民医院呼吸与危重症科医生。新冠肺炎疫情发生以来，彭银华同志始终坚守抗击疫情一线，全力救治新冠肺炎患者，不幸感染新冠肺炎，于2020年2月20日抢救无效以身殉职。2020年3月被国家卫生健康委员会、人力资源和社会保障部、国家中医药管理局追授为“全国卫生健康系统新冠肺炎疫情防控工作先进个人”。

14. 廖建军，男，汉族，1970年6月出生，湖北武汉人，中共党员，2000年8月到武汉市硚口区六角亭街民意社区工作，生前系该社区党委委员、居委会副主任。2020年1月26日社区出现一名疑似患者病情加重，廖建军自己使用轮椅将病人送至医院就诊，在工作中不幸感染新冠肺炎，2020年2月4日经抢救无效以身殉职。

（新华社武汉2020年4月2日电）

编后记

新冠肺炎疫情是新中国成立以来在我国发生的传播速度最快、感染范围最广、防控难度最大的一次重大突发公共卫生事件。

习近平总书记强调，关键时刻冲得上去、危难关头豁得出来，才是真正的共产党人。疫情面前，一声令下，无数基层党组织迅速进入“战时”状态，无数共产党员紧急奔赴防控战场一线，一个个战斗堡垒巍然屹立，一名名共产党员挺身而出，鲜红的党旗在疫情防控第一线高高飘扬，为坚决打赢湖北保卫战、武汉保卫战做出了突出贡献，为坚决打赢这场史无前例的疫情防控阻击战做出了突出贡献，涌现出一大批可歌可泣的先进典型。

他们，有用生命守护生命的医务工作者，有用热血铸就警魂的公安干警，有用爱心守护家园的社区工作者，有彰显蓬勃青春力量的“90后”“00后”，有初心永不变的退休人员……

他们，有的冲锋在人民战“疫”主战场，有的奋战在工地、社区、工厂以及运输保障等各条战线，有的却倒在了防控疫情的第一线，永远地离开了我们……

他们，践行初心使命、体现责任担当，以实际行动为党旗增辉添彩，他们，无私无畏、甘于奉献，为人民群众生命安全和身体健康保驾护航，他们是新时代最可爱的人！

本书精选新华社采写播发的文字、视频等重点稿件百余篇，图片

150 多幅，以纪实的笔法忠实记录广大共产党员冲锋在第一线、战斗在最前沿的感人事迹，权威客观、图文并茂、通俗易懂，适合作为广大党员干部坚定信心信念的参考读物。

在以习近平同志为核心的党中央坚强领导下，经过全国上下和广大人民群众艰苦努力，全国疫情防控阻击战取得重大战略成果，成绩来之不易。我们坚信，有以习近平同志为核心的党中央坚强领导，有各级党组织的强大优势，有广大党员、干部的无私奉献，有人民群众的坚实依靠，有社会各界的大力支持，就一定能打赢这场疫情防控阻击战！

《共产党员在抗“疫”一线》编写组

二〇二〇年四月于北京